ミネルヴァ日本評伝選

藤原仲麻呂

率性は聡く敏くして

木本好信著

ミネルヴァ書房

刊行の趣意

「学問は歴史に極まり候ことに候」とは、先哲荻生徂徠のことばである。

歴史のなかにこそ人間の智恵は宿されている。人間の愚かさもそこにはあらわだ。この歴史を探り、歴史に学んでこそ、人間はようやくみずからの正体を知り、いくらかは賢くなることができる。新しい勇気を得て未来に向かうことができる。徂徠はそう言いたかったのだろう。

「ミネルヴァ日本評伝選」は、私たちの直接の先人について、この人間知を学びなおそうという試みである。日本列島の過去に生きた人々の言行を、深く、くわしく探って、そこに現代への批判を聴きとろうとする試みである。日本人ばかりではない。列島の歴史にかかわった多くの異国の人々の声にも耳を傾けよう。

先人たちの書き残した文章をそのひだにまで立ち入って読み、彼らの旅した跡をたどりなおし、彼らのなしとげた事業を広い文脈のなかで注意深く観察しなおす——そのとき、はじめて先人たちはいまの私たちのかたわらによみがえってくる。彼らのなまの声で歴史の智恵を、また人間であることのよろこびと苦しみを、私たちに伝えてくれもするだろう。

この「評伝選」のつらなりのなかから、列島の歴史はおのずからその複雑さと奥ゆきの深さをもって浮かび上がってくるはずだ。これを読むとき、私たちのなかに新たな自信と勇気が湧いてきて、その矜持と勇気をもって「グローバリゼーション」の世紀に立ち向かってゆくことができる——そのような「ミネルヴァ日本評伝選」にしたいと、私たちは願っている。

平成十五年（二〇〇三）九月

上横手雅敬
芳賀　徹

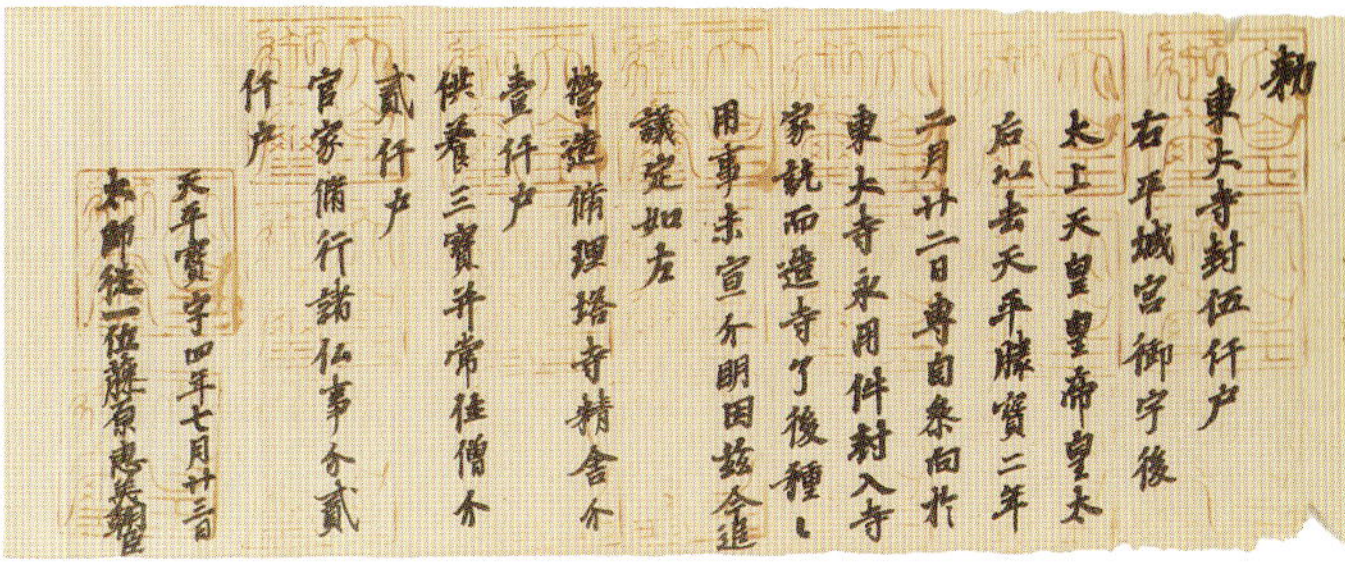

勅
東大寺封伍仟戸
右平城宮御宇後
太上天皇皇帝皇太
后以去天平勝寶二年
二月廿二日専自参向於
東大寺永用件封入寺
家訖而造寺了後種々
用事未宣分明因茲今追
議定如左
營造脩理塔寺精舍分
壹仟戸
供養三寶并常住僧分
貳仟戸
官家脩行諸仏事分貳
仟戸
天平寶字四年七月廿三日
大師従一位藤原恵美朝臣

藤原仲麻呂自筆
（「東大寺封戸処分勅書」・正倉院宝物）

栄山寺八角堂

栄山寺八角堂内の壁画

はじめに

本書の目的は、奈良時代中期の権臣、藤原仲麻呂（ふじわらのなかまろ）の生涯とその政治施策について解明することである。正一位・大師（太政大臣）という官位・官職ともに極めて権力を恣にしながら、一転して権力闘争に敗れて、近江琵琶湖頭に非業な最期をとげることになった仲麻呂の生涯はドラマチック（劇的）であり、だれもが興味をひかれる。

その藤原仲麻呂とはいったいどのような人物だったのだろうか。当時の評価を伝える確たる史料に記される仲麻呂像は一八〇度違ったものになっている。そのひとつは、仲麻呂自身が僧の延慶に命じて編述させた父の伝記『武智麻呂伝（むちまろでん）』にみえるもので、

> 帝の羽翼として、天下を鎮め撫（な）づ。賛に曰く、「……上安（かみやす）に下泰（しもたいらか）にして、鬼神和（やわら）ぎ睦（むつ）ぶ。乃（すなわ）ち国乃ち家、爰（ここ）に努め爰に戮（あわ）す。忠貞の籍甚ありて、其の人玉の如し」といふ。

とある。もうひとつは、正史である『続日本紀（しょくにほんぎ）』で、孝謙太上天皇の勅文をひいた記事には、

逆賊恵美仲麻呂、為性（ひととなり）凶悖（きょうはい）にして、威福日に久し。……而るに寵極りて勢凌ぎ、遂に非望を窺ふ（天平宝字八年九月癸亥条）。賊臣仲麻呂、昏凶狂悖（こんきょうきょうはい）にして逆（さかしま）を作して（同年十月己卯条）。

などとみえており、前者は「其の人玉の如し」と、欠点などなにひとつない聖人君子のごとくの、後者は「昏凶狂悖」つまり愚かで驕り邪悪な人間として記述されている。編述が相反する立場によっているからといっても、とても同一人物の評価とは思えない。

　このふたつのどちらが真実の、どちらが虚偽の仲麻呂像であるのか、それは極言すれば、どちらも真実であり、どちらも虚偽であるといえるだろう。

　故にこそ、ふたつの史料の立場を理解したうえで、それに拘泥することなく、できるだけ客観的なスタンスで史料を解釈することに努め、『続日本紀』を中心とする記述を検証・考察することによって仲麻呂の実像に迫り、著者なりの藤原仲麻呂像を描きたいと思っている。

　読者諸賢には、どうかご高覧のうえ、ご示教を賜ることを期待したい。

藤原仲麻呂——率性は聡く敏くして

目次

図版一覧

第一章　仲麻呂の出生と出身——その長い雌伏期

1　藤原仲麻呂の出生と出身

仲麻呂の出生

藤原仲麻呂（改名して藤原恵美押勝と称する、以下すべて藤原仲麻呂で表記する）が生まれたのは、正史にはみえないが『公卿補任』に享年「五十九」とあることから、没年の天平宝字八（七六四）年より逆算すると、慶雲三（七〇六）年ということになる。国史大系本『尊卑分脈』が引く同じ「公卿補任」は「五十五」とするから、これだと和銅三（七一〇）年となる。国史大系本『尊卑分脈』は「五十五」について、諸本の異同を鼇頭に記してはいないから、写本調査はしていないが諸本は「五十五」で統一されていると理解してよいと思う。

通説は前者で、特にこれへの異論はない。例えば仲麻呂に関する代表的な業績である薗田香融氏の「小伝・藤原仲麻呂」（薗田、一九九二）も、岸俊男氏の『藤原仲麻呂』（岸、一九六九）も慶雲三年生まれとしている。和銅三年とすると、同母兄で長子の豊成が慶雲元年生まれであることを考慮すれば、次男である仲麻呂が六歳年少となるので問題がないともいえない。

『公卿補任』と『尊卑分脈』、史料の信頼性という点からすれば前者に分があろう。しかし、仲麻呂は史料に初出する天平六（七三四）年正月、正六位下から従五位下に昇叙しているが、慶雲三年生まれだとすると二九歳である。因みに豊成は二一歳、叔父房前の次男である和銅七年生まれの永手は二四歳、三男真楯は二六歳、五男魚名は二八歳である。

『続日本紀』天平宝字八年九月壬子（十八日）条にみえる仲麻呂薨伝には、

> 押勝は近江朝の内大臣藤原朝臣鎌足の曾孫、平城朝の贈太政大臣武智麻呂の第二子なり。率性聡敏にして、略書記に渉る。

として、「天性は聡く敏く、多くの書物を読んでいた」とされる仲麻呂。岸氏はこの人物評は他の人物評と比較して、当代屈指の漢学者である淡海三船にも匹敵する高評であり、その学識文才は非凡なものであったとされている。そして不比等の長子である武智麻呂の次男であることを勘案すれば、二九歳は遅い叙爵といえそうである。和銅三年生まれだと二五歳、永手や真楯と同等ということになる。

ただ、そうなると仲麻呂の一子である真従が神亀二（七二五）年頃の生まれと推定されるので、仲麻呂一六歳の時の子となるが、それもなくはない。いきなり悩ましい問題にぶつかったが、通説を訂正する積極的な理由もないことから、ひとまず通説によって、以下に叙述してゆくことにしよう。

前掲の薨伝には、仲麻呂は内大臣藤原朝臣鎌足の曾孫、贈太政大臣武智麻呂の第二子であったとみえている。仲麻呂の生まれた慶雲三年というと、父武智麻呂は二七歳で従五位下に叙されたばかり。大学頭に昇任して、学官に入って儒生を集め、詩書を吟詠、礼易を披玩して子弟を訓導するなどしていた（『武智麻呂伝』）から、仲麻呂もこのような父をみて学問好きの少年へと育っていったに違いない。多くの書物を読んだというのも、このような父の影響が大きかったのであろう。

しかし、政治家としての姿勢は、父武智麻呂よりも祖父の不比等の影響がより大きかったように思われる。慶雲三年生まれだとすると、不比等が没した養老四（七二〇）年八月には仲麻呂は一五歳になっている。不比等は、和銅元年三月には右大臣に昇任して、「和銅元年体制」ともいわれる主導体制を築きつつあった。養老三年三月に左大臣石上（いそのかみの）麻呂（まろ）が没したあとも右大臣のままであったが、実質政治を領導したのは不比等であったから、幼少の仲麻呂にとっては憧憬の存在でもあり、その描く将来像は不比等であったに違いない。

ことに仲麻呂が物心ついた頃の養老二年前後の不比等は、養老律令を撰修していた時であって、律令という法制による国家運営に邁進していたのを間近にみていたであろう仲麻呂に、その祖父の姿の印象は強烈であって、もしかすると仲麻呂の目指した国家運営の在り方はすでにこの時に決まっていたのかもしれない。そのことの証左については、本書のあらゆる場面で述べることになると思う。

仲麻呂と阿倍氏

仲麻呂の母について、『公卿補任』天平九（七三七）年条尻付は「豊成と同母」で、従五位下安倍貞吉の娘の貞媛であるとし、『尊卑分脈』武智麿公孫には豊成と同母で、従五位下安陪真虎の娘とみえている。安倍貞吉も安陪真虎も他の史料には確認できない人物であるので、仲麻呂の母についてははっきりしない。

けれども仲麻呂が、天平宝字四（七六〇）・五年頃に延慶に記述させた父の伝記である『武智麻呂伝』には、武智麻呂には豊成と仲麻呂二人を育てた「阿倍大臣の外孫」である嫡夫人のいたことがみえている。「阿倍大臣」とは、大宝三（七〇三）年閏四月に六九歳で没した右大臣の阿倍御主人のことで、外孫というからには、御主人の娘が同族の安倍貞吉か安陪真虎とのあいだに儲けた貞媛が仲麻呂の母ということになろう。

阿倍氏は、七世紀中頃にはすでに布勢・引田・許曾倍・狛などの家に分かれていたが、この頃には布勢家の御主人が阿倍氏の中心となっていた。仲麻呂の外祖父であろう安倍貞吉か安陪真虎がどの家の出自かわからないが、いずれにしても仲麻呂が御主人の曾孫であることから阿倍布勢の血脈につながる生まれでもあることは間違いない。

不比等は自らが蘇我氏後裔氏族の石川娼子を娶り、三男宇合には物部氏後裔氏族の石上国守（国盛）を嫁として迎え、長男武智麻呂には右大臣御主人の孫娘を配するという有力豪族との閨閥づくりをすすめ、藤原氏の発展を期していたのである。武智麻呂が阿倍広庭を中納言として、仲麻呂も後に御主人の孫阿倍嶋麻呂を参議に重用していることは、このような姻戚関係によるものであろう。

幼年期になると、仲麻呂は阿倍少麻呂（あべのすくなまろ）（宿奈麻呂）から算を学んで熟達したということが甍伝にみえる。阿倍少麻呂は蝦夷（えみし）の征討で知られる阿倍引田比羅夫（あべのひきたのひらぶ）の息子で、御主人のあとをうけて慶雲二（七〇五）年四月には中納言に、養老二（七一八）年三月には大納言に昇っていて、和銅五（七一二）年には阿倍氏の正宗は引田家だと主張しているが、仲麻呂がこの少麻呂について算を学んだのは母の縁によるものであろう。

ただ仲麻呂が、甍伝の記述から算だけを学んだと理解するのは問題があろう。父武智麻呂が前述のように明経道（みょうぎょうどう）や文章道（もんじょうどう）に熱心であったことや、仲麻呂が後に父以上の博識ぶりをみせ、天平宝字二年八月の官号改易に際して、民部省を仁部省、刑部省（ぎょうぶしょう）を義部省、治部省を礼部省などと八省を儒教の徳目でもって官号としたことを考えれば、官人として当然学んでおかなければならない明経道や文章道を学んでいなかったとは到底思えない。

『武智麻呂伝』によると、武智麻呂は豊成・仲麻呂兄弟を博士の門下に学ばしめて、

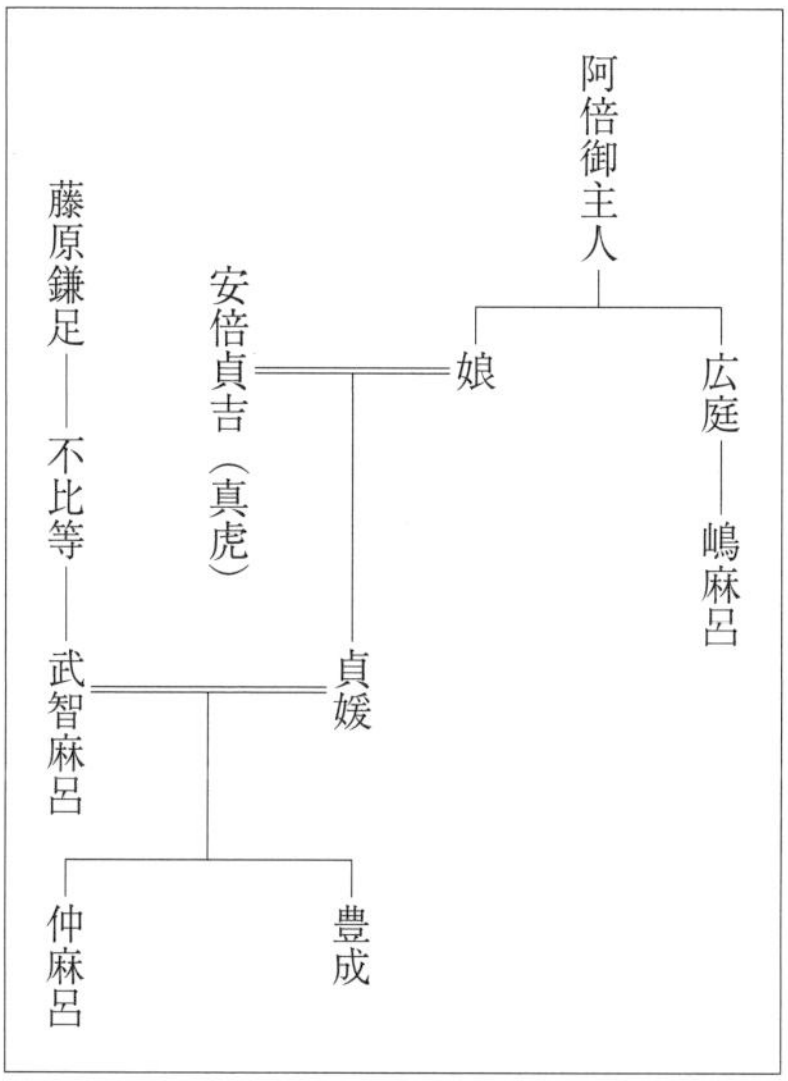

仲麻呂関係略系図

しばしば絹帛を奉って博士の労をねぎらい、その結果二子とも名聞は衆を蓋ったという。ただ単に博士といえば経学を教授する明経博士を指すから（「養老職員令」）、仲麻呂はこれにも習熟したが、加えて算にも熟達していたということであろう。

式部省下の大学寮には、算生三〇人に算術を教える算博士二人がおり（「養老職員令」）、「養老学令」には、算生は『六章』『三開重差』『九司』『孫子』『五曹』『九章』『海嶋』『綴術』『周髀』の九書を学ぶことがみえている。『六章』以下の三書は唐制にはないが、『六章』『三開重差』は新羅では用いられていた。内容については『六章』『三開重差』『九司』『綴術』以外はわかっており、なかでも天文算法を説いた『周髀』や体系的な数学書としての『九章』などは有名であるという。

仲麻呂は算生ではないが、このようなテキストによって阿倍少麻呂より算を学んでいたのであろう。その師の少麻呂を仲麻呂は養老四年正月に喪っている。一五歳の時のことであった。つづいて八月には祖父の不比等を喪っている。この祖父の死は、父・叔父の藤原四子を中心とする藤原氏一族をはじめ、時の政界に大きな影響を与えた。仲麻呂自身にとっても、前述したような存在でもあった祖父の死はとても大きな出来事であったと思われる。

仲麻呂の出身

その後、仲麻呂は薨伝によると、内舎人より大学少允に任じられたとある。内舎人は中務省に属し、定員の九〇人が天皇近くに侍って帯刀宿衛し、雑使に奉仕しながら、行幸に際しては前後を警衛するのである（「養老職員令」）。五位以上の子孫で、二一歳以上になる性識聡敏である者から選任するが、三位以上の子は検簡なしに任用された（「養老軍防令」）。その点で内舎人は貴公子が任じるエリートコースであった。仲麻呂が二一歳に達したのは神亀三（七二六）年であるが、すでに武智麻呂は正三位であったから、仲麻呂も検簡なしに任用されたものと思われる。

そして、二一歳になると「大宝選任令」には蔭位による叙位がなされる規定があった。仲麻呂の蔭叙がいつのことであったかはわからないが、岸氏は神亀三年頃のことと考えられているようで、父の蔭位で三位の庶子として従六位下を授けられたものと推察している。

しかし、そうすると天平六（七三四）年正月の従五位下昇叙前は正六位下であったから、神亀三年から天平六年までの、ほぼ八年間で二階しか昇叙していなかったことになる。けれども『大宝令』の蔭位授与の原則は、舎人出身の場合には一選限を経た後であって、二一歳での叙位が確立するのは延暦十四（七九五）年以後のことであったらしいから（仁藤、一九八九）、仲麻呂が蔭叙に預かったのは内舎人の四考成選（叙位の評定年数）後の二五歳、手続きを経て翌年の二六歳となった天平三年のことであった可能性も考えられる。

また蔭位も父の蔭の従六位下ではなく、祖父の蔭であった可能性も考えられる。祖父不比等は正二位で没したが、養老四（七二〇）年十月には正一位を贈られている。そうすると一位の庶孫で正六位下、贈位であるから一階降して従六位上が仲麻呂の蔭位であったかもしれない。天平六年正月までの三年間に一階昇っていたということもありえないことではない。

内舎人についで、仲麻呂が帯任したのは大学少允であった。岸氏は「略年譜」で神亀三年の項に

「大学少允となる」と記されているが、内舎人の年限は四年であるから、天平元年まで内舎人であったと思われる。兄の豊成は内舎人に兵部大允（ひょうぶのだいじょう）を兼任したが（『続日本紀』天平神護元年十一月甲申条）、仲麻呂の場合は薨伝に内舎人より大学少允に遷ったとあって兼任ではないから、大学少允任官は天平二年以降のことになろう。

薨伝には、この時期の仲麻呂の経歴が内舎人と大学少允のみ記されているだけで、他職の歴任がないことを不思議だと思う理解もあるが、内舎人と大学少允の兼任ではなく遷任であれば不思議ではない。

父の武智麻呂は、大宝四（七〇四）年三月に大学助に任じられると、藤原京遷都などの影響で空寂となっていた大学に碩学を招くなどして充実させ、慶雲三（七〇六）年七月には大学頭になって、大学寮行政に経験豊富で人脈もあっただろうから、仲麻呂を大学寮官人に補任したのであろう。豊成が兵部大允から兵部少輔（ひょうぶのしょうふ）へと昇進して、そして兵部卿を帯任したのと相違して、仲麻呂は大学少允から民部卿、そして式部卿に任じることを思うと、長子の豊成を武官、次子仲麻呂を文官とする武智麻呂の期待を、豊成・仲麻呂自身も理解したうえで、それに応える官途を歩んでいったといえそうである。

ちょうど仲麻呂が大学少允職にあったと思われる天平三年三月、算道を習得して出身（出仕）するについて、『周髀』を理解しない算生は叙位・出身させないということが制度化されている。この施策は式部省からの申請をうけて太政官で決定されたものであって（「集解学令」）、『大宝令』の規定では軽視されていた『周髀』を重視しようとするものである。しかし、内容が算道に関するものであったから、これに主体的に関与したのは省下の大学寮であったに違いない。よって、これは大学少允仲麻呂の進言によるものであったのではないかと推知される。『周髀』は暦象とも関わるものであったから、仲麻呂の関心も算術そのものよりも政治施策上からの天文・暦象にあったといえるのかもしれない。当時は天変を政治の善悪についての天帝の啓示として受けとめていた。

後述のように、仲麻呂は天平勝宝元（七四九）年七月に皇后宮職を拡大強化して権力の基盤としたが、その名称を北極星座中の天帝の居所である紫微星から用いて紫微中台と称したり、天平宝字七（七六三）年八月には持統天皇六（六九二）年から七〇年間用いられてきた儀鳳暦を廃して、新たに大衍暦（たいえんれき）を用いることを命じている。大衍暦は唐では玄宗の開元十七（七二九）年から施行されているから、唐風政策のひとつかとも考えられるが、やはり仲麻呂の暦学への関心がこの施策具現の要因であったといってよい。そうすると、仲麻呂が算道を学んだ理由も納得できる。

2　長屋王の変と武智麻呂政権の成立

長屋王の変

まだ内舎人を帯任していたであろう神亀六（七二九）年二月、長屋王の変が起こった。微官にすぎない身であっても、この政争の中心に父がいたことから具体的な行動はわからないが、仲麻呂も深く関わったことであろう。

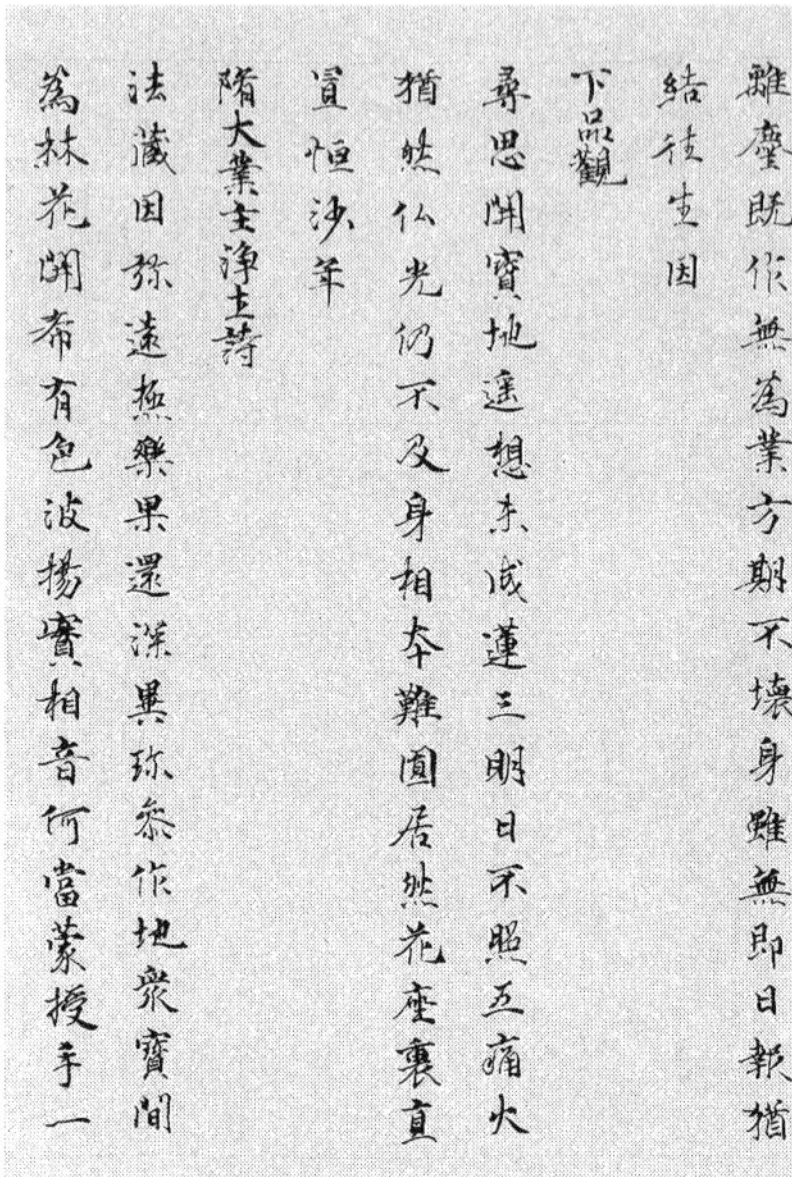
雖塵既作無為業方期不壊身雖無即日報猶
結往生因
下品観
尋思開寶地遥想未成蓮三明日不照五痛火
猶然仏光仍不及身相本難圓居然花座裏直
置恒沙年
隋大業主浄土詩
法蔵因弥遠極楽果還深異珎參作地衆寶間
為林花開希有色波揚實相音何當蒙授手一

聖武天皇自筆・雑集

長屋王は、天武天皇の長子である高市皇子と、天智天皇の娘で持統天皇・元明天皇の姉妹である御名部皇女とのあいだに長子として、天武天皇五（六七六）年に生まれている（木本、一九九三・i）。不比等より娘婿でもあったことから期待され、いきなり大納言に抜擢、不比等死後の養老五（七二一）年正月に右大臣に登用され、政権の座についた。神亀元年二月には聖武天皇の即位にともなって左大臣に昇任して政治を領導したが、長屋王の政治というのは、儒教による災異主義（川崎、一九八二）、公民への撫育・救恤策と律令体制維持策（中川、一九七七）、官人への綱紀粛正策が特色ともいわれる（寺崎、一九九九）。

長屋王が左大臣となった二日後の二月六日、天皇となった聖武天皇は母の藤原宮子を尊んで「大夫人」と称する勅を下したが、これについて三月二十二日になって長屋王らは、藤原宮子を「公式令」によれば「皇太夫人」とよぶべきであり、勅による称号に則れば「公式令」に違い、反って「公式令」に拠れば違勅となることを上奏して、聖武天皇の矛盾を指摘した。結局天皇は勅を撤回したうえで、改めて文では「皇太夫人」、語では「大御祖（おおみおや）」とする詔を下している。

このことは律令至上主義の長屋王にとってみれば当然のことであったかもしれない。しかし即位直後の聖武天皇にしてみれば、ひとたび渙発した勅を収めるという面目を失う失態となった。このことは不比等死後、聖武天皇を擁して藤原氏への政権奪還を目論んでいた武智麻呂らにとってみれば見過ごしにできないことであって、徐々に武智麻呂が長屋王と乖離してゆく契機となったのではなかろうか。そして武智麻呂が困惑したことは、弟の房前が袂を分かって長屋王と連携を図っていたことである。

これに先立つ養老五年十月、死期をさとった元明太上天皇は長屋王と房前の二人を召し入れて特に後事を託す詔を発し、また房前を内臣に任じて、内廷・外廷に渉ってはかりごとをめぐらし、その政策を勅に准じて施行して、天皇を助けて永く国家を安寧にすることを命じている。元明太上天皇の長屋王・房前に国政を委ねようとする意図には、房前の義母で元明が全幅の信頼を寄せる県犬養（あがたいぬかいの）橘（たちばなの）三千代（みちよ）の容喙があった。

武智麻呂政権の成立

神亀五（七二八）年九月になって、武智麻呂らが将来を期待していた聖武天皇と妹の光明子とのあいだに生まれた皇太子が亡くなったこともあって、皇嗣をめぐっての政情は一挙に流動化した。ことに長屋王と文武天皇・元正天皇の妹である吉備内親王とのあいだの王子膳夫王（かしわでのおう）などは聖武天皇よりも貴種であり、聖武天皇後のことを考えれば武智麻呂らにとってみれば看過できない存在であった。同六年二月、武智麻呂を中心に宇合・麻呂ら兄弟が長屋王の変を起こした真意は、長屋王を打倒して政権を奪取することは勿論のこと、将来に禍根を残すことのないように有力な皇位継承候補の膳夫王らを抹殺することにあったのである（木本、一九九五）。

この武智麻呂の長屋王打倒に最も尽力したのは、長屋王が国家を傾けようとしているとの密告をした左京の人である漆部君足・中臣宮処東人らと結託して、長屋王を告訴した左京大夫の麻呂（浅野、二〇一〇）と、式部卿という文官職にありながら六衛府の兵士を率いて長屋王宅を囲み押しこめた宇合という武智麻呂の弟達であろう。藤原氏以外では急遽権の参議となって武智麻呂に協力して、太政官内の意見を長屋王打倒で集約することに功績のあった石川石足・多治比県守・大伴道足の三人、なかでも石川石足の果たした役割は大きく（直木、一九六八）、それだけに武智麻呂との関係は強固であったが、この両者の関係は後述するように、息子たちの仲麻呂と石川年足にもうけつがれて、年足は仲麻呂政権ではつねにナンバー2として政権を支えつづけたのである。

しかし長屋王を打倒して、すぐに武智麻呂の政権が確立したというわけではない。武智麻呂は大納言に昇任し、宿願の光明子の立后を果たしたとはいえ、太政官内には上席の知太政官事の舎人親王や多治比池守・大伴旅人などがいて、その運営は簡単ではなかった。武智麻呂の主導力が発揮されるようになるのは、宇合や麻呂、そして多治比県守や大伴道足らが参議として太政官に加わった天平三（七三一）年八月になってからのことであろう。

ただ、この後も武智麻呂は政権を主導していたものの、依然として大納言にとどまっていて、政権首班者たる大臣には昇任できなかった。これには元正太上天皇や聖武天皇に影響力のあった県犬養橘三千代の娘婿房前との個人的な関係を理由とする反対があったものと思われる。けれども三千代も天平五年正月に没したこともあって、武智麻呂は翌同六年正月に従二位に昇叙、念願の右大臣に昇任したのである。

よって、この武智麻呂の右大臣昇任をもって、正式には武智麻呂政権が確立したということができ、武智麻呂にとってはひとつの画期であったといってもよい。これと時を同じくして仲麻呂が二階昇って従五位下となったことは、ここに父武智麻呂の仲麻呂への期待を看取できる。同日の昇叙者は二一名であったが、藤原氏は武智麻呂と宇合、そして仲麻呂の三名であったことを思うと、仲麻呂の叙爵には武智麻呂とその意向をうけた式部卿の叔父宇合の配慮があったものと考えられる（中川、一九九一）。

この頃、武智麻呂政権下で仲麻呂がどのような官職に任じていたのかはっきりしないが、五位昇叙とともに新しい官位相当職に補任されたものと思われる。少輔・職亮・寮頭や上国の守などが考えられ、まずは順当な官人生活であったと推察されるが、それも天平九年の天然痘の流行によって房前・宇合・麻呂らとともに、七月に父武智麻呂が没したことによって仲麻呂の官途は暗転したようにも思えた。

第二章　仲麻呂と橘諸兄政権——光明皇后との紐帯

1　橘諸兄首班体制

橘諸兄首班体制の成立

天平七（七三五）年に流行した天然痘が一時は終息していたが、天平九年になって再び大流行して、七月に武智麻呂が、そして翌月に麻呂・宇合ら太政官構成員にとどまらず、四位以上官人三〇余名の三割が、五位官人六〇余名の半分が没するという廟堂は政治的危機に陥った（中川、一九七四）。

九月になって参議であった鈴鹿王を知太政官事に、そして同じく参議であった橘諸兄を中納言を越任させて一挙に大納言に、また多治比広成を中納言に任じるなど、橘諸兄を首席とする新しい太政官人事が発令された。そして十二月になって豊成を参議に登用したりしているが、以下に掲げる太政官構成員表のように、議政官の経験不足と太政官組織の弱体を主因とする政治・社会の不安定化は避けられなかった。

つまり、この太政官は緊急処置で、橘諸兄らの資質・才能とは無関係に構成されたことから、権力の組織化・集中化に乏しく、政権ではなく体制と称するのが妥当との評価が一般的である（中川、一九七四）。

しかしながら、すでに十二月には橘諸兄の特徴的政策が施行されている。それが大倭国（やまとのくに）を大養徳国へと国号表記を改めたことであった。これ

	天平九年三月	天平九年十二月	天平十一年四月
知太政官事	―	鈴鹿王	鈴鹿王
左大臣	―	―	―
右大臣	藤原武智麻呂	―	橘諸兄
大納言	―	橘諸兄	―
中納言	多治比県守	多治比広成	―
参議	藤原房前	大伴道足	大伴道足
〃	藤原宇合	藤原豊成	藤原豊成
〃	藤原麻呂		大野東人
〃	鈴鹿王		巨勢奈弖麻呂
〃	橘諸兄		大伴牛養
〃	大伴道足		県犬養石次

太政官構成員表

は前章でも述べたように、この度のような疫病流行は、天皇の薄徳への天帝の咎めを天変によって示したものとうけとめられていたから、それに応え徳を大いに養うことの意思表示であったが、仲麻呂の発言力がましてきた天平十九年三月に大倭国に戻され、さらに天平宝字二（七五八）年二月にはよく知られる大和国という表記に変わる（青木他、一九九〇）。

そして注目すべきは、聖武天皇の生母である藤原宮子が天皇を生んでより憂鬱な気分となり、人間らしい行動を取れずに、息子の聖武天皇とも逢えずにいたが、玄昉（げんぼう）の看病によって全快して母子の対

面が叶ったということである。このことがあって中宮亮吉備真備（きびのまきび）以下六人に叙位があった。玄昉と吉備真備とは、遣唐使で入唐（にっとう）・帰国をともにして親密な関係にあったから、これは吉備真備から玄昉に働きかけて実現したものであろう。天平八年九月からは玄昉の請来した経論を本経として、光明皇后による五月一日経が写しはじめられているから、ここに玄昉と吉備真備をブレーンとする橘諸兄の政治スタイルというものが整いつつあったということであろう。

翌同十年正月になると大きな政治的な変化があった。それは橘諸兄が右大臣に昇任して、正式に太政官首班となって橘諸兄首班体制が成立したことである。しかし、それよりも注目されるのは阿倍内親王が皇太子に立てられたことである。

橘諸兄と藤原豊成自署

神亀四（七二七）年十一月、聖武天皇は夫人（ぶにん）光明子とのあいだに閏九月に生まれた皇子を皇太子に立てたが、早くも皇太子は翌五年九月に没している。その後、聖武天皇は皇太子をおかずにいたこともあって、朝廷内では皇嗣をめぐって政治闘争の要因ともなって、長屋王の変が起こったことは前述した。

武智麻呂らは対立する長屋王や息子の膳夫王らを葬りさり、光明子を皇后に立てたものの、新たな方策としては光明皇后（または夫人である武智麻呂の娘）の男子誕生を待つしかなかった。光明皇后にとってみれば、武智麻呂政権が崩壊したことは、自分の背後勢力がなくなったということであり、皇后とはいってもその影響力の低下は少なくなかったはずである。

そして、亡くした皇太子と同年生まれで、夫人の県犬養広刀自の生んだ安積親王が一二歳となって成長してきていたことや、この安積親王を橘氏中心に大伴氏・佐伯氏など諸豪族が擁して、生家藤原氏と対立する様相が生まれつつあったことにも焦燥していた。しかし生家藤原氏は武智麻呂ら四子が没して、豊成がわずかに参議としているのみで、その政治的凋落は激しかったから、それだけに光明皇后は安穏とはしておれなかった。

このような状況を打開するために、光明皇后が聖武天皇を説きふせてとった手段が、娘の阿倍内親王の強引とも思える立太子ではなかったか。阿倍内親王はのちに光明皇后の仰せによったと述べている（『続日本紀』天平宝字六年六月庚戌条）。この時期太政官が弱体化していたために、聖武天皇・光明皇后が主導力を発揮できたのである。ただ光明皇后は、阿倍内親王に本格的な天皇となることを望んでいたわけではない。聖武天皇や元正太上天皇が男子直系の皇位継承を願っていたことや、女性天皇はあくまでも中継ぎであり、そして譲位後は男子天皇の後見のための存在であったからで（水谷、二〇〇三）、とりあえず娘の阿倍内親王を立太子させることが、自分の地位を保持し、安積親王の立太子を阻止する最善の方法と考えたからであった（吉川、二〇一一）。

立太子が行われると、官人には一律に一階の昇叙があるのがふつうであるが、この度はそれがなかった。この慶事にその措置がなかったことは、これは阿倍内親王の立太子を認めようとしない政治勢力があったということでもある。それは前述のように直系男子を望む元正太上天皇をはじめとする光明皇后・藤原氏と対立する勢力であって、橘諸兄もこれには否定的であったが、まだ発言力も乏しく、右大臣昇任を条件に黙認したとも考えられる。

その後、橘諸兄は何回かの人事異動によって、中央官司や地方国司を含めて政治体制を整えていった。そして天平十一年正月、橘諸兄体制下ではじめての本格的な叙位があった。天平三年より必ずしも正月に限ったことではないが、一年に一回は叙位が行われていたが、同十年には、前年九月の疫病による多くの官人没死の補充から大規模な昇叙を行っていた影響をうけて、必要最低限の四位以上のみの叙位であったらしい。それだけに同十一年正月には橘諸兄が従二位を授けられるなど、四位・五位中心の叙位が行われたのである。

仲麻呂の政治的進出

この叙位で仲麻呂は五年ぶりに一階昇って従五位上に叙せられているが、兄の豊成は同九（七三七）年二月に正五位上、同九年九月に従四位下、そして今回は正四位下に二階と、七年間に五階昇っている。藤原氏の嫡流南家の同母兄弟とはいえ、嫡子ですでに参議を帯任している豊成と、次弟の仲麻呂の政界における期待度が大きく異なっていたことは歴然としている。

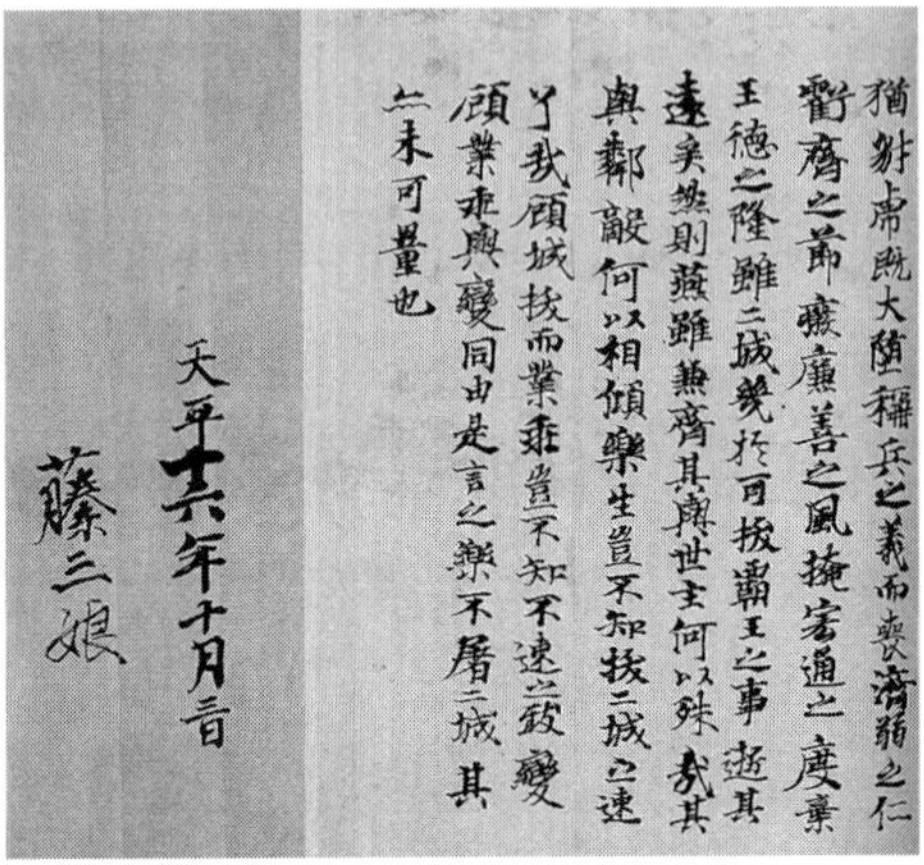

光明皇后自筆・楽毅論

しかし、仲麻呂個人にとってみると、この従五位上昇叙は、政治的進出の起点となった重要な叙位であった。この叙位は四五名中の二三名が後宮関係者であったことから、光明皇后の意向が反映されていると思われ（林、一九六九）、仲麻呂の昇叙を光明皇后に仲介したのは仲麻呂の妻である藤原袁比良（ふじわらのおひら）であったらしい（角田、一九六一ⅰ）。

したがって、この叙位が仲麻呂栄進の契機となったのは、光明皇后との紐帯が形成されたということであるが、それだけではなく疫病による官人の減少から、実務的能力を有する官人を補充する必要に迫られていたという現況のなかで、仲麻呂のような相当な学問を修め、かつ実学的な資質・能力を有する官人を評価・必要とする社会的な環境も背景にあったことを忘れてはならない（中川、一九九一）。翌同十二年正月にも仲麻呂は一階昇叙して正五位下となっているが、これも同様のことからの叙位であったと考えられる。

さて、この叙位などをうけて、橘諸兄が早急に取り組まなければならなかったのは、太政官を充実することであった。少なくとも三～四人の参議を補充する必要があった。

しかし、このことは簡単なことではなかった。橘諸兄派と藤原式家を中心とする政治勢力との抗争が顕在化していたのである。なかでも宇合の長子である大養徳守藤原広嗣は先鋭的であった。広嗣は、藤原四子没後の天平九年九月、後に左大臣ともなる北家嫡子の永手とともに従六位上から従五位下へと一気に三階昇叙されるなど、藤原氏のなかにあって最も期待されるエリートであった。それだけに藤原氏復権への思いは強く、過激な性格でもあったから、ほかの藤原三家とも乖離することも多かった。

2　橘諸兄政権と式家

石上乙麻呂配流事件

このような政治状況下の天平十一（七三九）年三月、石上乙麻呂が久米若売を「姦」したとして、土佐国への遠流になる事件が起こった。けれども、「姦」は「雑律」（『集解僧尼令』・『法曹至要抄』逸文）によれば、徒（懲役刑）一年、配偶者がいれば徒二年であるのに、なぜか乙麻呂は絞首刑一歩手前の遠流という重刑に処せられている。それに従四位下という官位にあった石上乙麻呂には、「名例律」「獄令」に規定する特権換刑・特権減刑ができたにもかかわらず、それが認められていない。不当な処分である。

当時、石上乙麻呂は左大弁という重職にあった。左大弁は太政官符を発布し、太政官と中務省以下の四省との連絡を掌る責任者で、大きな政治力を有する。参議の選任にあたっては、従四位下以上の者を充てるということがあった。この時にそれに適うのは参議候補者一覧表にあげた八人である。

官位	氏名
従四位上	大野東人
従四位下	巨勢奈弖麻呂
従四位下	大伴牛養
従四位下	県犬養石次
従四位下	石上乙麻呂
従四位下	高橋安麻呂
従四位下	中臣名代
従四位下	小野牛養

参議候補者一覧表

大野東人（おおののあずまひと）は従四位上で一階上位であるから確実であるが、残る七人から誰にするのか、当然のこととして二〜三人の参議を補充することになれば、すでに参議の大伴道足（おおとものみちたり）が兼任する右大弁の上司である左大弁であって、物部氏の後裔氏族で父の麻呂が左大臣であったことなど、家柄からしても石上乙麻呂は最有力である。

しかし、石上乙麻呂には不当な処分を被る理由があった。実は石上乙麻呂の姉妹である石上国守（いそのかみのくにもり）（国盛）は、藤原宇合に嫁いで、広嗣を生んでいたのである（木本、一九九八）。つまり広嗣は、乙麻呂の甥ということになる。乙麻呂は五〇歳代半ばであって、若い広嗣（同母弟の良継が二四歳であったから、二六歳前後か）の後見者で、式家閥の重鎮的存在であった。

橘諸兄は、強硬な反対派である藤原広嗣を前年十二月に大宰少弐に左降して、九州に体よく追放している。同時に広嗣の父宇合側近の高橋安麻呂（たかはしのやすまろ）をも大宰大弐に転出させるなどして反対派を弾圧していたが、その反対派瓦解のためにとったもうひとつの手段が、石上乙麻呂のスキャンダルを過大にでっちあげた追放事件であった。「雑律」の規定より重い罪に問い、減刑の特権をも認めなかったのは、このような橘諸兄の政敵に対する陰謀であったからである（木本、二〇〇一）。

因みに相手女性の久米若売とは、宇合の妻のひとりで、百川（ももかわ）（雄田麻呂）を生んだ女性である。百川は奈良時代末期、称徳天皇が皇嗣を指名しないで亡くなったおりに、藤原永手や異母兄の藤原良継らと語らって白壁王を光仁天皇として擁立し、またその皇太子であった他戸親王を陰謀でもって死においやり、山部親王を桓武天皇として冊立するなど活躍して、藤原式家主導政治体制を成立させるが、それに尤も協力したのが石上乙麻呂の長子である石上宅嗣である。百川と宅嗣、ふたりはそれぞれの父と母の不倫、このスキャンダルをどう思っていたのだろう。気恥ずかしい気持ちはなかったのだろうか。

話をもとに戻そう。橘諸兄にとって、反対派の石上乙麻呂や後に広嗣の反乱に加わった中臣名代、そして高橋安麻呂らを参議として太政官に迎えるわけにはいかなかった。しかし、反対派を除外するだけでは政治を主導することはできない。そこで諸兄が考えたのは、自分の側近の登用であった。諸兄は母の出身氏族から県犬養石次を、直前の天平十一年正月に参議資格の従四位下に二階特進させて、参議として重用することにしたのである。

藤原広嗣の乱

このような経緯を経て、天平十一（七三九）年四月に大野東人・巨勢奈弖麻呂・大伴牛養・県犬養石次の四人が参議に登用されて、どうにか太政官が整備された。けれども、これで橘諸兄体制が、確固たるものとして組織化された政権とよぶにふさわしいものとなったかは疑問であって、それは天平十二年九月になって、九州にいた藤原広嗣の反乱によって、その弱体な体制が露呈することになる。

まず藤原広嗣は上表文を奉って、時の政治を批判し、天変地異が起こるのも悪政のためであるとし、その要因である橘諸兄側近の玄昉法師と右衛士督吉備真備を「朝廷の乱人」として取り除くことを要求した。

しかし、広嗣の目的は、玄昉と真備の追放だけではあるまい。確かに後に板櫃川（紫川）を挟んでの勅使佐伯常人の呼びかけに対して、広嗣は「朝廷の命令を拒むつもりではなく、ただ朝廷を乱している玄昉と吉道真備の追放を要求しているだけである」といっているが、この二人を重用しているのは為政者の諸兄であることを考慮した場合、この広嗣の要求が諸兄にも向けられたものであることは十二分に推測することができる。さらに諸兄を信任して、施政を委任している聖武天皇の責任をも追及するものであった可能性も否定できない。このような広嗣の政治批判について、「職制律」は天皇を指斥するものとみなして斬刑にあたると規定していることから、広嗣にもそのような覚悟があったとしても不思議ではない。

乱の鎮圧のために、聖武天皇は大宰府管内の人びとに協力を求める勅を出しているが、そこには「親族を誹謗した」ことが広嗣の九州への左遷理由だったとし、またいかに悪逆非道な人間であるかを述べている。親族を誹謗したことについては、豊成ら藤原一族が橘諸兄や玄昉・吉備真備に屈従していることに不満をもち、彼らを誹ったとする見解がある（岸、一九六九）。しかし、著者はこの見解を否定はしないが、その対象は豊成ら藤原氏一族よりも橘諸兄に向けられたものであった可能性も考えられると思う。

諸兄は、県犬養橘三千代と先夫美努王との子、再婚した不比等とは義父子で、「儀制令」の規定では四親等、不比等の孫である広嗣とは六親等で、五親等内の親族に当たらないようでもあるが、「戸令」の親族規定には伯叔父姑が含まれ、「職制律」にも三親等以上の婚家とあるから、諸兄が広嗣の叔母多比能を妻としていたこと（角田、一九六四）を併考すると親族とも理解でき、反乱理由を重視すれば広嗣が誹謗したのは義叔父である諸兄であった蓋然性は高いように思われる。

上表が容れられないと知った広嗣は、天平十二年九月三日、遂に大宰府で兵を起こした。朝廷では、蝦夷制圧に功績のある陸奥按察使・鎮守将軍の大野東人を大将軍に任じ、東海・東山・山陰・山陽・南海の五道から一万七千の兵士を徴発し、また佐伯常人・阿倍虫麻呂を勅使として派遣した。

一方、広嗣は自ら五〇〇〇の兵士を率いて大宰府から西方面の鞍手道より、弟の綱手は五〇〇〇人を率いて東方向の豊後国より、多胡古麻呂は中央の田河道より、遠珂郡の鎮所を目指して、三方より北上した。遠珂に先着した広嗣は、ここでも兵を徴発し、併せて一万の兵を集めた。

九月二十四日付の大野東人の報告によると、自身は後続兵士の集結を待って九州に渡海することとし、二十一日には、長門国豊浦郡少領額田部広麻呂が精兵四〇人を率いて先発し、二十二日には常人・虫麻呂らが軍士四〇〇〇人を率いて関門海峡を渡り、板櫃鎮を制圧している。本格的な戦いは、広嗣軍の豊前国京都郡（福岡県京都郡南部・行橋市北部）鎮長で大宰府の史生でもある小長谷常人、企救郡板櫃鎮（北九州市小倉北区板櫃町か）大長の三田塩籠、小長の凡河内田道らとの間で繰りひろげられたが、朝廷軍は塩籠をとりにがしたものの、小長谷常人と田道を殺獲し、登美（北九州市小倉北区富野か）・板櫃・京都三処の営兵一七〇〇人余を捕虜にする勝利をあげている。

二十五日付の報告では、これらの形勢をみた京都郡大領の楉田勢麻呂が兵五〇〇騎を率い、また仲津郡擬少領の膳東人、下毛郡擬少領の勇山伎美麻呂、築城郡擬領の佐伯豊石らも兵士を率いて朝廷軍に加わったことが知られる。また、豊国秋山らが逃亡していた塩籠を殺害し、上毛郡擬大領の紀乎麻呂らも賊徒を討ったことが報告されている。

十月九日付の報告によると、ついに隼人を先鋒に一万騎を率いて板櫃川の西側に陣取る広嗣軍と、勅使常人・虫麻呂率いる六〇〇〇人の軍士が川を挟んで対峙した。広嗣は筏を船として渡河し攻撃しようとしたが、朝廷軍は弩を放って、これを押しとどめた。

そして、常人が勅符を与えるために大宰府の典以上の職にある者を召喚したにもかかわらず、兵を起こして押し来たのはどういう理由なのかと広嗣に詰問したところ、広嗣は答弁することができずに馬に乗って退いたという。

その後、十月十日か十一日には決戦があったのであろう、その詳細はわからないが、戦局は広嗣に不利に展開し、ついに敗走した広嗣は、肥前国松浦郡の値嘉嶋（五島列島）から船での逃亡を図った。東風に吹かれること四日間、耽羅島（済州島）に着いたが、強風のために上陸できずに、一昼夜漂い、にわかに西風に吹き戻されることになった。その時、広嗣は「大忠臣である自分を神霊はなぜ見棄てようとするのか、神力によって暫し風波を静かにしてほしい」と願って、駅鈴を海に投じたが、風波はさらに強くなって、等保知駕島（福江島か）の色都島（不詳）に漂着した。

そして十月二十三日になって、広嗣は値嘉嶋の長野村で安倍黒麻呂によって捕えられ、十一月一日に松浦郡で綱手ともども斬首となった。弟の菅成（すがなり）や従者たちは大宰府に拘禁された。三日には従者の三田兄人（みたのえひと）ら二十数人も投降して、この二カ月近くにわたる内乱は終息したのであるが、その余波は翌同十三年正月、与党らの死刑二六人、没官五人、流刑四七人、徒刑三二人、杖刑一七七人の処断まで及んだのである。

このようにして広嗣の乱は鎮圧されたとはいうものの、聖武天皇が勅符を数千条も散擲しなければならないほど拡大したのはなぜであろうか。大宰少弐の職にあったとはいえ、広嗣が率いる大隅・薩摩・筑前・豊後四国の兵士五〇〇〇人、綱手の筑後・肥前国の五〇〇〇人、古麻呂の数は不明であるが残る肥後・日向国等の五〇〇〇人ほどであろう、合わせて一万五千人もの兵士を動員し、さらに間諜が伝えたように、遠珂郡家でも烽火（とぶひ）（狼煙）をあげて五〇〇〇の兵を徴発できたのはなぜであろうか。九州の軍団兵士数は、一万五千〜二万人程度といわれているから（竹尾、一九七〇）、広嗣の動員数は大きいものがある。

その理由であるが、遠方の朝廷として大宰府官人に大きな権限が与えられていたからだとか、郡司・豪族に兵士動員力があったからだとか諸説あるが、著者は没する三年前まで大宰帥の任に長くあった父宇合と、大宰府役人・軍毅らが考選任用をうけるなどして個人的に親密な関係にあったことから、長子広嗣にも親しい者がまだその職掌にあって、軍団・郡司層への大きな影響力を有していたからではなかったかと推察している。そのような人たちが、広嗣軍の中核をなしていた大宰府の史生で豊前国京都郡鎮長の小長谷常人らの鎮長層、京都郡大領の楉田勢麻呂らの郡司層ではなかったか。

しかし、このような個人的な関係だけで、九州一円からの迅速で大規模な兵士徴発はできない。それを可能にさせたのは、西海道特有の軍事制度にあった。天平四年八月に西海道節度使となった宇合は、制勅に基づき新造兵器の補充、農民兵士の簡点編成などの整備に加えて、九州特有の新羅来襲に備えた軍事防衛策でもある、兵士百姓のうち弓馬に便なる者で隊を編成して雑乱を防ぐこと、戦士以上は随身の兵を採り本軍に赴き行動に備えることなどを示した「警固式」、一名「宇合時式」を策定して軍制の整備につとめている。

このような宇合と、大宰府・西海道諸国との緊密な政治的・軍事的関係が、広嗣の乱拡大の要因であったことは間違いないことと思われる。

3　五年間の彷徨

恭仁京への遷都

広嗣の乱最中の天平十二(七四〇)年十月十九日、聖武天皇は造伊勢国行宮司(ぎょうぐうし)を任命して、九州で広嗣と戦っている征討大将軍の大野東人に対し、「乱時とはいえ、思うところがあって暫く関東(鈴鹿関以東)に行くが、驚き怪しむことのないように」との勅を発し、伊勢国への行幸の意思を示した。ところが、この行幸の意図については、「思うところがあって」というだけではっきりしない。

広嗣の決起に刺激されて、平城京でも内乱が誘発することを警戒し、一時的に避難するためではなかったかとの説もある（岸、一九六九）。また壬申の乱を官人らに回想させることによって、天武天皇（大海人皇子）からの血統的価値の根源を誇示しようとしたとか（遠山、一九九九）、また乱以前から新しい都恭仁京（くにきょう）を造営することを伊勢大神宮に祈るために決めていたことであり、天皇自身が壬申の乱における天武天皇の転戦地をめぐって自己を投影させる意図があったとの見解がある（渡辺、二〇〇一）。

そして十月二十三日には、車駕の前後に随行して、行列の威儀を整える次第司を任命しているが、仲麻呂は東西史部（やまとかわちのふびとべ）や秦（はだ）氏らの騎兵四〇〇人を率いて、行列の前を警衛する前騎兵大将軍を命じられた。仲麻呂が騎兵大将軍に任じられたことは、聖武天皇の側近としての信頼を得たことを示すものであろう。

それにしても東西史部や秦氏がこの行幸に随行することになったのは、何よりも前年の五月に伊勢・美濃・越前の三関国（さんげんこく）と陸奥・出羽や九州を除いて、諸国の兵士を停止していたことに加えて、広嗣征討軍に徴発するなど、兵士不足だったからであろう。

東西史部や秦氏の私的武力は早くから朝廷では認められていたらしいが、この氏族はともに山背国（やましろのくに）を本拠地としており、その点で同じく南山背を基盤地とする橘諸兄と緊密な関係にあっただろうから、東西史部と秦氏兵士の動員は橘諸兄によるものであったかもしれない。

天平十二年十月二十九日、聖武天皇は知太政官事の鈴鹿王と藤原豊成を留守官に任じて、伊勢に出発する。大倭国山辺郡竹谿村（やまとのくにやまのべぐんつげむら）、伊賀国名張郡・伊賀郡安保頓宮（あほのかりみや）を経て、十一月二日には伊勢国壱志郡（いちしぐん）

河口頓宮に到ったが、翌日には広嗣を十月二十三日に捕獲したことの二十九日付の報告が届き、聖武天皇はここに一〇日ほど滞在している。

そして十一月十四日には鈴鹿郡赤坂頓宮に到るが、ここでも一〇日間逗留して、二十一日には陪従する橘諸兄を正二位に叙したのをはじめ、文武官五〇人余に叙位を行っている。仲麻呂も正五位下から一階昇って正五位上に叙せられているが、諸王を除くと、大原高安についでの高位であって、徐々に存在感を高めつつあったことが理解できる。

その後、聖武天皇は伊勢湾岸を北上して、朝明郡から美濃国当伎郡、そして十二月一日から六日まで不破頓宮に滞在するが、ここで騎兵司を解散して平城京に帰らせている。仲麻呂も前騎兵大将軍の任を解かれたことであろう。この日、天皇は近江国坂田郡横川に到ったが、ここで突然に山背国相楽郡恭仁郷に遷都することを宣言して、準備のために橘諸兄に先発を命じている。

横川を発った天皇は、琵琶湖東岸を犬上・蒲生・野洲・禾津と南下して玉井を経て、十二月十五日に遂に恭仁郷に到着している。しかし、遷都したとはいえ内裏の一部が完成していただけで、宮城をめぐる大垣も未完成であって、翌天平十三年の元日朝賀の儀式に際しても帷帳で囲むような状況であった。

けれども、閏三月には平城宮の兵器を恭仁近くの離宮の甕原宮に移し、つづいて五位以上の官人の平城京に住むことを禁止し、また併せて平城京以外に住む官人の恭仁京への移住も強制された。八月には平城京の東西二市も恭仁京に移されている。

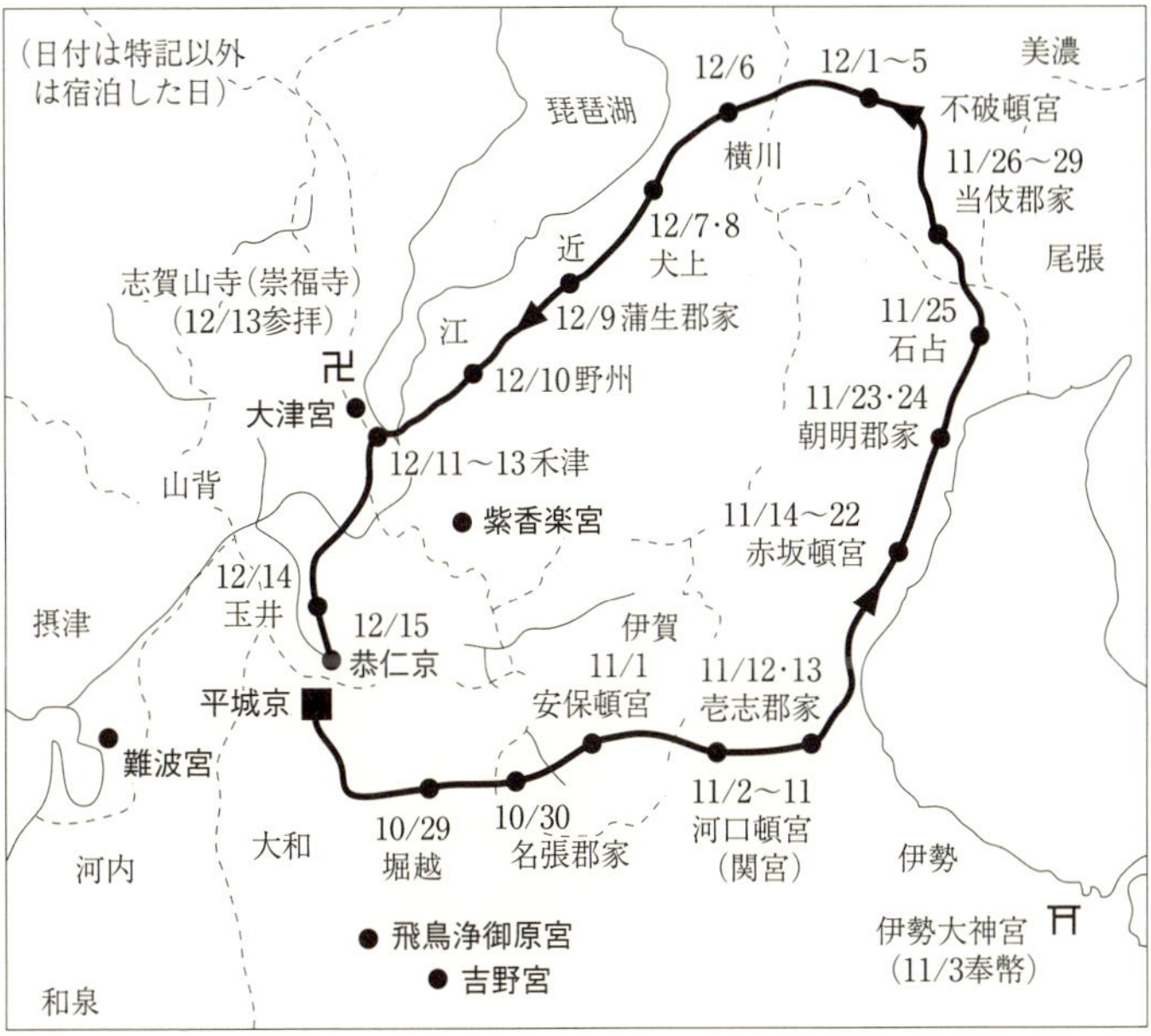

聖武天皇の移動経路（渡辺，2001より）

その恭仁京で天平十三年三月、聖武天皇は国分寺建立の詔を発する。天皇は不作と疫病の流行を愧じ恐れる気持ちから、『金光明最勝王経』に、読経・暗誦・流布させると四天王が一切の災いや疫病などを消滅するとあることを信じ、仏法が盛んとなり四天王の擁護の恵みを願って、諸国に国分寺の建立を思いたったのである。国分僧寺を金光明四天王護国之寺と名づけ、封戸五〇戸・水田一〇町を、国分尼寺は法華滅罪之寺として水田一〇町を施入している。

だが、これに先立つ正月には、藤原氏が広嗣の謀反を詫び、不比等の封戸五〇〇〇戸の返上を申し出たが、そのうち三〇〇〇戸を諸国国分寺の丈六仏像の造料に充てているから、すでにこの時には国分寺の建立が進められていたらしい。

そして閏三月になって叙位が行われている。この叙位に預かった一四人に、征討大将軍の大野東人や副将軍紀飯麻呂、勅使の佐伯常人・阿倍虫麻呂、伊勢大神宮への乱平定祈願のための幣帛使を務めた大井王が含まれているから、広嗣の乱の戦功や東国行幸の功績に対するものであった。仲麻呂は前騎兵大将軍としての働きを賞せられて従四位下に昇叙したのである。前年十一月には行幸に陪従した者に叙位があったが、半年も経たないうちに陪従した功績によって再び叙位に預かったのは、大井王と二人のみであることを勘案すれば、仲麻呂の重用ぶりが際立っている。

これで仲麻呂は、天平十一年正月に従五位上に昇って以来、二年余の間に三階も進階している。この頃の藤原一族では豊成が正四位下、仲麻呂が従四位下で、北家の八束（真楯）が従五位上、永手・清河が従五位下であって、やはり嫡流南家の豊成・仲麻呂が官位では先行している。なかでも豊成は天平九年正月より進階していないのに対して、仲麻呂は三階進階して、二人の官位は五階差が二階差に縮まってきている。これは光明皇后が生家である藤原氏の将来を、寛大温厚な性格である「天資弘厚」（『続日本紀』天平神護元年十一月甲申条）の豊成よりも、賢く聡い「率性聡敏」の仲麻呂に期待するようになってきていることが影響している。

このように仲麻呂は順調すぎるほどの昇叙を重ねていたが、大学少允任官後にどのような官職に任じていたのだろうか。薨伝には「つぎつぎと顕職を歴任した」とあるし、在京していたことはほぼ確かだから、八省の少輔から大輔などを帯任していたものと推知されるが、よくはわからない。

ただ、従四位下に昇った翌月の天平十三年四月、仲麻呂は巨勢奈弖麻呂や民大楫（たみのおおかじ）・陽胡真身（やこのまみ）らとともに、河内と摂津両国の国界争いに関わる淀川の堤防工事を検校するために派遣されている。渠池・山川・藪沢のことは国郡司の責任であって、「民部省は地図によって形界を知り、検勘の場合には関渉（ママ）しない」という規定があった（「義解職員令」）。しかし民部卿の巨勢奈弖麻呂が派遣されたのは、このように二国の争いという政治問題化して解決しないためであったからであろう。

民部卿就任

この後、天平十三（七四一）年七月になって、仲麻呂は奈弖麻呂が左大弁兼神祇伯（じんぎはく）・春宮大夫（しゅんぐだいぶ）に遷ると、それを襲って民部卿に任じられている。先の民部卿奈弖麻呂の民部省に係る任務に同道していることと併考して、卿補任以前にもすでに民部省の何らかの地位に就いていたともいえそうである（岸、一九六九）。

民部卿の相当官位は正四位下、大輔は正五位下であるから、民部省の地位というと大輔であろうが、従四位下の仲麻呂にとって相当官位からすると大輔はふさわしい職ではなかった。ただ民部省下の主計寮には他の寮司と違って、調庸・用度を勘計する算師、主税寮（しゅさいりょう）には租税を勘計する算師がおり、算道を学び詳しかった仲麻呂にとっては適任であったといえるかもしれない。

また、民部卿としての仲麻呂の施策と思われるものに巡察使の派遣がある。巡察使は太政官による派遣であるが、同十四年九月派遣の巡察使は、班田督励が目的であったらしく、班田ということになると造籍が不可欠であることから、戸口の名籍と田図の管理を掌る民部卿とは深く関係する。仲麻呂はこれ以降も同十六年九月、そして天平勝宝六（七五四）年十一月、天平宝字四（七六〇）年十二月にも派遣しているが、ともに今回と同じように校田を任務としていることが多い。

天平十三年九月、新都の整備が急がれるなかにあって、恭仁の左右京に住む百姓の調と租が免除されて、天下に大赦が行われた。さらに智努王（ちののおう）と巨勢奈弖麻呂の二人を造宮卿に任じて、大養徳・河内・摂津・山背四国から役夫五五〇〇人を徴発して、恭仁宮の工事が進められている。その一環として、仲麻呂は智努王らとともに恭仁京の宅地を班給している。しかし仲麻呂らがどのような班給を行ったかは分明ではない。

因みに天平六年九月の難波京での宅地班給は、三位以上には一町以下、五位以上には半町以下、六位以下は一町の四分の一以下であったが（『続日本紀』天平六年九月辛未条）、平城京では左京三条二坊の長屋王宅のように四町分を占める宅地もあり、第五章でも詳細に述べるが、左京四条二坊にはさらに大きな八町もの仲麻呂の田村第もあった。

また、同十三年十月には、七月より優婆塞（うばそく）ら七〇〇人余を使って工事がはじまっていた木津川に架かる橋が完成している。民部卿の職掌に「橋道」のことがあるから、これにも仲麻呂は関わっていたかもしれない。とすれば、宅地班給や木津川への架橋など、仲麻呂は恭仁京造営に関与することが大きく、その功績が認められ、聖武天皇、そして光明皇后の信頼を得ることにつながったものと思われる。

しかし、同十四年八月の頃になると、天皇は紫香楽村への行幸を宣言して、造宮卿の智努王ら四人を紫香楽宮造営のための造離宮司に任命している。巨勢奈弖麻呂という造宮卿がもう一人いるとはいうものの、恭仁宮造営にあたっていた智努王に紫香楽宮造営を命じたことは、聖武天皇の関心が恭仁宮から紫香楽宮に移ったことにほかならない。

紫香楽宮行幸に際して、鈴鹿王・巨勢奈弖麻呂・紀飯麻呂の三人が恭仁京の留守司に、そして仲麻呂は大伴牛養とともに平城京の留守を命じられている。この時の紫香楽宮行幸は一週間ほどであったが、十二月末になって天皇は再び紫香楽宮に行幸し、先の三人に加えて仲麻呂を恭仁留守司に命じている。ただ、この時の紫香楽宮行幸は二泊三日の短いものであり、天平十五年の朝賀は恭仁宮であった。

同十五年四月になると、また紫香楽宮に行幸して半月ほど滞在しているが、この時の留守は三度目の巨勢奈弖麻呂・紀飯麻呂、そして新たに橘諸兄が任じられている。度かさなる行幸中にもつねに君側にあって右大臣として政権を運営していた諸兄が、短期間とはいえ天皇のもとを離れることを命じられたことは注視されることで、聖武天皇を中心に、諸兄が信頼する元正太上天皇、そして藤原氏の意向をうける光明皇后、この三者の関係が恭仁・紫香楽宮の存在とも微妙に絡んでいるような気がする。

そして、その三者の政治的な関係を象徴するような出来事のひとつが、同十五年五月にあった皇太子阿倍内親王が五節を舞ったことであると思う。これは聖武天皇の命令をうけて、橘諸兄が元正太上天皇に申しいれたもので、天武天皇がはじめ天地とともに絶えることなくうけついできた五節舞（ごせちのまい）を、阿倍皇太子に習わせ体得させたので、ご覧にいれたいというものであった。

五節舞を見おわった元正太上天皇は、国の宝としての五節舞を阿倍皇太子が演じたことを喜び、天皇に叙位を行ってほしいとの希望を伝えている。これをうけて天皇は叙位を行ったが、五位以上で五七人という広範囲にわたるもので、特に「皇太子宮」の官人への昇叙が顕著で、なかでも東宮学士の吉備真備へは二階昇叙している。

前述のように、天平十年正月に阿倍内親王は立太子したが、この時は元正太上天皇の理解が得られず、慶事の叙位は行われなかった。漸く五年を経て実現したのである。五年のあいだに、徐々に阿倍内親王の皇太子としての存在が既成事実となっていったのであろうし、光明皇后のみえないところでの画策もあったことであろう。聖武天皇が五節舞をみるように元正太上天皇に要請し、太上天皇がこれをうけいれ、立太子時に認めなかった叙位を希望したことは、阿倍内親王が皇太子として正式に承認されたということである。

ここに聖武天皇・光明皇后・阿倍皇太子、藤原氏と元正太上天皇、橘諸兄との政治的な乖離がみえるようである。聖武と内裏で同居して(渡部、二〇一〇)、「我子天皇」とよぶ元正太上天皇、橘諸兄を中心に大伴・佐伯氏を主体とする政治勢力、生家の勢力伸長を願う光明皇后と、その権威に頼る藤原氏という複雑な政治動向を背景にしながらも、そこには現代とも変わらぬ聖武を挟んでの姑の元正太上天皇と嫁の光明皇后の宿命の葛藤が垣間みえる。

参議補任

さて、この叙位で仲麻呂は、参議の大伴牛養らとともに従四位上に叙され、そして紀麻路(きのまろ)とともに参議に登用された。天平十一(七三九)年四月に成立した橘諸兄を首班とする政治体制は、大伴道足を欠き、前年の天平十四年にも大野東人・県犬養石次を相ついで喪っていたから、右大臣橘諸兄、知太政官事鈴鹿王、参議巨勢奈弖麻呂・藤原豊成・大伴牛養の五人体制となっていて、新参議を補強する必要性に迫られていたのである。

そこで諸兄を左大臣に、豊成と奈弖麻呂を中納言に昇任させ、仲麻呂と紀麻路を新たに参議として太政官に迎えることになったのである。仲麻呂が参議になるまで、従五位下への昇叙から九年、従五位上から四年である。同時に参議となった紀麻路は、二三年と一四年を費やしている。先任参議の大伴牛養は三〇年と二五年、諸兄も二一年と一四年、兄豊成でも一四年と五年かかっている。仲麻呂の早い昇進ぶりがわかるが、ことに従五位上からは四年である。疫病による有能官人の欠失という事情を考慮しても、この昇進ぶりは傑出している。光明皇后の期待がいかに大きかったかである。

ただ官位では、仲麻呂の従四位上より上位なのは橘諸兄（従一位）、鈴鹿王（従二位）、巨勢奈弖麻呂・藤原豊成・百済王南典（くだらのこにきしなんてん）（従三位）、塩焼王（しおやきのおう）（正四位上）、大石王・智努王・栗栖王（くるすのおう）・春日王（かすがのおう）（正四位下）くらいであるから当然といってもよかった。仲麻呂は漸く太政官の一員として政治に参画することになったのである。

この直後には私田の所有を認めた墾田永年私財法が施行されている。この施策の主唱者を誰とみるかであるが、岸氏は仲麻呂敗死直後に、この法律が寺院と在地農民を除き一時禁止されたことを考慮して、仲麻呂であった可能性は多いとされる（岸、一九六九）。そして、その翌月の天平十五年六月、仲麻呂は兼任として左京大夫にも任じられている。

しばらく恭仁宮にあった聖武天皇は、同十五年七月末になって、また橘諸兄・鈴鹿王・巨勢奈弖麻呂らに留守を命じて紫香楽宮に行幸する。よって仲麻呂は、藤原豊成や大伴牛養・紀麻路らと行幸に随行し、常に君側にあったものと思われるから、聖武天皇と光明皇后にとってみれば、本当に身近な存在となってきており、光明皇后との信頼関係がますます深められていったのもこの時期ではなかろうか。

そして、聖武天皇は十月に紫香楽宮で大仏造顕の詔を発している。仲麻呂は、この大仏の造顕当初より百済王氏（くだらのこにきし）に知識物として相当量の銭貨を奉献させるなど（大坪、二〇〇九）、積極的に関与したことが知られている。

聖武天皇は十一月には恭仁宮に戻るものの、十二月になって恭仁宮の造作を停止して、紫香楽宮の造営を宣言する。天皇の心にはすでに恭仁宮は消えつつあったとみてよいし、その推進者であった橘諸兄への信頼感も以前ほどではなくなってきていたとも考えられる。

年が明けた天平十六年閏正月、天皇は朝堂に呼集した官人らに対して、恭仁京・難波京のどちらを都とすべきかを問いかけている。結果は、恭仁京とする五位以上の者二四人、六位以下一五七人、難波京とする五位以上二三人、六位以下一三〇人であって、ほぼ同数であった。そのためであろう、天皇は巨勢奈弖麻呂と仲麻呂を恭仁京の市に遣わして、民意が恭仁・難波のいずれであるかを確かめさせている。仲麻呂が市肆を所管する左京大夫だったからであろう。

その結果は、恭仁京の市でのものであったから、難波京と平城京を望む者各一人を除いて、残りはすべて恭仁京を願う者たちであった。よって、改めて京職に仰せて諸寺や百姓に舎宅を造ることを督励しているが、これにも左京大夫だった仲麻呂は関与したことであろう。

しかし、この方針は同十五年十月の紫香楽での大仏造顕の詔と矛盾している。何よりも聖武天皇は、元正太上天皇、光明皇后を含めて公卿官人らの思惑もあって、恭仁京と紫香楽京いずれか決めかねていたのであろう。

恭仁宮跡

時に人はそのような場合、得てして第三の道をとることがある。同十六年閏正月十一日、聖武天皇が恭仁でもなく紫香楽でもなく、突然に難波京に行幸したのも、そのようなことであった。また橘諸兄が難波遷都を強行することで、仲麻呂の攻勢をかわそうとしたとの説もある（中川、一九九一）。天皇は、留守司に鈴鹿王と仲麻呂を命じ、二月には恭仁宮の高御座（たかみくら）や宮中に保管されていた武器類も難波に運び、恭仁京から難波宮への庶民の転居を自由に認めている。これ以降、恭仁宮は宮都としての存在を失い、同十八年九月には大極殿などが山背国国分寺に施入されている。

安積親王の急死

聖武天皇が難波に行幸したのに随って、諸王や官人も難波に移っていったが、その一人でもあった安積親王が、「脚の病」によって途中の桜井頓宮（東大阪市六万寺）から恭仁宮に戻った天平十六（七四四）年閏正月十三日に亡くなるという事態が出来した。夫人の県犬養広刀自とのあいだに生まれた親王は、この時一七歳であった。

安積親王は、天皇にはただ一人の男子であって、橘諸兄・奈良麻呂父子を中心とする反藤原氏勢力の貴族官人から皇統を継ぐべき者として嘱望される存在であった（瀧浪、一九九八）。それだけに、この安積親王の突然の死について、皇位継承と権力闘争を絡めて、従来から仲麻呂による暗殺説が説かれてきており（北山、一九五二）、多くの辞書類や古代史の一般書にも紹介されている。

しかし、なんといっても仲麻呂による暗殺説を定着させたのは、これを専論として検討された横田健一氏で（横田、一九五九 i）、仲麻呂を中心に光明皇后を恃みとし、光明皇后の娘阿倍内親王を擁立しようとする勢力と、諸兄を中心に大伴・佐伯氏など旧氏族で、諸兄の母県犬養橘三千代の親族である県犬養広刀自を母とする安積親王を皇嗣にしようと元正太上天皇に拠る勢力とが対立する政治様相を背景にして、暗殺説の論拠を具体的にあげつつ論証されている。

まず横田氏は、大伴家持の安積親王の活道岡宅での歌（『万葉集』巻六・一〇四二〜四三番歌）から、親王は同十六年正月十一日頃までは健在であったということが証明されるのに、その一カ月後に死ぬことを思うと、そうした急変には暗殺されたのではないかと疑うべき理由があるとされる。

さらに、「急変のある時や謀反のある時に限られる」という内印（御璽）・外印（太政官印）と駅鈴、すなわち鈴印などが恭仁宮から難波宮に取り寄せられていること、そして何よりも恭仁宮留守司に任じられていた鈴鹿王と仲麻呂が、安積親王没後から一九日が経った二月二日になって、鈴鹿王・小田王・大伴牛養・大原桜井・穂積老（ほづみのおゆ）の五人に改任され、鈴鹿王が再任されているのに対して、仲麻呂が再任されていないことを重視し、それは仲麻呂が安積親王の死に関与したからであったと理解した。

しかし、著者にはこれらの論拠が、仲麻呂の安積親王暗殺説の有効な論拠になるとは思えない。まず、安積親王は元気であったのに一カ月後に急変して没したのは暗殺以外に考えられないという。けれども、『続日本紀（しょくにほんぎ）』には「脚病」で難波宮行きをやめて、途中の桜井頓宮より恭仁宮に戻ったとある。桜井頓宮は、今の東大阪市であるから難波宮のほうが近い。なぜ遠い恭仁宮に戻ったのか。横田氏は、「本人が故郷へ帰りたかったのか、あるいはよほど悪くて、そうした場合難波の宮で仮りに亡くなったら、死穢が天皇はじめ宮廷全体に及ぶことがはばかられたのであろうか」と、その理由を説明されている。

横田氏は、健康だった安積親王が急変して一カ月で没したりするのは暗殺しか考えられないといわれる一方で、難波の宮で亡くなることによって死穢が及ぶことがはばかられたと、すでに安積親王が桜井頓宮で瀕死の状況にあったのではないかともいわれる。それでは留守司として恭仁にいる仲麻呂に暗殺ができるわけがない。また暗殺者のいるところに戻るはずもない。桜井頓宮で瀕死の状況にあったとするならば、恭仁宮に戻ってから没したのは不思議なことではない。

また、鈴印などを恭仁宮から難波宮に取り寄せていることについても、仲麻呂が安積親王を暗殺したからというわけではない。恭仁京から難波京への遷都が世論の反対を無視した形で断行されたために、鈴印などを難波宮に取り寄せるのが遅れたとの理解もある（瀧浪、一九九八）。しかし鈴印などを恭仁京に残しておきさえすれば、遷都反対の世論をかわせるというものでもない。橘諸兄・奈良麻呂父子を中心に、大伴・佐伯氏ら安積親王を擁立しようとする政治勢力が半ばを占めていることを配慮した聖武天皇が、親王が病死したことによって起こる予想外の事態をさけるために事前にとった措置であるとも考えることができる。鈴鹿王と仲麻呂二人から鈴鹿王・小田王ら五人もの留守司を任命したのも、このような理由からであろう。

また、仲麻呂を留守司に再任せずに難波宮に呼び戻したのも、この頃には諸兄よりも仲麻呂を信頼していた聖武天皇や、何よりも光明皇后が上述のような騒擾をおそれていて、近侍することを願ったからではないのか。すくなくとも、翌年の同十七年八月に聖武天皇が難波宮で重病に陥ったとき、諸兄の息子奈良麻呂らを中心に、没した安積親王に代って黄文王（きふみのおう）を擁立しようとするクーデター計画があった（『続日本紀』天平宝字元年七月庚戌条）。この時にも平城宮の駅鈴・内印を取り寄せている（『続日本紀』天平十七年九月癸酉条）。

だいたい安積親王の暗殺によって仲麻呂が留守司を罷免され、ために鈴印などを難波宮に取り寄せたというのであれば、それなりの証拠があってのことでなければならず、もしそうであれば仲麻呂に対して厳しい喚問があってしかるべきである。ことに安積親王が聖武天皇の唯一の皇子であることを思えば、留守司の罷免のみにとどまらずに、参議や兼任していた左京大夫も解任したうえで、死罪を含む厳罰が下されたはずである。ましてや翌同十七年正月に二階も昇って正四位上に叙せられるはずがない。以上のようなことをもって、仲麻呂の安積親王暗殺説は再考されるべきものと思う（木本、二〇〇四ⅰ・山口、二〇〇七）。

平城還都

さて、難波宮に移ったものの聖武天皇は、天平十六（七四四）年二月二十四日になって突然に紫香楽宮に行幸する。『続日本紀』は、この時に元正太上天皇と左大臣橘諸兄が難波宮に残ったことを記している。元正太上天皇六四歳、橘諸兄六〇歳、互いに親しみ信じあう関係だった（直木、二〇〇一）。

そして問題視されるのが、その二日後に橘諸兄が勅をうけて「難波宮を皇都」と宣言していることである。天皇が行幸中の不在時の勅であることから、この勅は元正太上天皇による勅であると理解される。この事実は紫香楽宮にある聖武天皇と光明皇后に随伴する藤原仲麻呂らと、難波宮を皇都とする元正太上天皇・橘諸兄らの対立が現出したものととらえることができる（直木、一九七〇）。

三月に入って、難波宮では石上・榎井氏に元日の朝賀の際にたてる大楯・槍を中門・外門に樹てさせ、東西の楼殿で僧三〇〇人に『大般若経』を読ませたりして、難波宮が皇都であることを標榜している。一方、紫香楽宮でも平城京の金光明寺（後の東大寺）の『大般若経』を運びこみ、大安殿で僧二〇〇人に転読させているが、このことなどは対立する政治勢力の拮抗した状況下での示威行動であったとみてよい。

この頃から翌同十七年四〜五月頃にかけて、紫香楽宮近辺の山々では頻繁に山火事が起こっている。

山の木を切りはらったりして予防措置もとっているが、数百余町が焼け、数千人以上の男女が消火したり、山背・伊賀・近江国に鎮火を命じる事態も起きている。この火事は意図的かつ組織的なものであったと思われるから、政治的対立は公卿官人をはじめ周辺の豪族層をも巻きこんで苛烈化していたということができる。

しかし、同十六年十一月になって元正太上天皇が難波宮を発ち、十七日に紫香楽宮に合流している。もちろん橘諸兄も同行しており、ここに皇権の分裂という最悪の事態が回避されたのである。

明けて天平十七年正月、大伴牛養らに紫香楽宮で大楯・槍を樹てさせ、新都宣言が行われた。そして、一年半ぶりに女性二九人を含む五位以上五八人への昇叙が行われている。元正太上天皇が紫香楽宮に来て、両勢力間に妥協が成立して、一応の安穏を得られたことにもよっているのであろうこの叙位で、仲麻呂は従四位上から正四位上に二階昇叙している。

しかし、前述のように四月には、市の西の山や甲賀寺の東の山、宮城の東の山などに連日山火事が起こって、川に臨んで物を埋める庶民なども多かった。さらにこの頃より地震が頻発している。『続日本紀』の記事には、五月一日から九月二日までに一七日の地震がみえ、大きな社会不安となっていた。

このような社会不安もあってのことであろう、五月二日に太政官・諸司の官人たちを召して、どこが都としてよいかを尋ねたところ、官人たちは平城京への還都を願った。つづいて薬師寺において、薬師・大安・元興・興福寺の四大寺の衆僧にも同様のことを問うたところ、やはり平城京を都とすべきとの意見が大多数を占めた。

そこで、聖武天皇は平城京への還都を決心して、紀飯麻呂を平城宮の掃除のために遣わしたところ、奴婢・家人、童子たちを率いた諸寺の衆僧らや庶民達から大いに歓迎されたという。また恭仁京の市肆の人びとの平城京への転居が終夜つづいたという。ついに天平十七年五月十一日、天皇は平城宮に戻って中宮院を御在所とし、諸司も平城宮の曹司（庁舎）に帰っている。この平城還都には、元正太上天皇の主導と聖武天皇への説得があったとする説（渡部、二〇一〇）もあるが、光明皇后と仲麻呂の意思がより一層働いていているようである。

平城京還都の翌月の六月に入って、四日にその旨の報告のための伊勢大神宮への奉幣使が派遣され、五日には藤原広嗣の乱後に廃止されていた大宰府が復置され、十四日には平城宮の宮門（朱雀門か壬生門）に大楯が樹てられて、平城京への還都が宣言されている。この事実をみると、恭仁京から難波京、そして紫香楽京へと彷徨した五年間は、藤原広嗣の乱が直接的に影響したものかどうかはわからないが、やはりその動機のひとつにはなったことは認めなければならないような気がする。

近江守補任と橘諸兄との対立

平城還都から四カ月を経て、人心も落ち着きをみせはじめていた天平十七（七四五）年九月、地方国守の人事異動があった。仲麻呂は近江守に任じられている。仲麻呂はこれ以降、敗死するまでの二〇年間その職にあった。近江国は、曾祖父鎌足とも密接な関係があり、祖父不比等も近江国一二郡を封ぜられて淡海公と称し（『続日本紀』天平宝字四年八月甲子条）、父武智麻呂も和銅五（七一二）年に近江守に任じ、善政を仰がれたことがあった（『武智麻呂伝』）。

仲麻呂が近江守に任じることは、単なる地方国守に任官したこととは違って、鎌足から不比等・武智麻呂、そして自身へとうけつぐべき藤原氏の嫡流としての存在を誇示する政治的意味をもっていたのである。兄の豊成がおり、自分が次男であることに仲麻呂の腐心があった。

よって、仲麻呂は兼官しながらも近江国での職務に熱心であって、例えば天平十八年七月には、東大寺に奴四人、婢一人を進上する「近江国司解」の「従三位行式部卿兼左京大夫東山道鎮撫使（近江）守」（『大日本古文書』、以下『大日古』と省略、二巻五二三頁）に署名している。

また、国府を栗太郡に移転し、新しい国府の造営を構想した。発掘の結果、近江国府は、国庁とその周辺、官道に沿って設置された官衙など、軒並に礎石建ちで瓦屋根を備えた他国ではみられない豪壮な堂宇であったこと、また政庁も東西二町の範囲の中心に政庁郭をおき、その両側に築地区画の東郭・西郭を並置する独特の官衙構造をもつものであったことなどが解明された。ことにこの中枢政庁部の三つの郭を並置するのは、長安城宮城と共通するとも考えられており、唐の政治制度に倣うことの多かった仲麻呂の意思が反映されているとみられる（平井、二〇一〇）。この新国府の造営が、いつ頃からはじまったのかは詳細ではないが、すでにこの頃には仲麻呂の頭のなかにあったはずである。

やっと平城京に帰ってきたと思った八月末になって、聖武天皇は巨勢奈弖麻呂と藤原豊成に留守を命じて難波に行幸している。しかし、九月になって天皇は病床に臥すことになった。大赦などを行ったり、天智・天武両天皇の孫王を召集したり、平城宮にある鈴印を取り寄せたり、宇佐八幡宮に奉幣使を派遣し、『大般若経』の写経を諸国に命じていることを考えれば、その病状はかなりの重症だったように思われる。

そのような危急の時、橘奈良麻呂らを中心に謀反が計画されていた。奈良麻呂は、佐伯全成に対して、「天皇は明日をも知れぬ危篤にあるが、まだ皇嗣を立てておらず、事変が起こるであろう。ぜひ多治比国人らを率いて黄文王を擁立して、庶民の期待に応えてほしい。大伴・佐伯両氏がこの計画に参加すれば無敵である」（『続日本紀』天平宝字元年七月庚戌条）と、この計画への参加を要請している。奈良麻呂が、「まだ皇嗣を立てていない」といっているのは、阿倍皇太子を認めていないことであって、皇太子を擁している仲麻呂らとの対立が抜き差しならないところまできていることを示している。

聖武天皇が孫王を召集したのも、阿倍皇太子の藩屏としての協力を求めたものとも思われるが（瀧浪、二〇〇〇）、その孫王のなかに、後に奈良麻呂らがクーデター成功後に擁立しようと考えた塩焼王・道祖王兄弟や安宿王・黄文王兄弟らも含まれていただろうことを考えると、天皇が、阿倍皇太子をこれら孫王に代えようとする不穏な行動に対処しようとしたものであったとも考えられる（森、二〇〇九）。

そして、この奈良麻呂の計画が、仲麻呂を殺害し、大炊皇太子の追放と光明皇太后の拘禁、そして孝謙天皇の廃位という「橘奈良麻呂の変」へとつながってゆくことを思うと、天平十七年のこの時のクーデター計画は藤原氏、すでに仲麻呂に照準をあわせたものであったことが推察される。

天平十八年正月、平城宮に数寸の積雪の日があった。橘諸兄は、藤原豊成をはじめ巨勢奈弖麻呂・

大伴牛養ら諸王廷臣を率いて、元正太上天皇の御在所に参入して雪掃きに奉仕した。『万葉集』巻一七・三九二二～三九二六番歌の題詞には、

> 天平十八年正月、白雪多く零り、地に積むこと数寸なり。ここに左大臣橘卿、大納言藤原豊成朝臣また諸王諸臣たちを率て、太上天皇の御在所、中宮の西院に参入り、仕へ奉りて雪を掃く。ここに詔を降し、大臣参議幷せて諸王は、大殿の上に侍はしめ、諸卿大夫は、南の細殿に侍はしめて、則ち酒を賜ひ肆宴したまふ。勅して曰く、汝ら諸王卿たち、聊かにこの雪を賦して、各その歌を奏せよとのりたまふ。

とある。この奉仕には、聖武天皇の病気による廃朝に代えて、元正太上天皇への拝賀の意味と元正の復権を意識し、かつ対抗する光明皇后と仲麻呂に威を示そうとする橘諸兄の意図があった（直木、一九七八）。

この後に肆宴があって、これら公卿官人らは詔に応えて歌を作ったことも知られる。諸兄も元正太上天皇への忠誠と永年にわたる皇恩に感謝する歌を作っているが、大伴家持は二二人の作歌のうち、諸兄はじめ数首を『万葉集』に収めるにとどめて、それ以外は漏失したとするから残念ながら仲麻呂の歌は収められてはいない。

五年間の彷徨に加えて、聖武天皇の重病、これをうけての皇位継承問題、政治・社会的な不安は大

きくなっていった。このような状況に対応するために、同十八年四月に後述のように鎮撫使が派遣されている。また、後年の仲麻呂の政策をもとに検討した場合、これ以外にも同十七年五月の無姓の人への賜姓、同十八年二月の授刀舎人（たちはきのとねり）の復置、三月の寺家の買地厳禁、五月の諸寺の田地買収禁止などのことが、仲麻呂の主唱によって具現化した施策といえそうである。

　そして、仲麻呂は同十八年四月に従三位に昇っている。これも仲麻呂への期待の現れであろう。これで官位のうえでは豊成に並んだことになる。それでも仲麻呂は三人いる参議の一人にすぎなかった。しかし、鈴鹿王が同十七年九月に没してから、太政官は左大臣橘諸兄、中納言巨勢奈弖麻呂・藤原豊成、参議大伴牛養・紀麻路と仲麻呂の六人であった。太政官首班であった橘諸兄が、聖武天皇・光明皇后から全幅の信頼を得られなくなった今、仲麻呂が諸兄に代って天皇、そして光明皇后の期待に応えて、太政官での発言力を増し、主導権を掌握しつつあったことは確かなことであろう。

第三章　光明・仲麻呂体制——異形な政治体制

1　藤原仲麻呂の台頭

式部卿への就任

藤原仲麻呂が権勢を掌握する、その第一歩はというと、それは天平十八（七四六）年三月五日の式部卿への就任であろう。式部卿は中央・地方官を問わず、文官の選叙・考課に強力な権限をもち、一般の人事補任権をその主たる職掌としていた（茨木、一九六二）。このような式部卿への仲麻呂の就任の結果は顕著であって、前年の同十七年の人事異動は四回で一六人であったのに対して、一七回でのべ七〇人の異動が行われている。そして翌十九年は六回二六人である。同十八年の人事異動の異常な多さが指摘される。

これは仲麻呂が橘諸兄（たちばなのもろえ）政権下での人事を恣意的に変更し、橘諸兄政権の弱体化を図り、自己政権の成立を目指した結果であったと考えられる。ことに四月には実弟の乙麻呂を兵部大輔（ひょうぶのだいふ）に、与党の巨勢堺麻呂と大伴犬養を式部大・少輔の下僚に用いて、さらに後には側近となる石川年足を陸奥守から春宮員外亮に充てて、皇太子阿倍内親王との関係を緊密にする一方で、左中弁にも登用していることに注目される。

またこの前月の二月には天皇の行幸などに際して身辺を警護する騎舎人を授刀舎人に改めることが行われている。これは神亀五（七二八）年七月の中衛府創設にともなって吸収され、消滅した第一次授刀舎人の再置であり（笹山、一九八五）、令制五衛府のほかに親藤原氏的な中衛府（笹山、一九五七）に加えて軍事基盤のさらなる増強を欲した仲麻呂の主導したことであろう。

この授刀舎人再置と前後して任命されたのに鎮撫使がある。鎮撫使は天平三年十一月に新設されたもので、軍事・警察的な職掌がら新羅との緊張関係に対するものとして設置されたとか（石母田、一九七二）、農民層の動揺に対処するもの（野村、一九六八）とかの見解もあるが、それよりは長屋王を打倒したものの、いまだに不安定であった武智麻呂らを中心とする藤原氏の権力確立に向けてのものであったと思われる（木本、一九九五）。

この度の鎮撫使は、徴兵制再開への軍事的な対処が主な目的であったとの説がある（渡辺、二〇〇一）。太政官メンバーの藤原豊成が東海道、巨勢奈弖麻呂が北陸・山陰道、大伴牛養が山陽道、紀麻路が南海道、そして仲麻呂は東山道鎮撫使に就いている。西海道鎮撫使が任じられていないのは、橘諸兄が大宰帥に任じられていたからである。これが太政官構成員全員の兼務であったことを考えれば、仲麻呂による露骨な橘諸兄への対抗策ではなく、平城京還都後の社会不安に対応するために設けられたものであろうが、父武智麻呂と関係深い職であることからして、その提唱者は仲麻呂であった可能性は高い。仲麻呂は社会不安への対応とともに、政治権力獲得への方策のひとつとも考えていたと思う。

仲麻呂の台頭と太政官

天平十九（七四七）年正月になると、聖武天皇の健康はさらに悪化したようで、元日の朝賀が廃止になるなど政情は不安定であったが、徐々に仲麻呂の政治的発言力が橘諸兄より勝るようになってゆく。例えば三月に入って、大養徳国の表記を旧に戻して大倭国としたことや石川年足が春宮大夫に任じられたこと、四月に大神神社の大神伊可保と大倭神社の大倭水守の二人の神官が従五位下に叙せられたことなどがあげられる。

大養徳国との表記は恭仁京遷都にともなって橘諸兄の唱えたことであるし、大神神社と大倭神社神官の叙位は、この国名表記の変更に関係あるかもしれないが、この両神社が仲麻呂と深い関係にある（木本、二〇〇九）ことを考慮すれば、この施策は仲麻呂の主張によったものであったことは間違いない。

さらに注目したいことは、石川年足が春宮大夫に就任したことである。年足は仲麻呂のいちばんの側近官人であって、前年四月に陸奥守に任じられたが、早くも十一月には春宮員外亮として中央に遷任している。当時は春宮大夫に吉備真備、亮に背奈王福信が任じられており、仲麻呂は福信とは近い関係にあったが、真備とは最悪で、終生にわたって嫌厭した。真備は同十三年七月より東宮学士、同十五年六月からは春宮大夫をも兼任して、阿倍皇太子の側にあって『礼記』『漢書』を講義して恩寵があつかったという。この頃の仲麻呂の政権構想は、光明皇后の後援を得て、阿倍皇太子即位後の、（光明皇太后）・孝謙天皇（阿倍皇太子）のもとでの政治体制であるから、まずは阿倍皇太子の側から真備を除外することであった。

そこで阿倍皇太子と真備のあいだに楔をうち、皇太子との意思の疎通を目的として考えられたのが、石川年足の春宮員外亮、そして今回の春宮大夫への補任であった。ただ、『続日本紀』には同十九年十一月丙子（四日）条にも、春宮大夫兼学士の真備が右京大夫に遷ったとする記事があり、この時点でこの両職に在任していたとも理解できる。年足の春宮大夫補任は三月か十一月か明確ではないが、いずれにしても仲麻呂のこの企ては達せられたのである。

橘諸兄を圧倒しつつ、仲麻呂は政界での地歩を確固たるものにしていった。そのことを決定づけたのが諸兄が頼りにもし、その背後勢力となっていた元正太上天皇が没したことであろう。十二月には医薬の効験もなく重篤であった太上天皇のために大赦が行われたが、明けて天平二十年四月二十一日に太上天皇は没した。この元正の死によって阿倍皇太子の即位に表だって反対するものはなくなり、光明・仲麻呂の願う阿倍皇太子の早い即位が図られることになった。その意味でも元正太上天皇の死去は橘諸兄政権にとっては安積親王の病死につぐ大打撃となった。

元正太上天皇が危篤となっていた天平二十年三月二十二日、『続日本紀』同月壬辰（二十二日）条には、豊成が従二位に昇って大納言となり、仲麻呂も正三位に昇ったことが記されている。この時、仲麻呂は四三歳、父武智麻呂が四五歳で辿りついた極官に並んだのである。仲麻呂の感慨も一入であったに違いない。

　仲麻呂らの攻勢のほどが看取できるが、じつはこの時の異動は豊成だけではなかった。『公卿補任（くぎょうぶにん）』天平廿年条には、豊成が大納言に昇任しただけではなく、石上乙麻呂（いそのかみのおとまろ）・多治比広足（たじひのひろたり）・石川年足・藤原八束（ふじわらのやつか）の四人が参議に新任したと記されて、太政官が六人から一〇人体制になったことがみえている。

　『公卿補任』は、『続日本紀』より史料的価値は落ちるが、弘仁二（八一一）年までの部分は、同年成立の「歴運記」に基づいているとされるから信用できると思う。『続日本紀』には新任四人の任参議の記事はみえず、石川年足は天平勝宝元（七四九）年十一月にはすでに参議となっていて、同元年七月には石上乙麻呂と多治比広足の二人が、参議であった紀麻呂（麻路）とともに中納言に補任されたことが記されている。参議を経ないで中納言に任命される場合もないではないが、石上乙麻呂も多治比広足も前年三月に参議に登用されていて、この時に中納言に昇任したものと理解するのが穏当であろう（木本、二〇〇四ii）。

職名	氏名	兼任
左大臣	橘諸兄	大宰帥
大納言	△藤原豊成	中衛大将
中納言	巨勢奈弖麻呂	
参議	藤原仲麻呂	式部卿
〃	大伴牛養	兵部卿
〃	○石上乙麻呂	中務卿
〃	紀　麻路	民部卿・右衛士督
〃	○多治比広足	
〃	○石川年足	左大弁・春宮大夫
〃	○藤原八束	

○印新任，△印昇任

太政官構成員表

この太政官の新体制の成立は、豊成の任大納言や諸兄によってかつて遠流処分をうけて怨みをもつ石上乙麻呂、親仲麻呂派の石川年足らの新参議のメンバーをみても橘諸兄の意志ではなく、元正太上天皇危篤の間隙をついて、太政官を掌握しようとする仲麻呂らの意図によるものであったことは明らかである。

そして詔書と違って大臣以下の自署を必要とせず、中務卿の覆奏と中務卿・弁官の加署で、弁官が施行できる勅旨、その中務卿と左大弁を自派閥の石上乙麻呂と石川年足で押さえたことも仲麻呂の思惑であったと思われる。

このような橘諸兄と仲麻呂との権力闘争が激化するなかで、東大寺造営と大仏の造顕という国家的事業が進められていた。仲麻呂もこの事業に積極的に関わっていたらしいことを示す文書が残っている。この文書は丹裏文書と呼ばれる鉛丹（酸化鉛）の包紙や紙縒として使った反故文書で、その内包紙の一枚には「右大臣家…大納言藤原家…　橘夫人家…造宮輔藤原朝臣乙麻呂…」（『大日古』二五巻一〇〇頁）との豊成・仲麻呂・乙麻呂三兄弟の名を記したのがみえている。

この文書に年月は記されていないが、帯任職を検討すると、天平勝宝元年七月二日から同二年三月十二日までのものであったことがわかる。「銅所」なる文字がみえていることや時期的なことからいえば、これは大仏造立の寄付リストであったらしい。そして注目されるのが、この三兄弟に一人加わって一緒に寄付している聖武天皇夫人の橘古那可智である。古那可智は天平三〜四年頃に、伯父の橘諸兄に女子がいないことから、橘氏が外戚の権を得るための責務をおって後宮に入っている。

しかし、もうこの頃には橘氏を離れて、仲麻呂ら藤原南家三兄弟と親密な関係にあったことがわかるし、妹の麻都賀(まつが)は乙麻呂の妻に迎えられていた。仲麻呂は光明皇后以外の夫人のなかでは、藤原氏出自の女性よりも古那可智を厚遇し、正二位に叙し、建立した普光寺を定額寺(じょうがくじ)としたりしている。このようなことを勘案すると、仲麻呂は橘諸兄・奈良麻呂(ならまろ)父子とは権力闘争を繰りひろげていたが、一方では諸兄の弟佐為(さい)の娘達とは親交をむすんでいたことがわかるのである（木本、一九九三ii）。

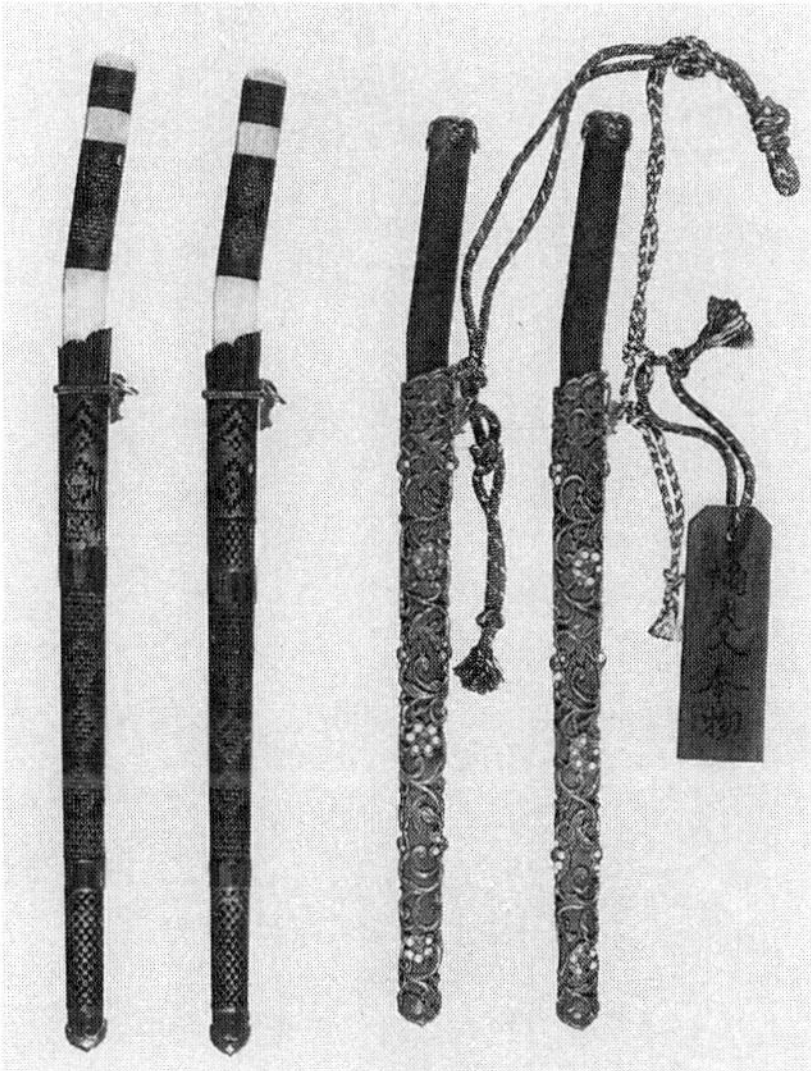

橘古那可智奉物

天平二十一年四月一日、大仏本体の完成に目処がついたこともあり、また二月に陸奥国小田郡から東大寺大仏の塗金のための黄金を産出したことを仏前に奏するため、聖武天皇は光明皇后・阿倍皇太子を帯同のうえ、諸公卿・王臣や庶民を率いて東大寺に行幸する。つづいて十四日にも東大寺に行幸し、この日をもって天平感宝元（七四九）年と改元することを宣言しているが、閏五月二十三日になって、突然に平城宮を出て薬師寺内の御在所に遷御した。

　これは病状が快復することもなく、すでに沙弥勝満(しゃみしょうまん)と称して仏門に入っていたからである。よって、この時には政務を離れており、『続日本紀』に翌六月の記事がないのも実質的に天皇を欠いていたからであろう（中川、一九九一）。ただ、このあいだの一カ月以上、天皇を欠いたのにはやはり阿倍皇太子の即位への政治的な問題が存在していたものと思われる。

聖武天皇はこのような状況をうけて、七月二日になって娘の皇太子阿倍内親王に譲位した。ここに神亀元（七二四）年の即位以来、四半世紀にわたる聖武天皇の天平時代は終焉を迎えた。

2　光明・仲麻呂政治体制

紫微中台の創設

阿倍皇太子の即位は、前述のような聖武天皇の健康悪化が第一の理由であったが、元正太上天皇が没したことによって、なお可能となったことでもあろう。この事態をとらえて光明皇后は阿倍皇太子の早い即位を望んだ。『続日本紀』天平宝字六（七六二）年六月庚戌（三日）条には、

> 朕（わ）が御祖（みおや）太皇后の御命（おおみこと）以て朕に告（の）りたまひしに、岡宮に御宇（あめのしたしらしめ）しし天皇の日継（ひつぎ）は、かくて絶えなむとす。女子の継には在れども嗣がしめむと宣（の）りたまひて、此の政行ひ給ひき。

とある。光明皇后の「岡宮御宇天皇（おかのみやにあめのしたしらしめししすめらみこと）（草壁親王）の直系皇統が絶えてしまうので、女子で

はあるが即位するように」との勧めによって即位したと、阿倍皇太子が後年にいっていることからしても、阿倍皇太子の即位には光明皇后の影響が大きかったことがわかる。もちろん、この背後には権力の獲得をねらう仲麻呂の意志も働いていたのは当然のことであろう。

そして、阿倍皇太子が即位し、天平勝宝と改元されて、現実に孝謙天皇となったことは仲麻呂にとって大きな転機となった。自身もまた中納言を経ずして大納言に昇任している。この仲麻呂の昇任に、光明皇后の与力があったことは明らかで、その勢いに豪宗右族がみな妬んだというが、詔書に位置し、

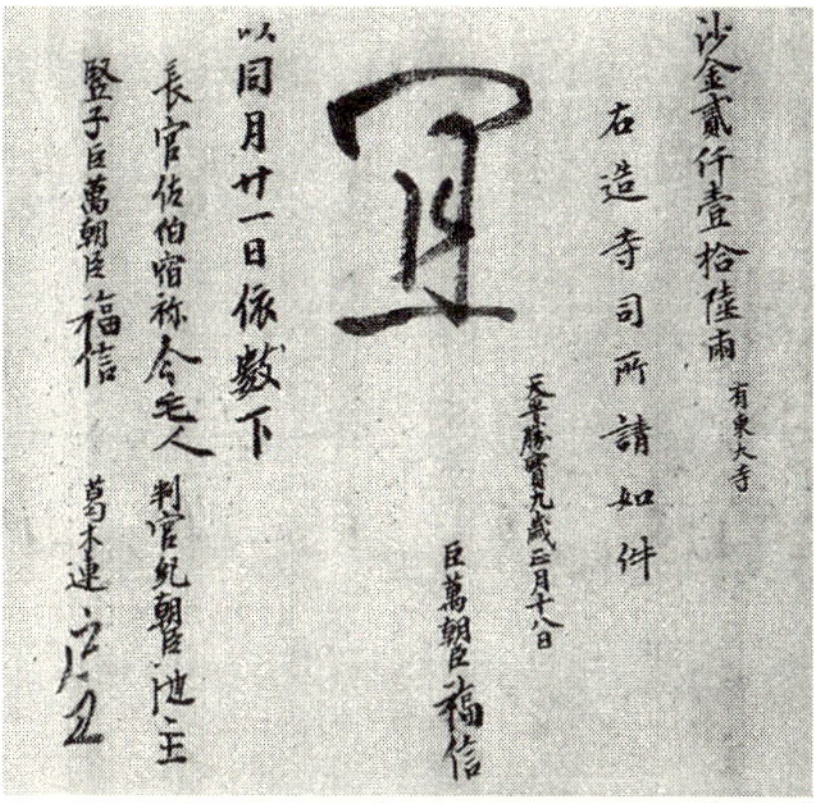
沙金貳仟壹拾陸両　在東大寺
右造寺司所請如件
天平勝寳九歳正月十八日
巨萬朝臣福信
宜
以同月廿一日依數下
長官佐伯宿祢今毛人　判官紀朝臣池主
竪子巨萬朝臣福信　葛木連戸主

孝謙天皇御画・沙金請文

天皇に施行許可を求める覆奏する資格を得たことは（「養老公式令」）嘱目される。また石上乙麻呂・紀麻呂・多治比広足らが中納言に、そして参議に大伴兄麻呂（おおとものえまろ）・橘奈良麻呂・藤原清河（ふじわらのきよかわ）らが新たに登用されて、孝謙天皇のもとでの太政官が整備されたことも注視される。

ただ諸兄も腕をこまぬいていたわけではなく、息子の奈良麻呂を参議に任用することに精力をつくしている。奈良麻呂と同じ天平二十一（七四九）年四月に従四位上となった阿倍沙弥麻呂（あべのさみまろ）・多治比占部（たじひのうらべ）、上位の正四位下に昇った佐伯浄麻呂（さえきのきよまろ）・佐伯常人（さえきのつねひと）らが参議に登用されることがなかったことを考えれば、奈良麻呂の議政官入りは

諸兄の力が働いていたことは明瞭である。奈良麻呂の参議補任で、諸兄は大納言となった仲麻呂の太政官での行動に父子で掣肘を加えることができるものと期待したことであろう。

しかしながら、このような諸兄の期待はみごとに裏切られることになる。仲麻呂の権力獲得への思惑は諸兄の想像の枠外にあった。それは太上天皇となった聖武の病状に加えて、娘が孝謙天皇となったことによって、仲麻呂を重用する光明皇太后（以下、皇太后と表記）のもとに、より権力が集中されるようになったことである。その象徴的なことが紫微中台の創設である。それは太政官の範疇で物事を考えていた諸兄の大誤算であった。

『続日本紀』天平宝字二年八月甲子（二十五日）条に、

紫微中台は中に居り勅を奉けたまはりて諸司に頒ち行ふこと、地の天を承けて庶物を亭毒するが如し。

とあるように、紫微中台は光明皇太后に近侍して、その発する勅をうけて、諸司に頒ち下すことを職掌としていたことから、皇后宮職を改名・拡大発展させたものであったことがわかる。

この紫微中台の創設を光明皇太后が認めたことは、光明皇太后が今後の孝謙天皇のもとでの国政を仲麻呂に委ねるとともに、生家である藤原氏の発展をも多くいる甥たちのなかから仲麻呂に託したことを示すものでもあったと思う。

この紫微中台、玄宗が開元元（七一三）年に中書省を紫微省に、高宗と則天武后の時代に尚書省を中台に改めたことに倣ったものであり、また渤海の中台省にもヒントを得ているかもしれないが（瀧川、一九五四）、この名称が唐風であることを考えれば、仲麻呂の発意であったことは誰もが認めるところであろう。

官位相当を定めたのは、天平勝宝元（七四九）年九月七日のことであったが、早くも孝謙天皇の即位と同時の七月二日にその四等官（令、大弼・少弼、大忠・少忠、大疏・少疏）が任命されて（『続日本紀』天平勝宝元年八月辛未条）、仲麻呂は自らその長官である紫微令に就いている。そして注目されるのは総員が二二人で、太政官の二八人よりはいくぶん劣るが、五位以上については太政官の一六人に対して一四人とほぼ同数で、太政官に互する組織であったことである。

さらに注目されることは、補任された者が重要な官職を兼官していることである。大納言・参議の議政官に、人事権をもつ式部卿・式部大輔の文官職、そして中衛大将・少将、左兵衛率（さひょうえのかみ）、衛門員外佐（えもんいんげのすけ）の軍事職など枢要職にある者が紫微中台に配されている。

光明皇太后の崩伝にも「勲賢を妙選して、台司に並び列ねた」（『続日本紀』天平宝字四年六月乙丑条）とあるのは、これら文武の重要職にある有能な官人を、大伴・石川・巨勢・阿倍・佐伯など旧豪族からも登用していることを指しているのである。

光明・仲麻呂政治体制の成立

仲麻呂は、大納言に昇任し、詔書を覆奏する資格を得て、石上乙麻呂・石川年足ら与同する参議もいたが、太政官内では依然として敵対する左大臣橘諸兄や兄の

四等官	職名	氏名	官位	相当官位	兼官
長官	令	藤原仲麻呂	正三位	正三位	大納言・中衛大将
次官	大弼	大伴兄麻呂	正四位下	正四位下	参議
〃	〃	石川年足	従四位上	〃	参議・式部卿
〃	少弼	百済王孝忠	従四位下	従四位下	大宰大弐
〃	〃	巨勢堺麻呂	〃	〃	式部大輔
〃	〃	肖奈王福信	〃	〃	中衛少将
判官	大忠	阿倍虫麻呂	正五位上	正五位下	
〃	〃	佐伯毛人	〃	〃	伊予守
〃	〃	鴨　角足	正五位下	〃	左兵衛率
〃	〃	多治比土作	従五位下	〃	
〃	少忠	出雲屋麻呂	外従五位上	従五位下	
〃	〃	中臣丸張弓	外従五位下	〃	衛門員外佐
〃	〃	吉田兄人	〃	〃	
〃	〃	葛木戸主	〃	〃	

紫微中台補任表

右大臣豊成、先任の巨勢奈弖麻呂らもいて、太政官を中心に政治力を発揮することはできなかった。そこで、この紫微中台を母体に、光明皇太后の権勢を背景として、橘諸兄からの政権奪取を目指していたのである。

瀧川政次郎氏は、詔奏の吐納は、大少納言及び大少外記によって組織される太政官の少納言局と中務省の掌るところであり、大政の輔翼は左右大臣及び左右大弁によって組織される左右弁官局の職掌であるが、前掲の紫微中台の職掌をもって太政官と中務省の職掌が奪われたのは必然の勢いであるとしている（瀧川、一九五四）。この見解に、紫微中台の権限は内廷的なものに限られており、太政官を凌駕するものではないとの反論もある（柳、一九八一）。

これについて具体的には早川庄八氏が、右大臣橘諸兄が勅を奉じて宣した天平十（七三八）年十月七日以後、仲麻呂政権が崩壊するまでの二六年間に発給された太政官符で、宣者の知られている官符五例のすべてが大納言仲麻呂の宣で、その最も早い例が天平勝宝元（七四九）年九月十七日の、最も遅いのは同七歳七月五日で天平勝宝年間に限られていることから、仲麻呂が左大臣諸兄ら上席者を越えて宣者となっているのは、光明皇太后に近侍して、その発する勅をうけて、諸司に頒ち下すことを職掌とする紫微中台の長官である紫微令として宣し、弁官に太政官符の作成・発給を命じたものだとされた。このようなことは施入勅願文や献物帳などの「勅書」の類でも同様であって、紫微中台創設後は左大臣・右大臣の位署はなくなり、もっぱら紫微令以下の紫微中台官人の署名になるともいわれる（早川、一九八四）。

仲麻呂は、太政官に上席者がいて恣意がふるえないあいだは、紫微中台に拠って光明皇太后の勅を直接に奉行して勅書に加署し、弁官に宣して太政官符を発給せしめるなど権力をふるい、そして太政官の無力化を図ったのである。

ここに仲麻呂の紫微中台創設の目的があったのであり、その創設直後の天平勝宝元年九月に仲麻呂が紫微中台に拠って、太政官の上席者を越えて太政官符の宣者となっていることは、ここに光明・仲麻呂政治体制が成立したものと理解できる。しかし、この政治形態は、太政官による本来の統治システムとは違う異形のものであったことは認識しておかなければならない。

ただ光明・仲麻呂政治体制の成立は、娘の孝謙天皇が即位し、母である光明皇太后の政治力が大きくなり、そして紫微中台という太政官に代わる官司が創設されただけではありえなかった。先の太政官符五例すべてに、「被二大納言従二位藤原朝臣仲麻呂宣一偁、奉レ勅」との語句がみられることを考えれば、時を同じくして仲麻呂が詔書を覆奏できる大納言に昇任し、発給する弁官の左大弁に石川年足を任じたことが、光明・仲麻呂政治体制成立の条件であったといえる。

つまり光明・仲麻呂政治体制とは、光明皇太后（紫微中台）―仲麻呂（紫微令）―年足（紫微大弼）、仲麻呂（大納言）―年足（左大弁）というのが基本的な構造であったことを指摘しておきたい。このことは重要なことであって、仲麻呂が紫微中台と太政官の両組織の連携を基調として、大納言と紫微令両職に跨帯しながら、橘諸兄包囲網を形成したとする見解（藤原、一九九五）とも齟齬をきたさない。

光明・仲麻呂政治体制の成立について、もちろん橘諸兄らは傍観していたわけではない。『続日本紀』天平宝字元年七月庚戌（四日）条には、奈良麻呂らが中心となって天平十七年から計画してきた仲麻呂を倒し、黄文王（きふみのおう）を立てようとのクーデターをこの時に行動に移そうとする動きのあったことがみえている。しかし、この実行は大伴・佐伯・多治比氏らの一部勢力を除くと、多くの反仲麻呂派勢力を糾合できずに、結局は断念せざるをえなかったのである。

さて紫微中台の創設にともなって、中宮省なる官司の補任もみえている。令制にない官司であることから中務省の誤字ともされるが、天平勝宝元・同二年頃の文書に「中宮省舎人（とねり）」（『大日古』三巻三二一頁）・「中宮省」（『大日古』一一巻二五二頁）との字句がみえることから、これは藤原宮子のための中宮職を、光明皇太后の皇后宮職が紫微中台として拡充されたことに対応して「職」から「省」に拡大したものと思われる。政治的な意味は少なく、姉に対する光明皇太后の思いが反映されたものであるが、その少輔に仲麻呂は長子の真従（まより）を任じているから、仲麻呂は宮子にも配慮をみせていることがわかる（山田、一九六一）。

宇佐八幡神の入京と東大寺大仏

このような政治状況下にあった、天平勝宝元（七四九）年十一月になって宇佐八幡大神の平城京に向かうとの託宣があった。これをうけて迎神使に石川年足と藤原魚名（ふじわらのうおな）が命じられて、宇佐から都までの路次の諸国では兵士各一〇〇人を徴発して、その前後での妨害の排除と殺生の禁断を命じ、道路を掃き清めさせている。十二月十八日になって宇佐八幡大神は河内から竜田道を通り平城京に入った。二十七日には禰宜尼（祝部）の大神杜女（おおみわのもりめ）が東大寺を拝したが、これに孝謙天皇をはじめ聖武太上天皇・光明皇太后らも同行して、すべての公卿官人が会して、僧五〇〇〇人が礼仏・読経している。

つづいて、宇佐八幡大神は大仏の造立にあたって、神であるがゆえに天神と地祇を率い誘って必ず成就させるとの託宣を下していたが、これが完成したことによる感謝から宇佐八幡大神には一品（いっぽん）の位が贈られ、大神杜女と主神の大神田麻呂にも叙位があった。

宇佐八幡大神の入京理由については諸説あるが、そこには機をみるのに敏感な宇佐八幡宮神職団の陸奥国の黄金献上のむこうを張っての、銅の産出を盛んにして大仏の完成を助成、これを契機として中央に進出するとの思惑があって（井上、一九六六）、その宇佐八幡大神を平城京の表舞台につれだしたのが大神杜女であったとされる（宮地、一九二七）。

しかし、いくら宇佐八幡宮神職団がそのような野望をもっていても、中央政府にその意向をくんで推進する政治勢力がいなくてはならない。大仏造顕には金・銅のみならず労働力の不足から政府部内に反対する勢力があり、その推進者らは苦境にあったらしい。この推進者はもちろん聖武太上天皇と光明皇太后であったが、宇佐八幡宮神職団と仲麻呂一族との間に政治的な取引があったとする見方もあり（岸、一九六九）、この二人の大事業の付託に応えることによって自己勢力の扶植を図ろうとしていたのが仲麻呂であって（中川、一九七二）、すべて膳立てして宇佐八幡大神を招聘したのであろう（中川、一九七〇）。

迎神使に、仲麻呂側近の石川年足がなっていることや、同二年十二月に仲麻呂が特別に東大寺に派遣され、大仏造立に関わった造東大寺司長官市原王・次官佐伯今毛人（さえきのいまえみし）、そして高市大国（たけちのおおくに）ら大鋳師三人に叙位を行っていることを思えば、この宇佐八幡大神の入京に仲麻呂が深く関係していることは疑いがない。

しかし、このような大神杜女・大神田麻呂と仲麻呂との関係は、同六年十一月になって破綻する。この二人は薬師寺僧の行信（ぎょうしん）と意を同じくして厭魅（えんみ）（死を願うまじない）を企てたとして、杜女は日向国に、田麻呂は多褹島（たねのしま）に配流となり、神職から追放されている。これをうけて八幡神職は翌同七歳三月に神命をもって封戸一四〇〇戸・田一三〇町を返却することを申しでている。当時、平城京では多くの巫（女みこ）・覡（男みこ）がいて妖言や厭魅を行っていたらしく、捕えられて遠流になっている。

この厭魅事件の真相についてはわからない。三人が託宣を偽造し、私に資する料にしたとの理解が多いが、杜女らの背後に仲麻呂がいることを知った諸兄が杜女と結託し、宗教界での栄達を望んでいた行信の行動を利用して、仲麻呂を窮地に陥れることを目的に仕組んだ謀略であったとの説（中川、一九七九）もある。著者は、橘諸兄派であった行信が、仲麻呂の支援をうけて台頭してきた慈訓（じきん）らへの反発もあり、杜女・田麻呂を橘氏派に誘い、やがて二人は橘諸兄・奈良麻呂父子らに与するようになり、結果利用されて仲麻呂または仲麻呂と政治的につながる人物の謀殺を図って厭魅の罪に問われたのではないかと考えている（木本、一九九三ii）。

遣唐使の派遣

そして、年があけた天平勝宝二（七五〇）年正月、橘諸兄に「宿禰」にかえて「朝臣」の姓が与えられた。これが、どのような意味をもつものであったのかにわかに判断がつきかねるが、大きな政治的意味をもつものであったとは思われない。これ以降、諸兄はほとんど『続日本紀』には姿を現すことがなくなり、「老政治家が失意の時代を迎えた」（近藤、一九六八）といわれるように、諸兄の時代は終焉を迎えつつあったのである。

その一方で仲麻呂は従二位に叙せられ、体制づくりを確実に進めつつあったが、仲麻呂の次の一手は橘諸兄らをさらに追い込むことになった。それは長年にわたって諸兄政権を支え、ブレーンであった吉備真備の左降であった。『続日本紀』天平勝宝二年正月己亥（十日）条は、真備を「左降」して筑前守とすると記している。真備の左降は、あくまでも真備を嫌う仲麻呂によるものであって、諸兄に直接向けられたものではないが、諸兄政権への打撃をも目的としたものであったことは否定できない。

この年（同二年）の九月には藤原清河を大使、大伴古麻呂を副使とする遣唐使が任命された。しかし、翌同三年十一月になって真備も入唐副使に追加任命されている。この度の遣唐使は、副使が大伴古麻呂・真備の二名であることも、副使の追加任命も、大使清河の位階従四位下よりも副使真備が従四位上で上階であることも類例をみないことばかりである。これも仲麻呂の諸兄政権の弱体化をねらっての、真備を諸兄のもとから遠ざける計画的な人事であったとみてよい。

渡海直前の同四年閏三月になって、副使以上を内裏に召して清河に全権を委ねる証の節刀を賜り正四位下が、古麻呂には従四位上が授けられているが、真備には加叙がなかった。すでに従四位上であったからかもしれないが、このような真備に対するつねに異なる処遇は、筑前守への左降処分と併考すると、真備を一時期でも海外に追放し、帰国できなければそれでもってよしとする仲麻呂の意図からでたものとも考えることができる（野村、一九五七）。

しかし、仲麻呂は真備を海外に追放するだけのために遣唐使の派遣を考えたわけではない。同三年四月には腹心の石川年足を伊勢神宮に派遣して、遣唐使の平安を祈らせているし、詳細は後述するが、天平勝宝七年正月に、「年」を改めて「天平勝宝七歳」としたことや、同九歳四月に実施した中男・

正丁年齢を一歳繰りあげたこと、天平宝字五（七六一）年二月の左右京尹の創設などの施策は、この遣唐使がもたらした玄宗の政策情報に基づいたものであったことを思うと、仲麻呂はこの遣唐使に最新の唐国の政治制度に関する情報収集と調査を命じていたとみてよく、大きな期待をもっていたことがわかる。

そのことは、この遣唐使に六男の刷雄を留学生として加えていることからも推察できる。刷雄は天平勝宝四年閏三月には入唐を理由に従五位下に叙せられている。仲麻呂は同三年夏には大使の清河らを自邸に招いて入唐使に餞する宴を大々的に設けて、そこで歌を詠んでいる。必ず帰国することを願って、一時のわが子との別れを惜しんでいるようにも感じられる。

大仏の開眼

天平勝宝四（七五二）年四月九日、ついに東大寺の大仏が造立して開眼を迎えた。東大寺では聖武太上天皇・光明皇太后・孝謙天皇をはじめ、五位以上は礼服、六位以下は朝服を着して参列、また一万人の僧侶を招いて設斎大会が行われた。

この儀式の詳細なことは『東大寺要録』にみえており、概略を記すと、開眼師の菩提僊那が東門から、講師の隆尊が西門から、読師の延福が東門から、それぞれ輿に乗り入場、開眼師が筆をとって開眼したが、筆には縹色の縷（長一九八メートル・径五ミリの縄）を着けて、その縷を聖武太上天皇以下の参会した人びとも持って開眼に加わった。

開眼が終わると、読師・講師が『華厳経』を講説、衆僧沙弥が南門から参入し、大安・元興・薬師・興福の四寺から奇異の物が献上された。また、古来の大歌・久米舞・楯伏舞や唐古楽・唐散楽

（雑楽）・林邑楽・高麗楽などの歌舞があったが、この斎会について『続日本紀』は、「この奇しく偉きことはいちいち書きつくせないほどで、仏法が伝来してからここまでの盛会な斎会はなかった」と記している。

この盛大な斎会が行われた夜、孝謙天皇は内裏には戻らなかった。『続日本紀』天平勝宝四年四月乙酉（九日）条によると、孝謙天皇は左京四条二坊にあった仲麻呂の田村第に還御して、そこを御在所としたのである。ただ『続日本紀』には「天皇」とあるだけだが、どうも光明皇太后も同行していたらしい。『万葉集』巻一九・四二六八番歌の題詞には、

天皇・太后共に大納言藤原家に幸せる日に、もみてる沢蘭一株抜き取り、内侍佐々貴山君に持たしめ、大納言藤原卿と陪従の大夫等とに遣し賜ふ御歌一首

とある。

このことが、いつのことかはっきりわからないが、「もみてる（黄葉している）沢蘭（沢鶴・菊科の多年草）」とみえることや、次の四二六九番歌が十一月八日のことと明記されているから、同四年十一月八日よりそれほど遡る日ではない。この事実をもって孝謙天皇は四月以後も田村第に滞在していたとも考えられ、そうすると光明皇太后もずっと同行していたと察することができる。

また、この直後の十一月八日のこととして、前の『万葉集』歌につぐ四二六九〜四二七二番歌には、

十一月八日に、左大臣橘朝臣の宅(いえ)に在(いま)して肆宴したまふ歌四首

外のみに見ればありしを今日見ては年に忘れず思ほえむかも

右の一首、太上天皇の御歌

むぐら延(は)ふ賤しきやども大君のまさむと知らば玉敷かましを

右の一首、左大臣橘卿

とみえていて、橘諸兄が聖武太上天皇を邸宅に迎えて肆宴を行ったことが知られる。そして大伴家持らも同席していたのである。聖武太上天皇の歌には、諸兄との関係を再度確認しようとする意識が感じとられるように思うし、また諸兄の歌には聖武太上天皇を迎えた悦びの気持ちがよく現れている。

この諸兄の肆宴と、ほぼ時を同じくして、孝謙天皇と光明皇太后母子が仲麻呂の邸宅に行幸、または滞在していて、仲麻呂と供奉(ぐぶ)の大夫たちに歌を賜っている。だからといって、この事実から聖武太上天皇と光明皇太后・孝謙天皇とが仲違いをしていたというわけではないが（川口、一九九二）、やはりそこには橘諸兄と藤原仲麻呂との政治的な対立を反映した結果として、聖武太上天皇＝橘諸兄と孝謙天皇・光明皇太后＝藤原仲麻呂の二極的な政治構造をみることができる。

これ以降、史料には仲麻呂と諸兄との権力闘争に関わって大きな変化はみられない。三月に大納言の巨勢奈弖麻呂が没したが、後任が補充されることもなく、天平勝宝元年七月の太政官構成が維持されていたが、同五年正月四日には、『万葉集』巻一九・四二八二〜四二八四番歌にもみられるように、

石上宅嗣の家で道祖王や茨田王、そして石上宅嗣と後年一緒に仲麻呂の暗殺を図る大伴家持らがともに宴飲に会していることが知られることは、前述の政治の二極構造が引きつづいてあり、一層の権力闘争の激化を予想させるが、紫微中台に拠った仲麻呂の政治権力が橘諸兄を圧倒する事実は覆うべくもないようになってゆく。

そのことを物語る例が、『万葉集』巻二〇・四二九四番歌の左注にみえる。この歌はかつて舎人親王が詔に応えて奉ったものだが、同五年五月に少納言であった大伴家持が事を奏するのに際して、意見をうかがい問うために仲麻呂家を訪ねた時に、同行した少主鈴の山田土麿から昔に聞いたとして伝唱されたものとの説明がある。

これによって御璽・駅鈴・伝符、飛駅のための函と鈴を出納する職掌の少主鈴の山田土麿を、御璽・駅鈴・伝符を請進、飛駅の函と鈴を進付して、太政官印の捺印を監視し、小事を奏宣することを職掌(「義解職員令」)とする少納言の大伴家持が率いて、仲麻呂を私第に訪ねたことがわかる。この時、すでに少納言らが私第を訪ねて政事の処決をうけなくてはならないほどに、仲麻呂なくしては政治の執行ができない状況にあったということであろう。

橘諸兄政権の終焉

天平勝宝六(七五四)年になると、橘諸兄と仲麻呂の権力闘争は、同九歳七月の橘奈良麻呂を中心に、大伴・佐伯・多治比氏らによる光明・仲麻呂政治体制へのクーデターに向かっての動向として表面化してくる。それはクーデターのもう一方の中心人物であった遣唐副使大伴古麻呂の帰国が契機となっているように思う。

同四年に入唐した遣唐使節は、翌同五年正月元旦に百官や諸蕃の使人らとともに蓬莱宮含元殿で行われた玄宗皇帝への朝賀の儀式に参列して、使節としての任務を果たして帰途についた。まず吉備真備の乗る第三船が、十二月七日に益久島を経て紀伊国牟漏埼に帰着した。つづいて年の明けた同六年正月に鑒真らを乗せた大伴古麻呂らの第二船が帰国したが、判官の布勢人主の第四船の帰国は四月と遅れたことや、大使藤原清河の第一船の沖縄到着後の消息が知られていなかったこともあって、正月三十日に大伴古麻呂によって帰朝報告がなされた。

大伴古麻呂は、唐国の朝賀での席次で、日本が西側に並ぶ吐蕃（チベット）の下とされ、新羅が東側の第一番の大食国（ペルシャ）の上におかれているのをみて、日本に朝貢している新羅がなぜ日本より上位の席次におかれているのかの疑問を発して、将軍呉懐実によって日本と新羅との席次を入れかえさせたり、出国の禁を破って鑒真を自分の第二船に乗船させるなど、豪放で男気のある性格であった。

橘奈良麻呂は決起にあたって、佐伯氏への影響力のあった佐伯全成に天平十七（七四五）年から「大伴・佐伯の族が協力すれば光明・仲麻呂政治体制は打倒できる」と再三にわたって誘っていることを思えば、佐伯氏と並ぶ武門の代表氏族である大伴氏のなかで、前述のような存在であった大伴古麻呂を決起に誘わなかったはずがない。その大伴古麻呂が帰国後の四月には左大弁に任官して、参議奈良麻呂と連携したことによって、光明・仲麻呂政治体制への反動的な蠢動が顕著になっていった。

ことに前年の天平勝宝五年四月には光明皇太后が病床に臥し、一カ月近くも医薬治療の効果がないことをうけて大赦が命じられている。このような光明皇太后の病気による光明・仲麻呂政治体制の動揺が、さらに反体制派の政治的な動向を勢いづけていた可能性がある。

その中心にいたのは橘諸兄であった。諸兄は温厚な人柄であったので、直ちに敵意をもって対抗するのではなく穏やかに処していたとする見解もあるが（森田、一九八九ｉ）、同四年十一月の肆宴のこともある。

また同六年三月に諸兄は山田御母（やまだのみおも）（山田比売島（ひめしま））の宅で宴を催しているが、この山田御母は孝謙天皇の乳母として功績があったが、橘奈良麻呂のクーデターに関与したとして、事件直後の天平宝字元（七五七）年八月に「仲間の悪人らに招かれ、ことさらに悪事を隠匿しようとした」ことを理由に処分されている。このような歌宴の場でも、諸兄中心に光明・仲麻呂政治体制の批判や決起の相談がなされていて、諸兄と親しかった山田比売島はこの秘密を隠していたのだろう。

天平勝宝七歳になると、諸兄や奈良麻呂父子らを中心とする光明・仲麻呂政治体制に反対する勢力の行動は緊迫さを増してきたようである。五月十一日に、諸兄は多治比国人（たじひのくにひと）宅に宴を主催している。国人は諸兄を寿ぐ歌を、これに応えて諸兄は和する歌と紫陽花の歌を詠んでいる（『万葉集』巻二〇・四四四六〜四八番歌）。国人はのちに奈良麻呂の事件に参加して、伊豆国に配流となった人物であったから、その実態は相当に生ぐさい政治的意味がふくまれたものであったと想像でき（北山、一九八五）、その宴の主催者であった諸兄の意図が奈辺にあったかは明らかである。

同じように五月十八日には、諸兄は息子奈良麻呂の宅で宴を主催しているが、そこには大伴家持らの反仲麻呂派官人たちが加わっているから（『万葉集』巻二〇・四四四九〜五一番歌）、このような機会を設けて、諸兄・奈良麻呂父子を中心に光明・仲麻呂政治体制への対抗策が練られていたのである。

そして十月頃になると、諸兄・奈良麻呂父子の動向はより緊張感を帯びてゆくことになる。それは聖武太上天皇の病状がかなり悪化してきて、油断ならない情勢となっていたことが影響していた。十月二十一日には大赦を行い、年内の殺生禁断を命じて、さらに山科（天智天皇）・大内東西（天武・持統天皇）・安古（文武天皇）・真弓（草壁親王）・奈保山東西（元明・元正天皇）の各陵と藤原不比等墓、そして十一月には伊勢大神宮に奉幣して、快復を祈請しているなど逼迫した状況にあった。結果的には半年後の同八歳五月に没することを考えれば、諸兄らにとってみれば、唯一の後援者であった聖武太上天皇が明日をも知れないことに焦燥感がつのった。

このような情勢をうけて、同七年十一月二十八日に、同じように諸兄は奈良麻呂宅で集宴を主催し、自身も歌を詠んでいる（『万葉集』巻二〇・四四五四番歌）。この集宴が単なる宴でなかったことは、『続日本紀』天平宝字元年六月甲辰（二十八日）条に、

> 去ぬる勝宝七歳冬十一月に太上天皇不悆したまふ。時に左大臣橘朝臣諸兄の祗承の人佐味宮守告げて云はく、大臣、酒飲む庭にして言辞礼無し。稍く反く状有り云々といへり。太上天皇、優容にして咎めたまはず。大臣、これを知りて、後歳に致仕せり。既にして、勅して、越前守従五位下佐伯宿禰美濃麻呂を召して問ひたまはく、この語を識るやとひたまふ。美濃麻呂言して曰はく、臣曾て聞かず。但慮ふに、佐伯全成知るべしといふ。

とあって、聖武太上天皇の重篤な時に、諸兄が「酒飲む庭」で反状ともとれる礼を欠いた発言をしたという、仕えていた佐味宮守の告言によってもわかる。

『続日本紀』にいう十一月の「酒飲む庭」が、前掲の『万葉集』にみえる十一月二十八日の奈良麻呂宅での集宴であるとはいいきれないが、いずれにしても諸兄が先に元正太上天皇を失い、いままた唯一の理解者である聖武太上天皇の危篤という状況にあって、仲麻呂への憤激の感情が不用意な発言を招いたのである。

この一事をもってしても、このような宴飲の場が、政治的同調者による集まりの場としての意味をもち（小野寺、二〇〇二）、政治的謀略の場ともなっていたことは間違いないし、ここに奈良麻呂の変に一族の者が参加した佐伯氏、なかでも奈良麻呂から三度も決起に誘われた佐伯全成、そして佐伯美濃麻呂らがいたことは、ここで仲麻呂打倒の具体的な方策が話し合われていたとも考えられる。

仲麻呂は、橘奈良麻呂の決起を鎮圧した半年後の天平宝字二年二月に、以下の『続日本紀』同年二月壬戌（二十日）条に、

> 民間宴集して動（ややも）すれば違（たが）い愆（あやま）つこと有り。或は同悪相聚（あつま）りて、濫（みだり）に聖化を非（そし）り、或は酔乱して節無く、便ち闘争を致す。理に拠りて論（あげつら）ふに甚だ道理に乖（そむ）けり。今より已後、王公已下、供祭・療患を除く以外は、酒飲むこと得ざれ。その朋友・寮属、内外の親情、暇景に至りて相追ひ訪（と）ふべき者は、先づ官司に申して、然る後に集ふこと聴（ゆる）せ。……乱を未然に防（ふせ）かむことをとのたまふ。

とみえるように、闘争の場ともなる官人の宴集をいましめ、飲酒を禁止して、相互の訪問、集会を所属官司の許可なしには行ってはならないとし、これは乱を未然に防ぐためでもあるといっている。ただ、祭祀の場や療患以外での飲酒を禁止したのはどうであろう。仲麻呂は、天平勝宝六年十月には双六（すごろく）も禁止している。もちろん、熱中して家業を失い、孝行を欠くとのことからであったが、この飲酒と賭け事の禁止を考えれば、仲麻呂は享楽的なことには禁欲的な性格であったのかもしれない。

話は逸れたが、それだけに仲麻呂は、奈良麻呂の変の経験をふまえて、時には決起を誘い、また意志の疎通を図り、謀反の具体的計画を練る場ともなる集宴に危惧をおぼえていたのであって、このような措置をとったのである。そのことからしても、既述のようにこの期に積極的に集宴を主催するなどした諸兄が、光明・仲麻呂政治体制打倒の意志を抱いており、左大臣という立場からして、その中心的位置にいたことは疑いがない。

このような諸兄の言動は、聖武太上天皇の知るところとなったのであるが、聖武太上天皇は諸兄を優容して咎めなかった。この聖武太上天皇の恩遇をうけ、かえって申しわけない気持ちになった諸兄は、二カ月後の翌八歳二月に致仕することになる。天平十年以来、二〇年近く自分に仕えてきた諸兄のことを思っての、この致仕を前提に罪を問わないという聖武太上天皇の配慮であったかもしれない。諸兄も致仕することによってしか、長い聖武太上天皇の信頼に応えることができなかったのかもしれない。

3　大炊王立太子と紫微内相

大炊王立太子と光明皇太后

橘諸兄致仕から三カ月後の天平勝宝八（七五六）歳五月二日、聖武太上天皇は没する。光明皇太后はその七七忌にあたる六月二十一日に、冥福を祈って遺愛の品々を東大寺の大仏に奉献している。奉献した約六〇〇点余の宝物とその材質・形状・製造技法などを注記記載した目録が、有名な東大寺献物帳であるが、その後の同八歳七月二十六日の献物帳（屛風花氈等帳）、天平宝字二（七五八）年六月一日の献物帳（大小王真跡帳）、同二年十月一日の献物帳（藤原公真跡屛風帳）などと区別して、特に国家珍宝帳とよんでいる。

この国家珍宝帳には、天武天皇から相伝した赤漆文欟木厨子（せきしつぶんかんぼくのずし）や百済王義慈から藤原鎌足に贈られたという厨子、草壁親王の佩刀であった黒作懸佩刀（くろづくりかけはきのたち）など、五品に限って由来書が記載されている。その由来書の検討から、この国家珍宝帳には献上目録としての本来の目的のほかに、献納者である光明皇太后の天武天皇以来の嫡系である聖武太上天皇と積善藤家の直系である自分とで、今の世を治めてきたという気持ちが込められており（関根、一九七九）、またこれを記載することによって草壁皇統を称揚し、その唯一の皇嗣者である娘の孝謙天皇在位の正統性を主張しようとした意図があったことがわかる（木本、一九九三ii）。

聖武太上天皇の死は、独身女帝である孝謙天皇の皇嗣をめぐって疑心暗鬼になっている皇太子問題を現出させて、光明・仲麻呂政治体制維持の難しさを顕在化させ、政治体制の動揺にもつながった。それが天平勝宝八歳五月十日に起こった事件である。大伴古慈斐（おおとものこしび）と淡海三船（おうみのみふね）の二人が朝廷を誹謗し、人臣の礼を欠いたとして左右衛士府（えじふ）に禁錮された事件で、三日後には二人は放免されているが、聖武太上天皇が没した直後であるだけに政治的には重視される事件である。

古慈斐は祖父（おおじ）麻呂（まろ）の子で、仲麻呂には叔母吉日（きちひ）の夫で叔父にあたる。事件の真相はよくわからないが、古慈斐の薨伝（こうでん）には、衛門督であった古慈斐は、出雲守に遷されてより疎外感を感じて鬱々とする毎日であったとあり、これが高じてか朝廷を誹謗したらしい。この結果、土佐守に左降されたが、任地に行くことを逡巡していた古慈斐を、仲麻呂は土佐に行くことを強要した（『続日本紀』宝亀八年八月丁酉条）。

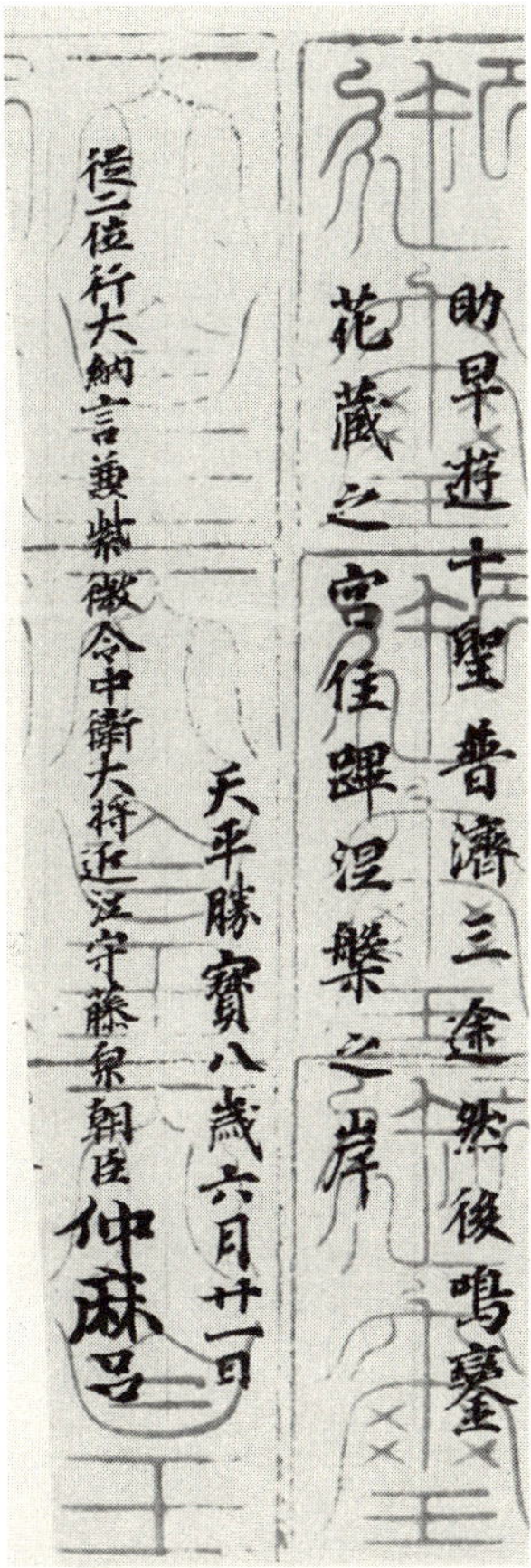
助早遊十聖　普濟三途　然後鳴鑾
花蔵之宮　住蹕涅槃之岸
天平勝寶八歳六月廿一日
従二位行大納言兼紫微令中衛大将近江守藤原朝臣仲麻呂

藤原仲麻呂自署・国家珍宝帳

古慈斐が出雲守に遷任されたのは、天平勝宝六年七月に補任されていた阿倍綱麻呂（あべのつなまろ）のあとをうけた、たぶん同七歳中のことで、仲麻呂の意向によるものであっただろうから、この朝廷誹謗事件には古慈斐の仲麻呂への怨恨の気持ちが根にあったことが想像される。大伴氏は氏長の家持をはじめ、古麻呂ら一族に多くの光明・仲麻呂政治体制への批判勢力を抱えていたから、古慈斐も光明・仲麻呂に批判的であったことから出雲守に左遷された可能性がある。

もうひとりの淡海三船であるが、『万葉集』巻二〇・四四六七番歌の左注に、「縁㆓淡海真人三船讒言㆒、出雲守大伴古慈斐宿禰解任」とある。これを三船の讒言によって古慈斐が解任されたと理解するものと、三船への讒言に連坐して解任されたとする見解がある。いずれにしても以前から自分への待遇などに不満を抱いていた古慈斐が光明・仲麻呂政治体制に対して批判的であったのが告発されたのであろう。

けれども、この二人は三日後に放免になっている。これは左右衛士府での取り調べで、二人の無罪が証明されたわけではない。憶測は慎まねばならないが、罪状を追及しようとする仲麻呂を諭して、妹の夫でもある古慈斐らを慮った光明皇太后が指示したことであろう。光明皇太后は、後の奈良麻呂らの謀反への告発にも詔を発して罪を許す措置をとって、事件の拡大を望まなかった。

しかし、このような事態をうけて、仲麻呂は同八歳七月には授刀舎人と中衛舎人の定員を各四〇〇人へと増員し、武門氏族である大伴氏らに対抗するためにも軍事力の増強を図る一方で、聖武太上天皇の一周忌の準備を着々と進め政治力を誇示しようとした。六月末にはその御斎を東大寺に設けることを決め、大仏殿の歩廊の営造を諸国に命じ、十月には自ら知識者として東大寺に米一〇〇〇斛・雑菜一〇〇〇缶を献上している。また翌同九歳三月九日に完成間近の歩廊のための緑青一五八斤余を贈っている（『大日古』四巻二二三頁）。

聖武太上天皇の没後、いよいよ光明・仲麻呂政治体制下で仲麻呂の政治力が大きくなっていったが、ついに同九歳正月六日に、諸兄も失意のうちに聖武太上天皇を追うように没した。

諸兄の死を境に、古麻呂や池主・兄人ら一族の人びとと袂を分かって脱落してゆく一人が大伴家持である。家持は、凡庸な奈良麻呂と事をともにするつもりがなかったからだとする見解もあるが（市村、一九八一）、それよりも信頼する諸兄が没したこともあり、また家持自身の保身のためであるとするのが穏当な理解であろう。その支柱を失った反光明・仲麻呂派の焦燥はなお激しく、奈良麻呂らを決起へとおしやることになるのである。

その決定的な要因となったのは、孝謙天皇の皇嗣問題であった。聖武太上天皇は、没するのに際して遺詔として新田部親王王子の道祖王を皇太子に指名した。道祖王の祖母は、藤原鎌足の娘の五百重娘で、藤原氏の血を引く血統だったことが考慮されたと考えられる（栄原、二〇〇五）。

孝謙天皇が即位した天平勝宝元年の時点で皇太子を立てるべきであったが、すでに天平十七（七四五）年頃より皇嗣をめぐって王臣らのあいだで独自に擁立を目指す不穏な動きがあり、一日延ばしにしてきたという現状があった。しかし、聖武太上天皇もいつまでもこの皇嗣問題を放置することもできずに、遺言ということで最後の最後で解決を図ったのであった。

しかし、皇太子に指名された道祖王は政治的背後勢力をもたないこともあって、岸氏がいわれたように指名者の聖武太上天皇が没すると、天武天皇の皇孫とはいえ、その立場は不安定なものとなったことは仕方のないことであった（岸、一九六六）。天平勝宝九歳三月二十九日、道祖王は、「聖武太上天皇没後にも関わらず喪中の礼を顧みず、侍童と通じ、機密を民間に漏らし、好んで婦言をもちいて、また突然に東宮を出て夜に私宅に帰ったりと、人として拙愚」であるという理由で、廃太子とされ、東宮より右京の邸宅に帰された（『続日本紀』天平宝字元年四月辛巳条）。

これは仲麻呂らの画策によるものであって、「まず道祖王廃太子ありき」という前提のもとに持ちだされた理由であって、実態は廃太子にまで及ぶようなものではなかったはずである。

こうして空位となった皇太子に、誰がつくかということについては、自己勢力の伸張もからんで廟堂において虚虚実実のかけひきがあった。『続日本紀』天平宝字元年四月辛巳（四日）条には、孝謙天皇が皇嗣について群臣の意見を徴したところ、藤原豊成と藤原永手(ふじわらのながて)が廃太子となった道祖王の兄で、孝謙天皇の異母妹不破内親王の夫である塩焼王(しおやきのおう)を、文室智努(ふんやのちの)と大伴古麻呂は舎人親王(とねりしんのう)の王子池田王を立てるべきことを進言したことがみえている。藤原仲麻呂のみは、「天皇の選ばれた者に従うだけである」と述べたというのである。

そこで皇族中の長老である舎人・新田部両親王の系統より選ぼうということになったが、新田部親王系は道祖王のこともあるから除外して、舎人親王系より求めることとした。しかし船王(ふねのおう)は女性関係に問題があり、池田王は孝行に欠くところがあって、塩焼王についてもかつて聖武太上天皇から無礼を責められたことがあるということで見送られた。これは天平十四年十月に塩焼王が女孺とともに伊豆国三島に配流となったことを指しているのであろう。そこで結局は過ちや悪行のことを聞かないということで大炊王（おおいのおう）に決まった。

これは群臣の意見を徴することであったにもかかわらず、孝謙天皇がそれらの意見をすべて排し、推薦のなかった大炊王の名を持ちだして皇太子に立てたいとの意志を示し、右大臣以下の公卿らから、「唯だ勅命に従います」との奏言を引きだしていることからして、諸卿の思惑とは関係なく、孝謙天皇と仲麻呂とのあいだで大炊王を立太子させることは当初より予定の行動であったことがわかる。だからこそ仲麻呂は、諸卿からの反発をさけて自らが大炊王の名を出さずに、「天皇の意見に従うだけだ」といったのであろう。筋書きができていてこその仲麻呂の言動であったというべきである。

しかしながら、このことへの反発は大きかった。例えば、池田王を推した大伴古麻呂もこのことを契機として一段と仲麻呂と対立するようになるし（鐘江、二〇〇四）、橘奈良麻呂も何度かクーデター計画をたてながらも実行に移せないでいたが、やはりこのことが実行を思いたたせた原因ともなっている。

けれども、これを孝謙天皇が仲麻呂と二人で計ってなしたことかというと、どうもそうではなかろう。そこには娘の孝謙天皇にも勝る政治権力を有していた光明皇太后の意図が介在したことは当然に考えられるところである。

『続日本紀』天平宝字二年八月庚子（一日）条には、皇太后（光明）が欽んで顧命（聖武の意図）を承けて、大炊王を皇儲として議り定めたとあり、また同三年六月庚戌（十六日）条にも、太皇太后（光明）が、吾が子（淳仁）を皇太子と定めて、君の位に昇げたと記されている。大炊王の立太子と即位については、光明皇太后が夫聖武太上天皇の遺詔を承けて定めたのである。しかし、聖武太上天皇は道祖王を皇位につけることを遺言しており、光明皇太后が聖武太上天皇の遺詔を承り、吾が子大炊王を皇位の継承者と定めたとあるのは事実ではない。大炊王を皇儲と定めるについては光明皇太后自身の思惑が大きな要因であったといえる。

大炊王は、舎人親王の七男で、母は上総守当麻老の娘山背である。兄に御原・三使・三島・船・池田・守部王らがいるが、天平五年生まれの大炊王は二歳にして父と死別している。七男といっても実質上は末子であったと考えてよい。よって母の生家である祖父の老のもとで成長したと思われるが、その老も神亀元（七二四）年二月以降には存在が知られなくなることから、すでに卒去していたのかもしれない。このような不遇ともいえる母子にとって立太子、そして即位はふって湧いた出来事ではなかったろうか（木本、二〇〇八ｉ）。

『続日本紀』天平宝字元年四月辛巳（四日）条と淳仁天皇即位前紀には、

是より先、大納言仲麻呂、大炊王を招きて田村の第に居らしむ。是の日、内舎人藤原朝臣薩雄と中衛廿人とを遣して、大炊王を迎へて、立てて皇太子としたまふ。（天平宝字元年四月辛巳条）

是より先に、大納言藤原仲麻呂、大炊王に妻すに亡男真従が婦粟田諸姉を以てし、私第に居らし

む。四月四日乙巳、遂に大炊王を仲麻呂が田村の第より迎へ、立てて皇太子とす。（即位前紀）

とある。天平勝宝九歳四月四日、大炊王は仲麻呂の息子薩雄らに仲麻呂の私第である田村第から東宮に迎えられて皇太子となったのであるが、以前からすでに亡くなっていた仲麻呂の長男真従の寡婦である粟田諸姉と一緒になっていたとある。

その時がいつかははっきりしないが、真従が没したのは天平勝宝元年八月よりいくらも降らない頃と推察されることから、たぶん王が一九～二〇歳頃になった天平勝宝三～四年頃には仲麻呂は自分のもとに引き取り、この時のことを考えて養っていたのだろう。大炊王の立太子直前の二月九日に、石津王（いわつのおう）が藤原朝臣姓を賜って仲麻呂の子となることがあった。石津王の系譜は不詳であるが、仲麻呂は大炊王に次ぐ皇太子候補として石津王をも考慮にいれていたが、大炊王が正式に立太子する見込みがついたので、このような措置をとったのではなかろうか。

紫微内相への就任

大炊王の立太子に先立つ同九（七五七）歳三月二十日、孝謙天皇の住居の塵よけの帳の裏に「天下太平」との四文字が現れた。これは「貴瑞」であって、仏・法・僧の三宝が国家が太平になること、天地の神々が国家が長く安定することを示したものであるとされた。天下に大赦が行われ、僧綱（そうごう）と京内の僧尼で復位（三綱に次ぐ僧位）以上の者に物を与えたり、主典以上で従六位以下の者には位階が一階進められた。なかでも中男と正丁の年齢を一歳繰りあげて、各一八歳と二二歳としたことは、第六章に詳細であるが、広く国民の税負担の軽減を図ったものであって、仲麻呂の政策のなかでも注目すべきものであるといえる。

これは聖武太上天皇が遺言で皇太子に指名した道祖王を廃太子とし、公卿官人の合意を得ることもなく、強引な方法によって大炊王を立太子させたことへの反発を意識した光明皇太后・孝謙天皇・仲麻呂らのとったことであって、孝謙天皇＝大炊皇太子＝仲麻呂によって運営される国家が、神仏によって保証される政治体制であることを明示しようとしたものでもあったと思われる。

そして同九歳五月には聖武太上天皇の一周忌が東大寺で行われ、一五〇〇余人の僧侶が設斎しているが、これを済まして一段落したのであろう翌々日の四日に孝謙天皇は仲麻呂の田村宮に移御している。五年前の大仏開眼のあとにも同様のことがあった。光明皇太后の意図のもとに、孝謙天皇と仲麻呂との関係は良好なものであり、五月二十日の仲麻呂の紫微内相（しびないしょう）への補任も、この政治的関係の延長線上にあるものと認められる。

『続日本紀』天平宝字元（七五七）年五月丁卯（二十日）条には、

> 大納言従二位藤原朝臣仲麻呂を紫微内相とす。従三位藤原朝臣永手を中納言、詔して曰はく、朕、周礼（しゅらい）を覧（み）るに、将・相、道を殊にし、政（まつりごと）に文武有り。臣も亦然るべしといふ。是を以て、新令の外に、別に紫微内相一人を置きて、内外の諸の兵事を掌（つかさど）らしむ。その官位・禄賜・職分・雑物は皆大臣に准（なずら）へよとのたまふ。

とある。

この紫微内相は、紫微中台の長官紫微令の職掌に加えて、「内外の諸の兵事」というからには、本来は天皇の大権である軍事権すべてを持つものであって、官位相当も正三位である紫微令から大臣待遇である二位相当としたものであった。職分田も二〇町から三〇町に、食封（じきふ）も八〇〇戸から二〇〇〇戸に、職分資人も六〇人から八〇人へと増加している。

紫微内相との職名は、もちろん紫微令を前提にして、軍事指揮権を持つことを認識してのものであるが、それは曾祖父の鎌足が乙巳の変（大化改新）後に任じられた内臣、没する前日の天智天皇八（六六九）年十月に贈られた内大臣を意識したものであった。

藤原房前（ふじわらのふささき）も養老五（七二一）年十月に就任しているが、仲麻呂が『藤氏家伝』の著作にあたって、父の「武智麻呂伝」を延慶に託して、「鎌足伝」を自らが著述していること、また鎌足のはじめた山階寺維摩会を復興して永く鎌足の洪業を伝えようとしたことなどを思えば、鎌足が任じた内臣・内大臣を意識していたことは間違いない。また内臣は、中国では皇帝・

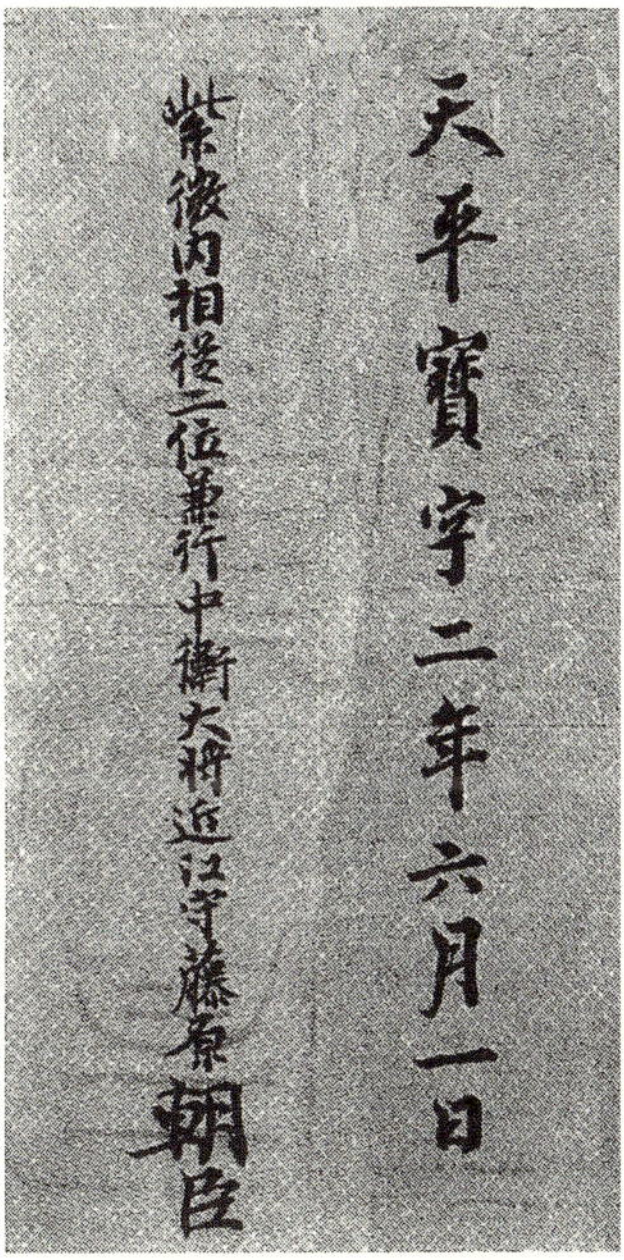

天平寶字二年六月一日
紫微内相従二位兼行中衛大将近江守藤原朝臣

藤原仲麻呂自署・大小王真跡帳

皇后の近臣を指し、これを紫微という唐風にあわせて「内相」と改称、紫微内相としたところが唐風政策を推進した仲麻呂たるところでもあろう。

これによって光明皇太后のもとで、紫微中台を拠りどころとして勅を直接に奉行して勅書に加署し、弁官に宣して太政官符を発給させるなど政治的権力をふるっていた仲麻呂が、さらに軍事権を掌中にして揺るぎない権力を掌握したのである。仲麻呂が「内相大主」（『大日古』一三巻三八四頁）ともよばれたことも納得できる。仲麻呂が行政権に加えて、さらに軍事権を掌中におさめようとしたのは、大炊王を皇太子に立てて、政治権力を掌握しつつあった自分に対して、父諸兄を喪ってより一層先鋭的な行動をとるようになっていた奈良麻呂や、これに同調している大伴古麻呂らを中心とする大伴氏らの決起に対応したものであった。

養老律令の施行

このように奈良麻呂らの反対派勢力に備えつつ、仲麻呂は独自な政策を行っている。紫微内相に任官したのと同日に、大宝律令にかえて養老律令を施行したこともそのひとつである。養老律令の成立については諸説あるが、養老二（七一八）年に藤原不比等を中心に、矢集虫麻呂（やづめのむしまろ）・塩屋吉麻呂（しおやのきちまろ）・陽胡真身（やこのまみ）・大倭小東人（やまとのおあずまひと）ら法律に詳しい下級官人らによって、大宝令の官員令・選任令・考仕令をそれぞれ職員令・選叙令・考課令に改称し、字句などを訂正するなどの改訂を加えて成立したものと考えられる。

しかし、成立直後に施行するのが普通であるのに、仲麻呂が施行を命じるまでの三九年間も施行されることがなかった。それは養老四年八月に不比等が没したり、実質的には緊要な処分は格によって行われ、これ以降も格をだすことによって事態に対応できることから、字句などの訂正にとどまる養老律令を施行しなければならない積極性を有しなかったからであろう。

では、なぜこの時になって仲麻呂が養老律令の施行を思い立ったのであろうか。『続日本紀』には「官人を選考して位階を定めるについては、慶雲三（七〇六）年二月十六日付の格に基づいて行っているが、官人の位階が高くなりすぎて、相当の官職に任じることが難しくなった」との理由があげられている。けれども、そのことが理由であれば、慶雲三年の格を廃し、新しい格をだせば済むわけで、大宝律令とあまり差異のない養老律令を新たに施行する必要性はまったくない。

養老律令の施行を命じる勅には、この律令は「養老年中に私（孝謙天皇）の外祖父である不比等が勅命をうけて編集したものである」と特にことわっていることや、施行直後には姓名をつける時に内大臣鎌足、太政大臣不比等の名を避けることの勅がだされていて、仲麻呂が祖先顕彰に熱心であったことがわかる。このことからしても、仲麻呂に養老律令編纂の責任者であった祖父の不比等を称揚しようとする意図があったものと推察することができる（坂本、一九三六）。

しかし、この養老律令の施行を、仲麻呂の単なる不比等称揚策だと理解してはならない。「養老律」の全体像はわからないが、「養老令」は『令義解』によって全文が残る。「養老令」は唐の「開元二十五年令」に酷似しているともいわれる。しかし、「養老令」の編纂時には、まだ「開元二十五年令」はできていなかった。にもかかわらず、「養老令」が「開元二十五年令」になぜ酷似しているのか、この養老律令の施行に際して、仲麻呂が最新の「開元二十五年令」によって、手を加えたとの説がある（泉谷、一九九七）。

仲麻呂は律令を順守しての国家運営を強く意識していたこともあって、律令への関心も並大抵ではなかった。このような仲麻呂の律令順守主義の意識も、養老律令施行の理由にあったとみなくてはならないように思う。

第四章　仲麻呂政権の成立——奈良麻呂の変と淳仁天皇の皇権

1　橘奈良麻呂の変と淳仁天皇の即位

橘奈良麻呂の変

天平勝宝九（七五七）歳六月、仲麻呂は紫微内相（しびないしょう）に就いて軍事権を掌握して、反対派である橘（たちばなの）奈良麻呂（ならまろ）らの決起に備えていたが、さらにこれらの動向に対処して、あらたに勅五条を制している。

その五条の内容とは、①諸氏族の氏上（氏長・氏宗）は勝手に氏族の人びとを集会させてはならない。②王族や臣下は格（『続日本紀』養老五年三月乙卯条）に規定した以上の馬数を飼育してはならない。③個人の保有する兵器について規定の法律（「軍防令」）以上のものを蓄えてはならない。④武官以外の者は京中で武器を携行してはならない。⑤京中では二〇騎以上の集団で行動してはならないというものであって、仲麻呂はこれを所司に対して厳守するように布告し、違反者には違勅の罪を科すとしている。

仲麻呂は橘奈良麻呂の決起について、はっきりとした情報をつかんでいたわけではないだろうが、同九歳四月の大炊王の立太子をきっかけにして、奈良麻呂らの動向が激しくなって、武力での蜂起が迫ってきていることを察知していたのではないだろうか。

五月二十日の七八人という広範囲にわたる叙位についても、四〇日後に橘奈良麻呂の変をひかえていることから、親仲麻呂派官人及び中立的な官人を対象として行われた反乱に備えての懐柔的叙位と考えられている（野村、一九五七）。

ただ、四月四日には大炊王が立太子しており、叙位に預かった七八人のうち七七人までが一階の昇叙であること、そのなかに大炊王の兄の池田王と船王がふくまれ、池田王だけが二階の昇叙だったことなどを勘案すると、どうも大炊王の立太子にともなう慶事の昇叙かとも思われるし、この日に新令である養老律令が施行されていることから新令施行に際しての慶事の叙位の可能性もある。

しかし、六月十六日に行われた人事異動は、間違いなく最終的な段階に入ってきた奈良麻呂らの動向に対応したものである。仲麻呂はこの人事で、奈良麻呂とともに反乱計画の中心人物である大伴古麻呂を陸奥出羽按察使・陸奥鎮守将軍に任じることで陸奥国に、反対派の賀茂角足を遠江守、石上宅嗣を相模守に遠ざける一方で、田中多太麻呂を中衛員外少将、大伴不破麻呂を衛門佐、池田足継を左衛士佐、日下部子麻呂を左兵衛督、石川人公を右兵衛督、下毛野多具比を右馬頭、大宅人成を左兵庫頭におのおの任命するなどして、衛府を中心に軍事体制の強化を図っている。

この軍事職の補任とともに注目されるのが、犯罪の告発・審理に関わる刑部卿・刑部大判事・弾正尹の一連の人事であり、特に側近の石川年足を兵部卿に任じているのも嘱目される。

このように仲麻呂は紫微内相になって軍事権を掌握し、また親仲麻呂派官人を枢要職に任じるなど反乱に備えた人事異動を行い、勅五条を制して、橘奈良麻呂・大伴古麻呂ら反対派に圧力をかけつつ、その一方で不穏な政治活動を追及して、犯罪として告発・立証して一気に壊滅しようと図った。

それが前述した天平勝宝七歳十一月の宴席での橘諸兄に反状ともとれる発言があったとの一件である。しかし、この事件はもう一年半も前の出来事であり、当の諸兄もすでに亡くなっている。けれどもその後になって、この場に会していた佐伯美濃麻呂を勘問し、ついで同九歳六月末日になって事情を知っている佐伯全成を追及しようとした。だが、これは諸兄の罪を立証しようとしたものではないし、これに坐して奈良麻呂を陥れようとしたものでもない。美濃麻呂・全成の取り調べを糸口にして、ここに会していた官人たちを罪に問い、一挙に反対派勢力を潰そうとする仲麻呂の計画であった。

だが、この仲麻呂の計画は事を荒立てることを好まない光明皇太后が、尋問をとどめるように強く要請したことから取りやめになっている。しかし、同九歳六月中に右大弁の巨勢堺麻呂が薬の処方を尋ねて答本忠節の宅に行ったところ、忠節は「大伴古麻呂が力づくで仲麻呂を脅す計画に小野東人を誘い、東人も承諾した話を聞き、右大臣藤原豊成に報告したところ、豊成が仲麻呂はまだ年が若いので私が古麻呂らを教戒して、仲麻呂が殺されないようにしようといった」との経緯を堺麻呂に告白した。堺麻呂がただちに仲麻呂にこの旨を告げたことによって事件は急転回をみせることになる。

また六月二十八日になって山背王（やましろのおう）も、奈良麻呂が反乱を企んで兵器を準備して田村宮を囲もうとしていることと、この計画を大伴古麻呂も知っていることを密告している。

このような山背王や県犬養佐美麻呂（あがたいぬかいのさみまろ）らからの情報をうけて、同九歳七月二日になって孝謙天皇は、王臣に対して己の家や一族の祖先の名を汚さぬようにと自重を促す詔をだし、また光明皇太后も大伴・佐伯氏は昔から天皇の親衛の武人として仕えてきており、なかでも大伴氏は自分と親しい一族でもあるから、陰謀を捨て明るき清き心でもって朝廷を助け仕えよと重ねて自重するようにとの詔を発している。

とくに光明皇太后には、事件が拡大することなく穏便に済むようにとの思いがあるようで、このことに限っては謀反の徴証をつかんで一挙に反対派勢力を撲滅しようと図る仲麻呂の思いとは明確に相違するように思われる。

だが、このような光明皇太后の思いとは別のところで、奈良麻呂らの反乱の具体的な計画が確実な情報として中衛府（ちゅうえふ）の舎人（とねり）である上道斐太都（かみつみちのひだつ）から仲麻呂のもとにもたらされた。斐太都はその氏からもわかるように備前国上道郡の人であることから、前備前守であった小野東人とも交流があったのであろう。小野東人は前述のように大伴古麻呂から誘われ一味に加わったのであったが、この東人が斐太都に、七月二日の未時（午後二時）に決起計画に加わることを誘ったのである。

斐太都ははじめからこの計画に加わるつもりはなかった。彼の上司は中衛大将の仲麻呂である。

「養老獄令」は、まず密告は所属官司の長官に告げることを規定している。斐太都は密告するにつけても事情をよく知ったうえでと考えたのであろう、参加者は黄文王・安宿王・橘奈良麻呂・大伴古麻呂らを中心に多くの者がおり、精兵四〇〇人を発して田村宮を包囲し、陸奥国に赴任する大伴古麻呂が途中の美濃国不破関を封鎖するとの具体的な計画を探りだしたのである。この小野東人という人物、巨勢堺麻呂と上道斐太都二人の密告は東人から漏れたもので、軽薄な感じがする。奈良麻呂らの事の成否はじつは東人にかかっていたともいえるかもしれない。慎重に事を運ばなければならない場合、東人のような軽率な人間には重大事は明かせない。

仲麻呂は山背王や巨勢堺麻呂からも聞いていたが、この斐太都の報告を夕方にうけて事態が切迫していると判断したのであろう。直ちにその知るところのすべてを孝謙天皇に上奏、内外の諸門を警衛する一方で、高麗福信らに兵を率いて小野東人・答本忠節らを逮捕して左衛士府に拘引することを命じた。またこの反乱計画が大炊王立太子への反発が主因となっていたことから、直ちに兵を派遣して廃太子となった道祖王を右京宅に囲んでいる。

翌日三日になって、右大臣藤原豊成と中納言藤原永手ら八人が左衛士府に派遣されて、拘引した東人らの取り調べがはじまったが、東人らは頑なに認めようとはせず無実を主張した。しかし、斐太都の報告はあまりにも具体的であったことから、予てからこの事件が拡大することを心配していた光明皇太后は、名前のあがっていた塩焼王・安宿王・黄文王・橘奈良麻呂・大伴古麻呂の五人を御在所である法華寺に召しだし、仲麻呂をして再び自重するようにとの詔を伝宣させている。

この五人は、光明皇太后からの、自分に近い一族であり、高い官職位階で待遇しているにも関わらず、なぜこのようなことを企むのか、この度は罪を許すから、これ以降はけっしてないようにとの詔をうけ、退出の際には南門外で、その寛容さに感謝して深く頭を垂れたという。

この二回にわたる光明皇太后の命令が、詔で発せられていることは注目すべきことである。本来皇太后など三后は、「養老公式令」には皇太子と同じに「令旨（りょうじ）」によると規定されている。確かに天平勝宝三年三月二十五日の「造東大寺牒」（『大日古』三巻四九三頁）には、光明皇太后が令旨を発したことがみえている。光明皇太后は聖武太上天皇が没したあとは内印（御璽）と駅鈴を自分が保持して孝謙天皇に渡すことなく、紫微中台に拠って代って大権をふるっていたのである。この頃にはその権勢ゆえに詔を渙発することが可能となっていたのであろう。

この光明皇太后の行為によって、事件はおさまるようにも思われたが、三日に引きつづいて翌四日にも藤原永手らが派遣され、その窮問によって東人らがクーデター計画を白状したことから、厳しい訊問がなされることになる。この日の訊問に豊成がいなかったことが注視される。後日、九州へ左降される豊成の、仲麻呂とは相違する立場を現しているのかもしれない。

東人の白状の大要を記すと、すでに六月には奈良麻呂の自宅、図書寮の蔵ちかくの庭や太政官院庭などで三回ほどの会合がもたれて、そこには安宿王・黄文王・橘奈良麻呂・大伴古麻呂・多治比犢養（たじひのこうしかい）・多治比礼麻呂（たじひのいやまろ）・大伴池主（おおとものいけぬし）・多治比鷹主（たじひのたかぬし）・大伴兄人（おおとものえひと）ら二〇人ばかりが集まったという。ただ安宿王のように三回目の六月二十九日夜の太政官院庭での集まりに、弟の黄文王に相談があるからと騙されて参加して、奈良麻呂から丁寧に迎えられたものの、事情のわからないまま素服（そぶく）（白い喪服）をきた小野東人らとともに天地を礼拝したという者もあったというから、思いのほかこの反乱計画は杜撰なものだったような感じがする。

その計画とは七月二日の暗くなりはじめる頃、兵士を動員して仲麻呂を殺害、皇太子大炊王を追放し、光明皇太后を拘束して駅鈴と御璽を奪取したうえで、右大臣藤原豊成を呼びだし事態を収拾させた後に、孝謙天皇を廃位して塩焼・安宿・黄文・道祖の四王から選んで即位させようとするもので、これらのことを申し合せたうえで、天地四方を礼拝し、塩汁をすすりあって誓ったというのである。

また佐伯古比奈（さえきのこひな）の白状によって、決起に際して仲麻呂派の兵力を削ぐために、賀茂角足が高麗福信・奈貴王（なきのおう）・坂上苅田麻呂（さかのうえのかりたまろ）・巨勢苗麻呂（こせのなえまろ）・牡鹿嶋足（おしかのしまたり）らの有名な武人を平城宮から一〇キロほど南にある額田部（ぬかたべ）宅での酒宴に誘うことを企み、また角足は田村宮の図を作成していたことが明らかとなっ

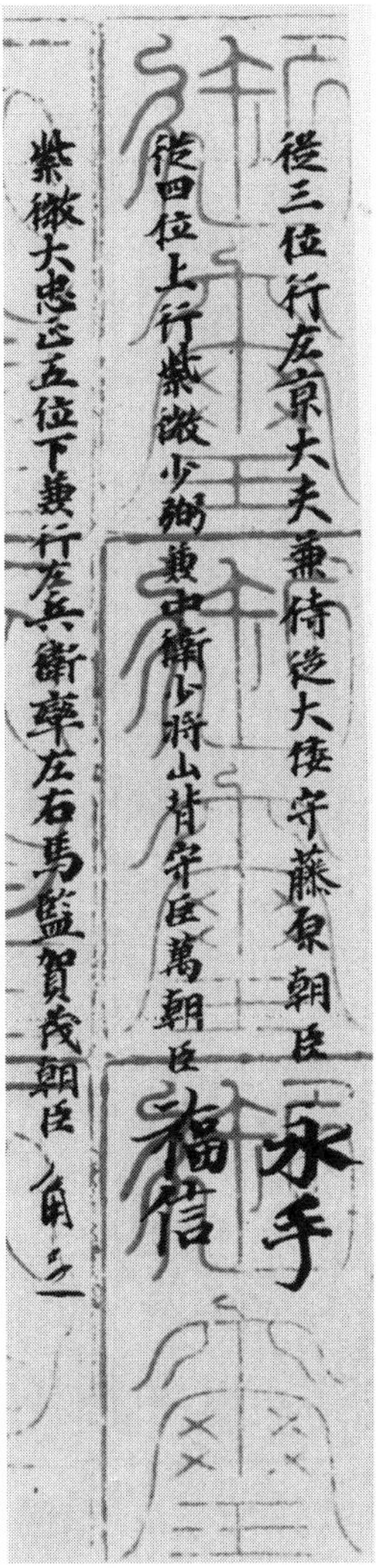

藤原永手と賀茂角足自署
・国家珍宝帳

た。

ただ奈良麻呂らが兵士を動員するといっても、軍事権は紫微内相である仲麻呂が掌握していて六衛府からは無理な状況で、また前述したように勅五条の厳守命令もあって徴兵は簡単ではなかった。そこで奈良麻呂が考えたのは秦氏の助力であった。『続日本紀』天平宝字元（七五七）年八月甲辰（四日）条には、奈良麻呂らの挙兵の時に雇われた秦氏の人びとを遠流に処したことがみえている。

秦氏は、天平十二（七四〇）年十月の藤原広嗣の乱の時には聖武天皇の伊勢行幸に徴発されたり、また天平神護元（七六五）年二月には仲麻呂の乱の時に内裏北門を守衛したことを賞されたりしているから、独自な兵力を保有していて朝廷からも注目されていたことがわかる。

ただ、このような氏族は秦氏に限ったことではなくて、東西史部なども広嗣の乱に動員されているが、秦氏は奈良麻呂の橘氏とともに南山背を基盤地としており、橘諸兄の推進した恭仁京造営に秦島麻呂ら秦一族が協力して以来親しい関係にあった。秦氏も奈良麻呂と利害が一致するところがあったことから、奈良麻呂の反乱に加わったのである（木本、二〇〇三）。

小野東人らの白状によって、黄文王・橘奈良麻呂・大伴古麻呂・多治比犢養らの尋問が次々に行われ、その結果はほぼ同様であったが、首謀者の奈良麻呂に謀反理由を糺したところ、仲麻呂の政治には東大寺造営や奈羅に剗をおいたことで人民が苦労する非道が多いからだと答えたという。しかし、勅使である永手らから東大寺の造営は父の諸兄の大臣時代からはじまっており、息子の発言として不適当だと指摘されて奈良麻呂は返答に詰まって屈服した。

けれども、奈良麻呂があげた反乱理由のもうひとつ、奈羅に剗をおいたために人民が苦労するというのはどういうことだろうか。奈羅とは、大和から山背国に入る国堺の道、たぶん奈良坂ではなく歌姫越の道に設けられた剗、つまり関をおくことをなぜ大憂といって奈良麻呂は抗弁したのだろうか。はっきりしたことはいえないが、仲麻呂は橘奈良麻呂や秦氏らほかの反対派の不穏な動向に備えて、平城京北側を警備する意味からも関を設けたのかもしれない。秦氏の基盤地の南山背から木津川を渡って平城宮までは五キロの近い距離にある。仲麻呂は橘氏と秦氏の結びつきを前提とした物的・人的なつながりに危惧感を抱いていたのではないだろうか（木本、二〇〇九）。

仲麻呂は反乱に参加していた官人たちを獄舎に押し込め、百済王敬福（くだらのこにきしきょうふく）・船王ら五人を派遣して厳しく詰問した。この結果、黄文王や道祖王や大伴古麻呂・多治比犢養・小野東人・賀茂角足らの中心人物は拷問のうえ撲殺された。ただ拷問は、「養老獄令」や「断獄律」には正当な取り調べと規定しており、死も想定されていた。信濃守佐伯大成や土佐守大伴古慈斐（おおとものこしび）はそれぞれ任国への、駿河守多治比国人（たじひのくにひと）は伊豆国への配流となった。

また、事情を知らずに会合に参加したという安宿王は、妻子ともども佐渡国への配流処分となっているが、二カ月前から施行されている「養老律」には妻子の縁坐を規定していないことから、この処罰は「大宝賊盗律」謀反大逆条に準拠したものであるとも理解される（上野、二〇一〇）。

しかし、首謀者の奈良麻呂がどうなったのか明らかでない。たぶん撲殺か処断されたものと思われる。ただ、弘仁十二（八二一）年七月に奈良麻呂一男の安麻呂が八三歳で没し（『類聚国史』巻六六）、その母である大原明娘も同六年十月まで長命を保ったことがわかっている（『日本後紀』弘仁六年十月丁巳条）。また嵯峨天皇の皇后で、檀林皇后の名で知られる橘嘉智子の父で、安麻呂の弟にあたる清友は延暦八（七八九）年まで生存し、奈良麻呂実弟の入居もこの事件を生き抜いている。この事件では、奈良麻呂本人は別として、妻室や子女・兄弟は一時は配流などの憂き目をみたかもしれないが、死は免れたようである。

『続日本紀』の記述に沿いながら上述したように、天平勝宝九歳六月頃から決起への具体的な動きがみられたようであるが、陸奥国に国守としてあった佐伯全成の取り調べによって、一二年前の聖武天皇が難波宮で病気となった天平十七年九月にはすでに奈良麻呂から全成に誘いがあり、クーデターへの蠢動のあったことがわかった。

奈良麻呂は聖武天皇が危篤であるにもかかわらず皇嗣が決まっていないことから、佐伯全成に多治比国人・多治比犢養・小野東人を率いての黄文王擁立を誘い、天平勝宝元年にも同じように計画への参加を催促している。そして前年の同八歳四月に多賀城から一時帰京した時には、左大弁として執務中の大伴古麻呂のもとに同行を求めて、再び大伴・佐伯氏の人びとを率いて、黄文王を立てる行動への参加を説得している。このように黄文王の擁立を目指していた奈良麻呂が、事件直前の計画では、黄文王・安宿王・塩焼王・道祖王の四王から選んで立てることにしたのは、天平宝字元年四月に塩焼王を皇太子にと推薦した藤原豊成や藤原永手ら、多くの公卿官人らの理解・協力を得ようとした結果であろう。

この奈良麻呂の三度にわたる要請に対して、全成は先祖の行跡と違う道をとることや朝廷の厚遇に反することなど天に背く行動をとらないこと、そして例え成功しても正義を行ったという評価を得ることはできないとして、いずれも拒絶している。しかし、この長年にわたる再三の奈良麻呂のクーデターへの誘いを、全成は奈良麻呂の「同じ心の友であるから話をしたのであって、他人にいわないでほしい」との約束を固く守って、露呈すれば同罪となるのを承知のうえで、密告はもとより他言することをせずに奈良麻呂との友情を貫きとおして自殺した。

前述したように天平勝宝七歳十一月の橘諸兄による反状ともとれる発言のあった時にも、そして奈良麻呂の再三の誘いをも拒絶した全成の行動があったところに、多くの謀反者を出した大伴氏と違って佐伯氏からの罪人の少ない理由があろう。

政治権力の構造　以上のような経過を経て、四四三人が関与したとされる奈良麻呂の変は終息したが、最も重視されるべきは、この計画の目的である。『続日本紀』天平宝字元（七五七）年七月庚戌（四日）条を左記に引用すると、

> 七月二日の闇頭（よる）を以て、兵を発（おこ）して内相の宅を囲み、殺し劫（おびやか）して即ち大殿を囲み、皇太子を退けむ。次に、皇太后宮を傾けて鈴・璽を取らむ。即ち右大臣を召して、号令せしめむ。然して後に、帝を廃して、四の王の中を簡（えら）ひて、立てて君とせむといへり。

とある。このクーデター計画が、この時の権力構造がどのようなものであったのかを如実に物語っている。クーデターとは非権力者が権力者を倒すのが原則であることからしても、奈良麻呂らの仇敵として殺害を企てられた仲麻呂が最も実権をふるっていた人物であったことになる。そして、仲麻呂を後援し、鈴璽を保持して権勢を誇った光明皇太后やその一翼を担う大炊皇太子らは拘禁され、また追放されるべき存在であった。

それに対して、奈良麻呂らの孝謙天皇への対応は、クーデターが成功した後に廃位する手筈になっていた。孝謙天皇は独身女帝ではあるが、立太子を経て草壁直系皇統をつぐ唯一の存在として、政治権力を発揮していたとする理解もある。しかし、もし孝謙天皇がそうであったならば、仲麻呂殺害の直後に光明皇太后ではなくて、孝謙天皇が拘禁されるべき存在であったはずである。

仲麻呂を殺害し、光明皇太后の拘禁に成功したとしても、孝謙天皇に政治権力があったとすれば、このあいだに衛府の兵士を動員して、奈良麻呂らクーデター派を必ず鎮圧することが予想される。そのことに思いが及ばない奈良麻呂らではなかろう。仲麻呂を殺害され、母の光明皇太后まで拘束され、鈴璽を強奪されても、孝謙天皇に鎮圧する実行力のなかったことを奈良麻呂らは見極めていたということである。

つまり政治権力は、光明皇太后の皇権力のもとに、仲麻呂によって行使されていたということである。改めて、このような孝謙天皇の実像を正視する必要がある。

藤原仲麻呂政権の成立

天平勝宝九（七五七）歳七月五日、山背王・巨勢堺麻呂に従三位を授けるなど事件を密告した人たちに叙位があり、事件に関わって欠員となった陸奥・信濃守などの補充人事があって事件は収束したように思えたが、しかし事件はこれで終わらなかった。事は仲麻呂の兄で太政官首班である右大臣豊成にまで及んだ。七月九日、中納言藤原永手と左衛士督坂上犬養（さかのうえのいぬかい）らが豊成邸に派遣され、奈良麻呂と親交があって事件に関わったとの理由で三男の乙縄（おとなわ）を引き渡すことを命じ、拘禁している。乙縄は十二日になって日向員外掾へと追放された。

乙縄の追放が決定した同じ日、豊成も右大臣を罷免され大宰員外帥に左降された。仲麻呂にとっては、自分の暗殺計画を答本忠節から聞きながら、事の真相を追及もせず対応しなかった兄への不信感が強く、故の大宰府への左降措置だったのである。豊成には、この計画に一定の理解を示していたふしもある（栄原、二〇〇五）。豊成は、この弟の処分を不服として大宰府に向かわずに、難波の別業で病気と偽ってとどまっている（『続日本紀』天平神護元年十一月甲申条）。仲麻呂も兄への大宰府下向を強制せずに放置したことから、仲麻呂が近江国に去ると豊成は直ちに復帰することになる。

豊成の右大臣解任、これは前言のとおりに豊成が事件の追及を怠ったことが直接の理由であるが、仲麻呂の本意は別のところにあった。仲麻呂の政治権力の基盤は紫微中台（しびちゅうだい）に拠っており、故に光明・仲麻呂政治体制と称するのであるが、これはどう理解しようとしても律令制官僚政治を政治施策の基本とする仲麻呂にとっては、政治権力を獲得する過程での一時的な異形な政治体制であったはずである。

あくまでも仲麻呂の目指していた政治体制とは、律令による天皇のもとに大臣を主導者とする太政官によって行われる政治体制である。それを考慮して大炊王を皇太子に立てたのである。それにいつまでも光明皇太后を頼っているわけにもいかない。しかし、豊成が太政官首班の右大臣としている以上は、いつまでたっても仲麻呂が太政官を掌握することができない。仲麻呂は豊成を太政官から追放する機会をうかがっていたのである。まず奈良麻呂と親交を結んでいることを理由に乙縄を追放し、つづいて豊成を太政官から除外したのである。豊成としては答本忠節の報告を座視したことが、仲麻呂に格好の理由を与えることになってしまったのである。

仲麻呂にとって奈良麻呂の事件は、反対派政治勢力を一掃して、なおかつ眼のうえの瘤であった豊成を除外することによって、自らの政権を成立させる環境を整える好機となったのであった。

この奈良麻呂の変について、北山茂夫氏は仲間だけの謀議にふけり、豪族・民衆に訴えることもせず広がりのないものであったと述べている（北山、一九五二）。しかし、奈良麻呂らが兵器を準備して民間に隠匿していたことや、事件に関わった死者の魂の言葉と偽って流言をなし村里を騒ぎ乱す者がいて、これらに厳罰で臨んでいること、また黄文王に協力した百姓が出羽国小勝村（おかちむら）の柵戸（きのへ）（農耕・開墾に従事する戸）として移配されていること、そして何よりも孝謙天皇が南院に出御して諸司官人だけでなく、特に召し出した京・畿内の村長以上をまえに奈良麻呂らの悪計を説明していることは、奈良麻呂の変が権力闘争という政界だけのことにとどまらずに、国民をも巻きこんで広く社会全体に大きく影響する事件であったことを示している。

奈良麻呂の変による騒動が落ち着いた八月四日、石川年足を中納言に昇任させ、巨勢堺麻呂・阿倍沙弥麻呂（佐美麻呂）・紀飯麻呂三人を参議に登用する一方で、中納言多治比広足を七七歳という高齢であることや、一族から国人・犢養・鷹主・礼麻呂ら反逆者を多く出したことの責任を理由に解任している。

これによって仲麻呂は、太政官筆頭の地位（紫微内相・大納言）に昇り、側近の年足を次席に就け、与党の巨勢堺麻呂・阿倍沙弥麻呂・紀飯麻呂三人を参議としたことによって、太政官を領導できる政治体制を構築したのである。正式には大炊王の即位と仲麻呂の大保（右大臣）昇任を待たなければならないが、実質的にはここに藤原仲麻呂政権は成立したといえると思う。

仲麻呂自身も同じように新たな立場での政治を意識し、そして自己政権が成立したことを認識したのではないだろうか。その現れが改元であった。駿河国から蚕の卵が自然に書き上げた「五月八日開下帝釈標知天皇命百年息」との一六文字が献上され、これが瑞祥とされて天平勝宝九歳八月十八日をもって天平宝字と改元している。

そしてこの前後に雑徭六〇日を半減し、天平勝宝八歳以前の公出挙の利子を全免、諸国の租の半分の免除、東国からの往還の苦難を考慮して防人の大宰府への派遣停止など、国民負担の軽減を図る施策をとっているが、これは仲麻呂の政権を成立させたという国民に向けてのアピールであったのであろう。

仲麻呂は引きつづいて思うところの施策を矢継ぎ早に打ちだしている。国を治める基礎は、文事と武事を盛んにすることであって、その一方でも欠いてはならないとする唐の太宗が撰述した『帝範』の言葉をうけて、文事として天文・陰陽・暦・算・医・針などの学を盛んにするために、その経費として大学寮に三〇町、雅楽寮・陰陽寮・典薬寮などに各寮田一〇町の公廨田を設けている。つづいて国学の博士・医師の縁故採用を禁止し、明経生・紀伝生や医生・針生・天文生・陰陽生などが学ぶべき書籍を指定している。武事として武芸を興すために中衛府に三〇町、衛門府・左右衛士府・左右兵衛府に各一〇町の射騎田を設けて奨励している。

さらに出挙して得られた利稲である公廨稲は、国司交替時に新旧国司が奪いあうという困った問題があった。よって新しい制度を作り、官物の欠損未納分の補填分と国内の備蓄分を除いたうえで、残りを長官六分・次官四分・判官三分・主典二分・史生一分で配分することを定めている。

また天平十七（七四五）年十月に定められた論定稲の制度を改めて、新たにその数量を定めている。つまり国ごとの財政の規模を明確にして適正化を図ることを目的に、正税出挙の定数を定めたのであって、例えば時代が降るが、『弘仁式』には三関国の美濃国は四〇万束、越前国は五〇万束などとみえている。

政権を成立させて、為政者として施策を実施してゆく他方で、次に仲麻呂が留意したのは藤原氏内での地位の確立であった。そのための示威行為のひとつが維摩会の復興であった。鎌足が創設した山階寺（興福寺）の維摩会は、鎌足の死後三〇年間中断したものの不比等によって再興された後、再び中絶して行われていなかった。天平宝字元（七五七）年閏八月十七日、仲麻呂は鎌足の功田一〇〇町を山階寺に施入し、鎌足の功業が永く伝えられるようにと復興したのである。

ただ、この維摩会が祖先顕彰を目的とする私的な氏族儀礼ということだけで考えると問題であって、公的な護国儀礼的な要素のあったことにも留意する必要があろう（冨樫、二〇〇五）。

また十二月九日には、乙巳の変や壬申の乱、大宝・養老律令の撰修の功績に対して功田を与えてきたが、「田令」に規定されている等級が功田支給の文書に記されていないことから、新たに大功・上功・中功・下功の等級を決めるということがあった。なかでも鎌足の乙巳の変での功績は大功とされて、永久に相続されることになった。壬申の乱の功績は中功、大宝・養老律令撰修の功績は下功で評価が低いのに比べて、乙巳の変での功績は鎌足の大功、佐伯古麻呂（さえきのこまろ）の上功など評価が高い。いずれにしても「田令」によって是正しようとするものであるが、改めて乙巳の変や大宝・養老律令撰修の功績者を評価するなかで、鎌足と不比等を顕彰しようとする意図が明らかである。

仲麻呂が『藤氏家伝（「鎌足伝」・「武智麻呂伝」）』を自らも著述し、山階寺の維摩会を復興し、養老律令を施行したことなどを併考すると、そこに祖先顕彰とともに、鎌足─不比等─武智麻呂とつづいてきた藤原氏の正統な後継者は、ほかならぬ自分自身であることを示そうとした意図を看取することができる。

この頃の仲麻呂の心情を推測する史料が、以下に取りあげる『万葉集』巻二〇・四四八七番歌にみえる仲麻呂の歌である。

天平宝字元年十一月十八日に、内裏にして肆宴(しえん)したまふ歌二首

天地(あめつち)を照らす日月(ひつき)の極みなくあるべきものを何をか思はむ

右の一首、皇太子の御歌

いざ子ども狂(たわ)わざなせそ天地の堅めし国そ大和島根は

右の一首、内相藤原朝臣奏す

皇太子大炊王の歌は、やがて日月に象徴した地位に就くべき王自身を強く意識しているように思えるが、仲麻呂の歌はこの大炊王の歌の「天地」をうけて、群臣の妄動を戒めたものになっている。従来から政敵を倒し、権勢を一手に握った仲麻呂の得意の状をみるようだとよくない評価が一般的であるが、伊藤博氏のように切情に立って「たわわざ」だけはけっしてして下さるなと懇願しているのであって、皇室を支えて務めてきた仲麻呂が天皇になり代って歌ったものだとの理解もある（伊藤、一九九八）。やはり橘奈良麻呂の変を鎮圧し、政治権力を掌中にして、他を圧倒するような自信と威圧に満ちたものであるように感じられる。

天平宝字二年二月には大和守の大伴稲公(おおとものいなきみ)が、大和国城下郡(しきのしもぐん)の神山(かむやま)から、虫が「王大則并天下人此内任大平臣守昊命」と根元に彫った珍しい藤の木が生えたことを奏上した。そこで博士らに意味を論じさせたところ、これは臣下が天下を守り、王の法則に心をあわせており、内政をこの人に任せれば天下は太平であるとの意味と解釈されて、この地が大和の神山であることに加えて、藤の木は宰相の

藤原仲麻呂にゆかりがあり、このことは事実と一致して、すでに効果が現れているということになって、大和国の調が免除され、瑞を貢上した大和雑物（やまとのさちもち）には叙位があった。

この瑞兆をもたらした神山は城下郡とあるから、直ちに城上郡の三輪山の大神神社とするには疑問はある。ただ仲麻呂は東北地方の経略にあたって、その拠点となる出羽国雄勝地方の制圧のための雄勝城築城を願って、国内平定の神とされていた大物主神を政治に利用し、祭神として祀っていた大神神社を分祀して、三輪神社を雄勝城近くに創祀している（木本、二〇〇九）。

このように仲麻呂と大神神社は親しい関係にあったから、この瑞祥は相互の利益のためになされたのであろう。ここにも仲麻呂の宰相として政治を領導してゆくことの自信を感じるとともに、天意としてその正当性を誇示しようとする意図がみてとれるのである。実質的には藤原仲麻呂政権が成立していることを思えば、あとは大炊王が即位し、仲麻呂自身が太政官の首班にふさわしい大臣に昇って正式な政権の発足を待つばかりであった。

淳仁天皇の即位と光明皇太后

天平宝字二（七五八）年八月一日、仲麻呂の擁立する大炊王が即位して淳仁天皇（じゅんにんてんのう）となった（淳仁は第八章で詳細のように廃帝となるので天皇としての諡号がなく、明治三（一八七〇）年に追贈された）。この淳仁天皇の即位は、孝謙天皇の意志というよりは、光明皇太后の意図によるものであった。光明皇太后は、この時には五八歳と高齢であって体調が優れなかった。七月四日には健康を害して一〇日余も回復しないことから、治癒のために仁慈を欠くことができないとして、十二月三十日まで殺生を禁断する命令が諸国に布告されている。

光明皇太后は、以前から独身女帝である娘孝謙に皇嗣がおらず、天武皇統のなかでも直系の皇統である草壁親王皇統が絶える宿命を考慮したうえで、天武皇統の存続を願って傍系皇統からの皇位継承者の擁立を模索していた。そのことが聖武太上天皇の死後に残された自分の使命と思っていたに違いない。淳仁天皇の即位を「聖武の遺詔を承って」決定したといっているのも、このような光明皇太后の思いを反映していよう。

大炊王が立太子したのは前年の四月であって、孝謙天皇もまだ四一歳であったから、大炊王の即位を急ぐ理由はない。大炊王が傍系の舎人親王系であり、その立太子が強引であったことを考慮すれば、皇太子の地位にあって皇嗣として認知してもらう時間は長ければよりよい。しかし、光明皇太后にとってみれば、自分の病状を考えあわせれば、早く大炊王を即位させ、この若い傍系出身の淳仁天皇を一人前にしなくてはならないと考えたのは不思議なことではない。

『続日本紀』天平宝字二年八月庚子（一日）条の孝謙天皇の譲位詔文には、

> 皇と坐して天下の政を聞こし看す事は労しき重しき事に在りけり。年長く日多く此の座に坐せば、荷重く力弱くして負ひ荷ち堪へず。しかのみにあらず、掛けまくも畏き朕がはは皇太后の朝をも人の子の理にえつかへまつらねば、朕が情も日夜安からず。是を以て此の位避りて間の人に在りてし理の如はははには仕へ奉るべしと念し行してなも日嗣と定め賜へる皇太子に授け賜はくと宣りたまふ天皇が御命を、衆聞きたまへと宣るとのたまふ。

とある。

孝謙天皇は、ここで譲位する理由をふたつあげている。ひとつは天皇として大政をみることは労苦の多いことで、長く在位していることは力の弱い自分には荷が重すぎて堪えられないということ。もうひとつは、母親である光明皇太后に対して、今は人の子として孝養をつくせないので、退位してゆっくりと子として仕えたいということである。

前者の理由については、元明女帝も同じような理由をあげているが（『続日本紀』霊亀元年九月庚辰条）、後者の理由にはなんとなく違和感をいだく。

八月一日、仲麻呂は臣下を代表して、孝謙天皇に「上台宝字称徳孝謙皇帝」、光明皇太后（淳仁即位後も便宜的に皇太后を用いる）には「中台天平応真仁正（にんしょう）皇太后」との尊号を奉ることを上表しているが、その上表文のなかで孝謙天皇について、「皇位の継承者が途絶えると、人々はあれこれと思い巡らすもので、尊い地位にありながら国民の願いをいれて、皇嗣を決めて謙譲の徳を発揮され、天の徳の一部を地に施して、大いなる国家の礎を固められました」（直木他、一九九〇）とし、光明皇太后については、「聖武太上天皇の遺詔を承り、公正な心で皇位継承者として大炊王を定められた」といっている。淳仁天皇自身も「光明皇太后から皇太子と定めていただき、皇位にも昇らせていただいた」と述べている。

ここには帝位にある労苦と光明皇太后に仕えるためという譲位理由はみえず、孝謙天皇が皇位継承者の途絶えることを考慮して、「国民の願いをいれて」譲位するという謙譲の徳を発揮したことが明示されている。この一事をみても、孝謙天皇の譲位は自身の意思からでたものではなく、皇統の断絶を危惧する国民からの要望に沿ったものであって、そのような状況をうけて光明皇太后が政治的な理由から大炊王の即位を望んで、孝謙天皇に対して譲位を促したものと推測される。さすがにこの理由を譲位の詔文には書けないことから、孝謙天皇が母に仕えるためというようなことにしたのであろう。

また同三年六月庚戌（十六日）条には、光明皇太后は淳仁天皇に対して、

> 太政(おおきまつりごと)の始は、人の心未だ定まらず在りしかば、吾が子して皇太子と定めて先づ君の位に昇(あ)げ奉り畢(お)へて、諸の意(こころ)静まり了(は)てなむ後に傍(かたえ)の上をば宣(の)りたまはむとしてなも抑(おさ)へて在りつる。然るに今は君と坐(いま)して御宇(あめのしたしらしめ)す事日月(ひつき)重なりぬ。

といい、はじめは人心が安定していなかったが、今では天皇として天下を治めることも日月が重なってきているとして、天皇としての「吾が子」淳仁を擁護し、育成しようとしていたことがうかがえる。

2　藤原仲麻呂の大保就任と恵美賜姓

大保就任

淳仁天皇が即位したことによって、仲麻呂の領導する政治体制はいよいよ確固たるものとなった。そして、この事態をうけて政治により仲麻呂色が濃くなってゆくが、その契

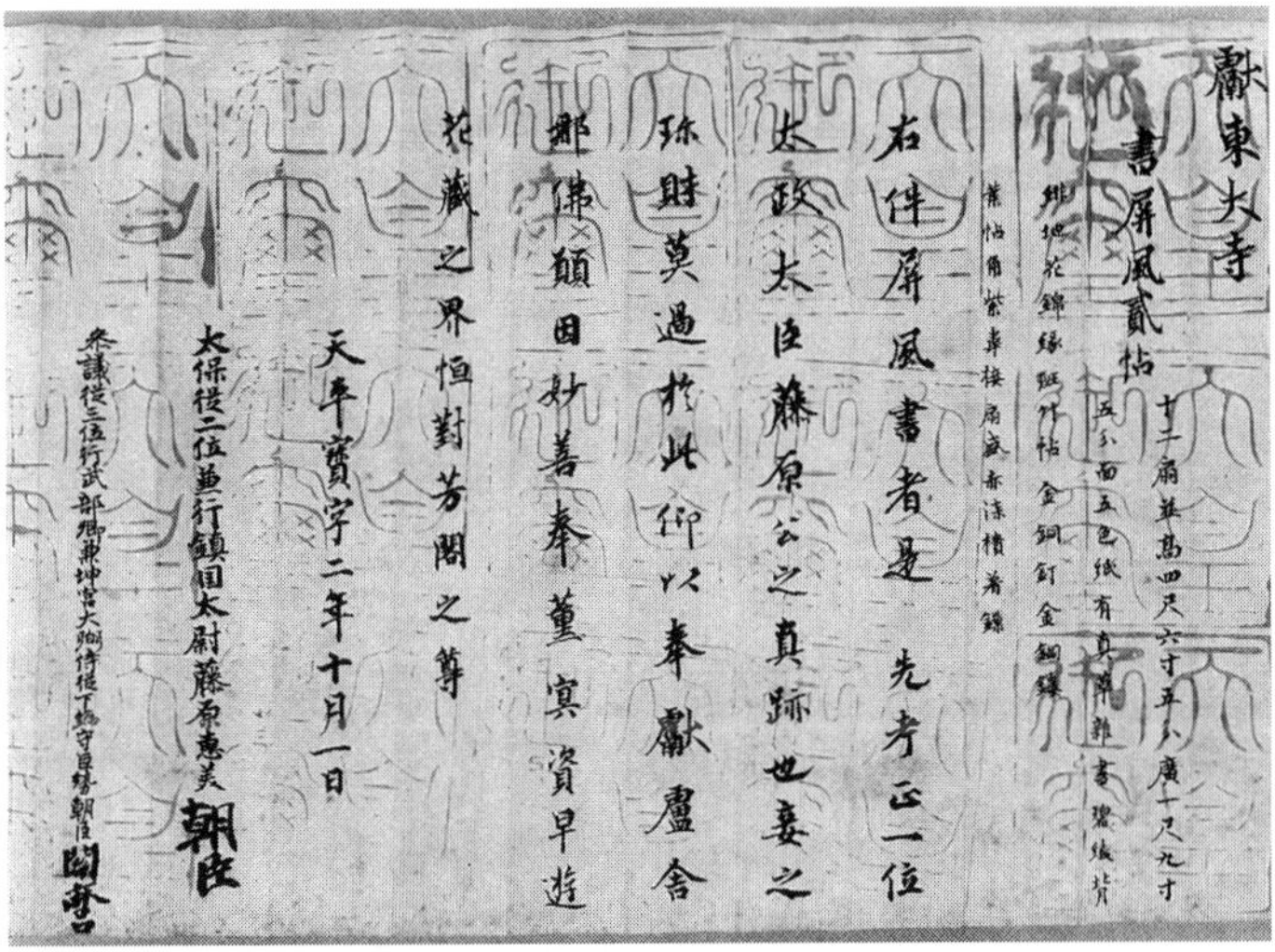
献東大寺
書屏風貳帖
右件屏風書者是　先考正一位
太政太臣藤原公之真跡也妾之
珎財莫過於此　御以奉献盧舎
那佛願因妙善奉薫冥資早遊
花蔵之界恒對芳閣之尊
天平寶字二年十月一日
太保従二位兼行鎮国太尉藤原恵美朝臣
参議従三位行武部卿兼坤宮大弼侍従下総守巨勢朝臣関麻呂

藤原仲麻呂自署・藤原公真跡屏風帳

機となったのが天平宝字二（七五八）年八月二十五日の大保（太保とも書く）への就任である。大保とは、この日に右大臣を唐風に改称したものであって、淳仁天皇は仲麻呂が怠ることなく精勤して職責を守り、忠誠であって職務に私心のないことを、その任命の理由にあげている。

仲麻呂が、この太政官の首班である大保に任じたことによって、名実ともに藤原仲麻呂政権が成立したといってよい。前年の橘奈良麻呂の変への対応が非難された右大臣の豊成が太政官から追放され、それ以来仲麻呂が太政官の筆頭にあったとはいえ、その官職は大納言にすぎなかった。よって仲麻呂の政治施策は、光明皇太后の後援のもとに紫微中台に拠って紫微内相のものとして施行された一面もあった。しかし、太政官首班の大臣となったことによって、仲麻呂はその権力基盤と行政基盤を紫微中台から本来の太政官に移行したのであった。

そして、『続日本紀』天平宝字二年八月甲子（二十五日）条は、大保就任につづいて、

> 古に准ふるに匹無く、汎恵の美、斯より美なるは莫し。今より以後、姓の中に恵美の二字を加ふべし。暴を禁めて強に勝ち、戈を止めて乱を静む。故に名けて押勝と曰ふ。朕が舅の中、汝卿良に尚し。故に字して尚舅と称く。更に功封三千戸、功田一百町を給ふ。永く伝世の賜として不常の勲を表す。別に鋳銭・挙稲と恵美の家印を用ゐることを聴す。

と記している。

仲麻呂は、広く恵みをもたらす美徳はこれにすぎるものがなく、暴徒を禁め、強敵に勝ち、兵乱を鎮めた故に、姓のなかに恵美を加え、名を押勝とする栄誉を賜った。その子女たちも「藤原恵美朝臣」と称することになったのである。

この姓名は、仲麻呂への顕彰が結実したものであるが、仲麻呂個人への賞賛が直系子孫という集団の名誉へと拡大されているのは、「オホキミ」が君主号であると同時に、王族一般の呼称であったことと深く関わっているとする指摘がある（筧、一九九六）。

これは仲麻呂の一家が、一族の「藤原朝臣」よりもなお一層貴種であることを認知させて、天皇と

の密接な関係を誇示するためであろうと思われる。同三年十月には天皇の称を避ける儒教的な考えによって姓の「君」を「公」と変更しているが、これにともなって同じく姓の「伊美吉」・「忌寸」が混用されていたのを、「伊美吉」の「美」が「藤原恵美朝臣」と重なるために避けて「忌寸」に限定しているのも、仲麻呂の意図とする貴種化の一環であろう。

そして封三〇〇〇戸、功田一〇〇町を賜り、子孫に伝えることを許され、さらに和銅初年（七〇八）以降は厳禁されていた貨幣の鋳造権と天平九（七三七）年九月以後に禁止されていた私稲を出挙する権限を得たうえに、「恵美家印」を用いることまで許されている。これは私印としては勿論のこと、公印としての効力を認知したものであった。

官号の改易と地方政治の刷新

仲麻呂の大保任官をうけて、早速とられた政策は官号の改易であった。これは開元元（七一三）年十二月の左右僕射を左右丞相に、中書省を紫微省、門下省を黄門省などに改名した玄宗の蹤跡を追ったもので、仲麻呂の唐風政策の最たる施策といってもよいが、すべての官司名が改名されたわけではなく、官号改易一覧表にみるとおりに、一官八省二台二寮六衛府の主要な官司だけであった。けれども、太政官と中衛府のみ官司名だけでなく、四等官名も改称され、また多くの寮のうち、図書寮と陰陽寮の二寮だけが改称の対象となっていることは、仲麻呂がこの二寮に政治的な重要性を意識していたからであり、仲麻呂の薨伝に「大方の書籍を読破していた」とあるとおり仲麻呂らしいところといえる。

仲麻呂はこのような中央官司だけでなく、地方政治にも関心をよせている。仲麻呂政権は、国郡機

改易前		改易後
太政官	→	乾政官
太政大臣	→	大師
左大臣	→	大傅
右大臣	→	大保
大納言	→	御史大夫
紫微中台	→	坤宮官
中務省	→	信部省
式部省	→	文部省
治部省	→	礼部省
民部省	→	仁部省
兵部省	→	武部省
刑部省	→	義部省

改易前		改易後
大蔵省	→	節部省
宮内省	→	智部省
弾正台	→	糺政台
図書寮	→	内史局
陰陽寮	→	大史局
中衛府	→	鎮国衛
大将	→	大尉
少将	→	驍騎将軍
員外少将	→	次将
衛門府	→	司門衛
左右衛士府	→	左右勇士衛
左右兵衛府	→	左右虎賁衛

官号改易一覧表

構との連携により畿内交通の要衝を固め、自らの経済的軍事的基盤を盤石なものとしていたという評価がある（石附、一九九七）。

国司は在地での郡司との関係などもあって問題が多かった。ことに国司には郡司の任命候補者の詮擬権があり、孝徳朝（六四五〜）以来の譜第郡司の世襲から、天平七（七三五）・同十四年には譜第主義を前提としながらも、傍親間の才能重視策に転じていた。

しかし、このようになると郡司任用への国司の権限が大きく作用することになり、国司を巻きこんで任用に悶着がふえ、また国司からの有利な詮擬を期待して、郡司層と国司間に癒着という弊害が生まれることになった。同十六年十月には、国司官人が郡司に在地富豪層をも含めた所部内の女子との婚姻関係を結ぶことを禁止する施策（『類聚三代格』巻七）がとられているのは、このような現況を規制する一方策であったろう。

だが、郡司層の国司らへの干渉はとどまることはなかったようで、天平勝宝元（七四九）年二月になって、豪族間や一族間で争いが絶えなかったことから、譜第の優劣・身才の能不・舅甥（きゅうせい）の列・長幼の序という郡司任用の四条件から譜第の優劣を優先するとの勅がだされている。この方針転換を橘諸兄の政策とする主張もあるが、大山誠一氏は政権を主導しつつあった仲麻呂の地方豪族層への接近策であったとされる（大山、一九七八）。

このことに関して天平宝字五（七六一）年三月、仲麻呂は外六位の者が蔭位の範疇にないことで、郡司を継ぐ者の官路が閉ざされる憂嗟の声が大きいとして、少領以上の嫡子については特に出身（出仕）し、永世にわたって宗家を継ぐことを許している。このことも嫡子のみへの配慮で譜第の重視といえ、先の施策の一環とみることができるから、この一連の政策は仲麻呂によるものと考えてよく、仲麻呂特有の地方政治の刷新策でもあったといえよう（木本、一九八二）。

この仲麻呂の地方政治刷新策の特徴のひとつが国司への振粛政策である。天平勝宝六年九月には、諸国司の田租輸納に不正が多く、国民の辛苦が増して、正倉が空しくなっているとして、それを正すために収穫の有無に関わりなくすべて正倉に輸納させるようにし、出挙の利率も五割から三割に下げている。また国司の国内での私的な交易物の輸送を禁止するなどしている。

また天平宝字二年九月には国司交替の期限を新たに定めている。新旧国司の交替・引きつぎについては、令に期限が定められておらず、また延滞の罰則も律には規定されていなかった。そのために新任国司は事務の引きつぎを受けようとはせず、前任国司も意図的に歳月を延ばし、勤務評定の年度を越えて、そのまま帰京して新官職に補任するようなことが多かった。それには官倉に納入すべき租税を未納のまま補塡しないということからの財政的な事務引きつぎが円滑に進まないなどの要因があったのであるが、仲麻呂はこれを「甚だ道理に乖くもの」として、その解決を図ろうとしたのである。

仲麻呂は明法家（法律家）の上申に基づき、「養老選叙令」にある「患って一二〇日が経過しても治癒しない場合には解官する」という規定に準じて、その交替期限を、交替を命じる太政官符到着後一二〇日以内とし、違反した者は解任することにしたのである。

また国司の在任年限についても、「養老選叙令」に六年とあるのを、慶雲三（七〇六）年二月に年限が長いとして四年に短縮していたのを、官吏が頻繁に遷任すると国民が安堵できないし、また交替にかかる経費を節減するということも考慮して、令条どおりに六年に戻している。しかし、在任期間が長くなると、どうしてもそこに不正の土壌が存在することになる。これを予防・解決するための手段として、三年毎に巡察使を派遣して政績を検証し、国民の憂愁を慰問させることにしている。

その一方、四等官のもとで事務を取り扱う史生については、希望者が多いのに六年の年限では任ぜられる機会が少なく、一度も就任することなく空しく帰郷して密かに怨みをいだく者もいることから、四年を年限として、多くの者に史生となる機会を設けたりしている。

続労の復活

また天平宝字三（七五九）年十二月には、仲麻呂の政策として続労の制度が復活している。続労とは、六位以下で無役の散位、五位以上の子孫、勲位者ではあるが無位の者などを、散位寮や国府・軍団などに常勤させて考選に預からせる、つまり昇進の便を図るため、叙位のときに以前の労をつづけさせることである。

大宝三（七〇三）年八月に大宰府の要請によって、九州諸国の無位の勲位者に許されたが、全国的には慶雲元（七〇四）年六月に勲七等以下の無位の者を軍団に三年間勤務させ、一年間の考（勤務評定）に相当させることにしたのがはじまりである。養老二（七一八）年四月には、理をもって解任された郡司の判官・主典である主政・主帳の者を国府に勤務させるなどし、同五年六月には勤務しない代りに続労銭を納めて労を継続することも認めた。さらに天平三（七三一）年十二月には、武散位（武官で有位者であるが未任官の者）の定額（定員）を二〇〇人と定め、同七年五月には地方の外散位や勲位者の定員も国別に定め、続労銭を許した。

この制度が現実に行われていたことは、平城宮跡から神亀五（七二八）年九月五日付の無位田辺史広□が五百文の続労銭を進めたことを記した木簡がみつかっていることからもわかるが、なぜか天平九年十月になって額外の続労銭が停止されている。その理由としては、銭納の負担が大きく、また社会的弊害の除去、天平七～九年の疫病や凶作による社会情勢を考慮した、惨状のひどい京内に多くいたとされる散位者救済のためとする見解がある一方で（岸、一九六九）、地方豪族の進出への対策の一環とする理解（直木、一九五九）もあって説は定まっていない。

その停止されていた続労を仲麻呂は復活させて、式部省の散位は四〇〇人、蔭子（五位以上の子）・位子（六位～八位の子）・資人併せて二〇〇人、兵部省の散位を二〇〇人と定め、また定額外の続労銭の納入も認めたのである。

続労の停止が、その時の政権担当者の橘諸兄の方針との見解もあるが、これについて諸兄政権が成立するのは、諸兄が右大臣となる天平十年正月であるから、それ以前の同九年十月の停止施策は諸兄の方針とは関係ないとする主張もある。けれども九月二十八日には藤原武智麻呂ら四兄弟が没した後をうけて、諸兄は大納言に昇任して太政官の首班となっていることを思えば、十月七日の続労の停止は諸兄の政策とみてもよい。

仲麻呂は、政権が成立すると、他の諸政策についても諸兄時代の政治を、例えば東北政策などもそうであるが、父の武智麻呂らの行った政治に戻すことをしている。よって、この続労復活の背景にもそのような仲麻呂の意図があり、また同時に考選に関して天平勝宝九(七五七)歳五月から養老令に拠ることにしたことから、考限が延長して官人の昇進が遅れるようになっていたことへの不満をも解決しようとしたものであったと思われる。

3 淳仁天皇の天皇大権

淳仁天皇の評価

このように淳仁天皇のもとで仲麻呂の政治が推進されていったのであるが、天平宝字二(七五八)年十一月二十三日になって、丹波国を由機国、播磨国を須岐国として、淳仁天皇の大嘗祭が行われた。淳仁天皇の即位は八月一日であるから、本来は翌年の同三年に行うべきであるが、この年に斎行されたのには、光明皇太后と仲麻呂の意図があったと考えられる（大平、一九九二）。

そして三日後の二十六日には内外諸司の主典以上を朝堂に集めて恒例の午日の宴が催されて、主典以上、番上官（交替して出勤する者）・学生ら六六七〇人余に布・綿などの賜物があったが、この淳仁の天皇としての存在はどのようなものであったのだろうか。

仲麻呂の傀儡としてのイメージが強く、従来からその地位や権威は低かったとする見解（河内、一九八六）が一般的であり、土橋誠氏も即位当初から天皇権力がなかったとし（土橋、二〇〇五）、遠山美都男氏も一人前と認識されていなかったとの見解を示されている（遠山、二〇〇七）。

確かに淳仁天皇は即位した天平宝字二年八月以降、太上天皇となったものの為政に意欲を示す孝謙太上天皇との関係には微妙なものがあった。孝謙太上天皇には、天皇位にあったときに聖武太上天皇の存在もあり、また前章で述べてきたように母后光明皇太后が紫微中台に拠り、その長官仲麻呂をもって政治を掌握していたことから、天皇として自由に思うような政治を行うことができないうちに、前述のような政治的背景から光明皇太后より退位を促された不満があったからである。

この孝謙太上天皇の不満は、光明皇太后が没した同四年六月以後になると一挙に大きくなって、両者の乖離はやがて対立へと向かうようになるが、ここでは改めて淳仁天皇の天皇大権について河内氏に代表されるような見解で概括してよいのか検証してみよう。

上述のような淳仁天皇の評価理由について、河内氏以下の諸氏は即位の宣命に「不改常典」の字句のないことと、代始改元が行われていないことをあげている。

「不改常典」とは、直系による皇位継承を定めた法とも、皇位継承法を含めた広範な内容をもつ法との見解もあり、一般的には天皇としての正統性を保証するものと理解されている。しかし、『続日本紀』に歴代天皇の即位詔をみてみると、元明天皇と聖武天皇にはみえるが、文武天皇・元正天皇にはみえない。ただ元正天皇は、聖武天皇への譲位の言葉のなかで、「自分は元明から、『不改常典に従い（即位し）、また聖武天皇に（皇位を）伝えよ』といわれた」とのことが、聖武天皇から語られている。

孝謙天皇の場合には、聖武天皇の譲位宣命のなかに、即位した時に元正天皇から仰せられ、これをうけて治政にあたってきたがという用法のなかでの引用であって、孝謙天皇の即位には直接に向けられたものではなく、これにつづく孝謙天皇の即位宣命には元明・聖武両天皇のような自身の言葉としてはみえない。瀧浪貞子氏は、男子嫡系相承を標榜する「不改常典」を持ち出せば、女帝である孝謙天皇自身の立場を否定することになるからだと理解されている（瀧浪、二〇〇四）。また桓武天皇の即位時にはみえるが、父の光仁天皇（こうにんてんのう）にはみえない。

確かに「不改常典」がみえないのは、文武天皇と淳仁・光仁天皇の三人であり、文武天皇は別として淳仁・光仁天皇の二人はともに直系ではなく、皇統を異にしている。その点で皇位継承者として劣性条件を負っていたと思うが、孝謙天皇にも明確な形で「不改常典」が用いられているわけではない。

また代始改元であるが、元正天皇即位時には和銅八（七一五）年が霊亀に、聖武天皇の時には養老八（七二四）年が神亀に、孝謙天皇の時には天平感宝元（七四九）年が天平勝宝に代始改元がなされている。しかし元明天皇即位の慶雲四（七〇七）年七月には代始の改元が行われず、翌五年正月に武蔵国からの銅出現という祥瑞で和銅と改元されている。

このように即位詔に「不改常典」の言葉がないからとか、代始改元が行われていないからといって、六年間にわたって在位していた淳仁が天皇として「一人前と認識されていなかった」と断定するのは早計のような気がする。中野渡俊治氏の「皇太子の地位を経て即位しており、…即位儀・大嘗祭という就任儀礼を経た天皇であることは評価しなければならない」（中野渡、二〇〇二）との見解は注視されてよいと思われる。

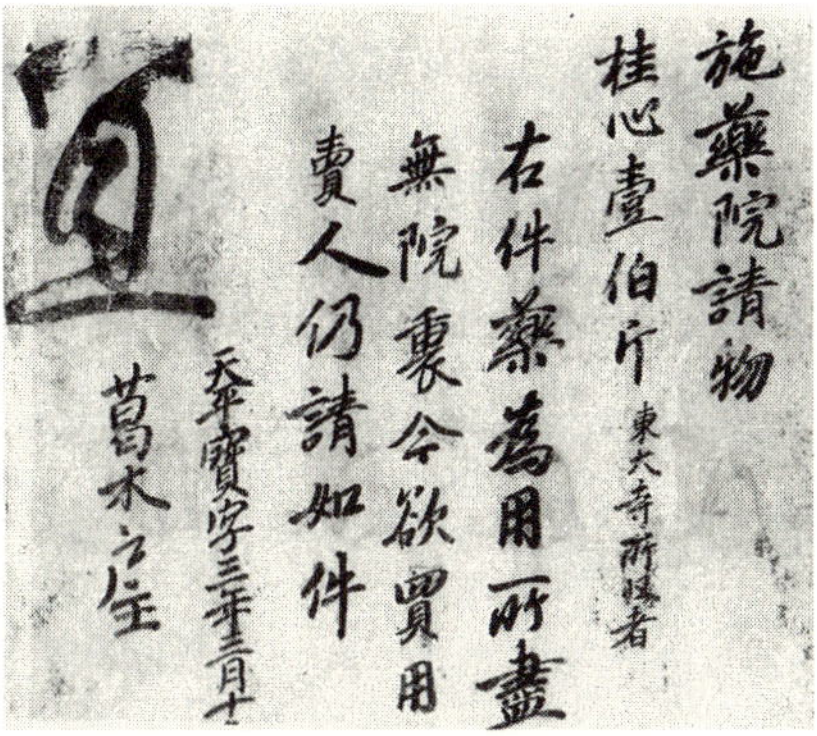
施薬院請物
桂心壹伯斤　東大寺所献者
右件薬為用所盡
無院裏今欲買用
貴人仍請如件
天平寶字三年三月十
葛木戸主

淳仁天皇御画・施薬院請文

淳仁天皇の大嘗会は、平城京時代の七人の天皇のうち、元正・聖武・光仁・桓武の歴代天皇と変わることなく、同じ平城宮東区朝堂院において営まれたことが発掘の成果よりわかっていて、孝謙天皇の平城宮外の南薬園新宮とは異なっていることが確認されている。この大嘗宮の場所からしても淳仁天皇が新帝として、元正以下の四天皇に比べて遜色のなかったことがいえる。

天皇権力とは、その天皇が即位してより後に、どのように権力を発揮し、実権をふるったかであろう。光仁天皇は天智皇孫で、先帝の称徳天皇（孝謙天皇）の直系ではないから、もちろん即位詔に「不改常典」の文言はないが、その在位の一二年間というもの天皇として皇権力を発揮して独自な治政を行っている。

よって天武皇統とはいえ草壁直系でなく、舎人傍系であった淳仁天皇の即位詔に「不改常典」の字句がないのは当然であって、このことを殊更に取りあげて疑問視することは問題である。天皇にとって正統なる皇統者であるかどうかはもちろん重要な要素ではあるが、それによって天皇としての存在に決定的な影響を与えるとの過大な評価はできないと考えられる。あくまでもそれは即位してからの天皇の統治力によるものとの認識も必要である。

不改常典と代始改元の理由以外に、渡辺晃宏氏は「新天皇（淳仁・著者注）の位置づけはまことに低い。…二人（孝謙と淳仁・著者注）を併称する時は『高野天皇（孝謙・著者注）と帝』としている。淳仁よりも孝謙の発言力が強いのである」（渡辺、二〇〇一）といっている。確かに『続日本紀』天平宝字四年正月丙寅（四日）条の記事に「高野天皇と帝が、内安殿に御しまして」等の表記がみえる。

そこでほかに例を探してみると、孝謙天皇や聖武天皇の場合には太上天皇よりも天皇を先に掲記して皇権が優位であるようにみえ、それに対して淳仁天皇のケースは異なって渡辺説を裏づけているようでもあるが、後に廃帝となったことを考慮しての『続日本紀』の叙述かもしれない。

また渡辺氏は、仲麻呂の大師（太政大臣）任官という重要事を孝謙太上天皇が勅したことや、淳仁天皇が父の舎人親王への尊号贈与を光明皇太后から勧められた時に孝謙太上天皇に諮っていることなどをあげて、淳仁天皇が孝謙太上天皇の「いわば傀儡」であって、天皇権力を有していなかったことの論拠としている。

淳仁天皇と孝謙太上天皇　太上天皇と天皇との政治的な関係については、岸俊男氏が文武朝の持統太上天皇、聖武朝の元正太上天皇の例を検討して、太上天皇に政治的権限のあったことを認めており（岸、一九六六）、春名宏昭氏は「新天皇があらたに天皇大権を獲得すると同時に、譲位後の天皇も太上天皇として引き続き天皇大権を掌握した結果、天皇大権を掌握する人格が同時に二人存在することとなった」（春名、一九九〇）と結論づけられている。小林茂文氏も「（光明皇太后の生存中は）孝謙太上天皇と淳仁天皇による共同政治であった」（小林、二〇〇六）とされている。

よって渡辺氏のいうことにも論拠はあるが、仲麻呂の大師任命や舎人親王への尊号贈与という国政の重要事を、淳仁天皇が太上天皇である孝謙に諮ったからといって、同様のことは聖武朝に元正太上天皇が独自に難波宮の皇都宣言をしたり、叙位・賜禄を行っているのがみえていることからしても、文武朝以降の歴代天皇と相違して淳仁天皇だけが特に天皇としての権能に劣ったものがあったとはいえない。中野渡氏は、淳仁天皇が同席していることに注目して、これは元正・聖武天皇の時と同様に太上天皇の単独行為ではなく、そして太上天皇の権能ではないと理解している（中野渡、二〇〇四）。

先に掲記したように、孝謙太上天皇と淳仁天皇の共治を表記したものともとれる『続日本紀』天平宝字四年正月丙寅条等もあるが、渡辺氏の指摘に反して、一方では同三年六月庚戌（十六日）条の「帝、内安殿に御しまして…詔して曰はく」、①同四年正月丁卯（五日）条・②同五年正月戊子（二日）

条・③同六年正月癸未（四日）条の「帝、軒に臨みたまふ」、④同七年正月庚戌（七日）・⑤同月庚申（十七日）両条の「帝、閤門に御しまして」と淳仁天皇単独での国事行為もみられる。

これについては、「軒に臨みたまふ」とは天皇の非公式の出御形態であって、正座である大極殿への出御のない淳仁天皇は天皇権の自立・独占には至らなかったとの主張がある（佐藤、一九九六）。しかし、天平宝字三年正月戊辰（一日）・同四年正月癸亥（一日）・同七年正月甲辰（一日）条は、「大極殿に御しまして、朝を受けたまふ」と記して、「高野天皇及び帝」とないことからすると、直木孝次郎氏らも解するように、淳仁天皇ひとりが皇権者として群臣から朝賀を受けたものと思われる（直木他、一九九〇）から、必ずしも渡辺氏の主張が正しいとはいえない。

②・③は正月の叙位行為であり、つづいて同七年正月壬子（九日）・八年正月乙巳（七日）条の叙位も「帝」とはみえないが淳仁天皇によるものと推量される。斎藤融氏の指摘にもあるように、天平宝字元年〜同八年までの叙位状況は、叙爵に限るが淳仁・仲麻呂派官人は五五人、反淳仁・仲麻呂派（孝謙派）は一九人であって（斎藤、一九八五）、これによっても叙位はおもに淳仁天皇によって行われていたことがわかり、淳仁天皇は天皇としての権能を有していたことが確認できる。

そして、①は渤海国使高南申らの引見、④・⑤も高麗使王新福らへの叙位などの国事行為である。この外交権の行使も叙位と同様に天皇固有の大権であり、新日本古典文学大系本『続日本紀』三が「淳仁も（がｶ）国家大事から疎外されているとは到底考えられず、国政の主導権は制度的にも実態的にも淳仁側のもとにおかれるようになっていったという見方さえできるのではなかろうか」（青木他、一九九二）とし、古市晃氏が国家儀礼や政務は淳仁天皇によって行われ、孝謙太上天皇の関与はなかったとされる（古市、二〇〇五）のは穏当な理解ではないかと思う。

また、淳仁天皇の在位した天平宝字二年八月から同八年十月まで、発せられた詔勅を『続日本紀』にひろってみると、第七章に詳しいが詔一九件、勅四二件（口勅二件含む）である。このうち孝謙太上天皇の意思によるものと確実視されるのは口勅二件と同七年九月四日の道鏡少僧都（しょうそうず）任用の勅くらいで、それ以外の詔勅のほとんどは淳仁天皇によるものと理解される。仁藤敦氏は、法制上も太上天皇に文書行政や官人制など、「統治権の総覧者」という規定がなく、淳仁天皇と太政官の系列こそが正規の意思決定機構であり、太上天皇には独自の機構はなかったとされている（仁藤、二〇〇〇）。

著者も以前から論述してきたことであるが、何よりも即位後の天平宝字二年八月以後には天皇の象徴である「内印」と「駅鈴」は淳仁天皇の保持するところであったこと、補任などの人事異動を検討すると、これもほぼ淳仁・仲麻呂によるものであることを併考するとき、淳仁天皇は孝謙太上天皇より以上に天皇権力を発揮していたものと類推される（木本、二〇〇八i）。

そして、政治施策・叙位・補任状況などから検討すると、光明皇太后が「しかしながら、今では天皇として天下を治められることに日月が重なってきた」（天平宝字三年六月庚戌条）といったように、天平宝字三年五〜六月頃から淳仁天皇を主たる権能者として政治の運営が図られるようになっていったと感じられるが、このことについては次章で述べる。

これらのことは淳仁天皇には意思をうけ宣伝する中務省の侍従など令制官にくわえて、特別に藤（ふじ）

原訓儒麻呂らが勅旨宣伝する役職に任じ、その強化が図られているのに対して、春名・仁藤氏も指摘するように孝謙太上天皇には宣伝する官人が近侍していなかったらしいことなどからも確実なことといえる。

以上、いままでのような傀儡的な淳仁天皇像は修正されるべきであることを論述してきたが、ただ太上天皇の孝謙にも淳仁天皇と同等の天皇大権が認められており、重要な局面においては淳仁天皇とともに臨御することもあり、「口勅」としてその意思を伝えることもあったことは念頭においておかなくてはならない。

第五章　仲麻呂政権の確立——官位官職をきわむ

1　淳仁天皇と藤原仲麻呂政権の確立

天平宝字三（七五九）年五月頃になると、前述のように淳仁天皇に天皇権威も備わってきて、「光明・仲麻呂体制」から、実質的に「淳仁・仲麻呂体制」に移行していったといえる。

義父子関係

仲麻呂の大保（右大臣）就任（淳仁天皇の即位）をもって政権の成立、大師（太政大臣）着任をもって確立とすべき理解もあるし、天平宝字への改元時を確立期とする見解もある（中川、一九九一）。しかし、現実的には『続日本紀』天平宝字三年六月庚戌（十六日）条に、

太皇太后の御命以て朕に語らひ宣りたまはく、太政の始は、人の心未だ定まらず在りしかば、吾が

子して皇太子と定めて先づ君の位に昇げ奉り畢へて、諸の意静まり了てなむ後に傍の上をば宣りたまはむとしてなも抑へて在りつる。然るに今は君と坐して御宇す事日月重なりぬ。

との、光明皇太后の淳仁天皇が天皇らしく安定してきて、今では天皇として天下を治めることに日月も重なってきたとする発言にもあるように、この期が仲麻呂政権確立の画期とするのがよいように思われる。

この前後に、平準署と常平倉の設置、官人の「律令」や『維城典訓』の必読、新羅征討計画の本格化、出羽国雄勝・平鹿二郡の建郡にはじまる蝦夷政策など、仲麻呂の特徴ある政治が相つづいて実施されていることが、その証である。この時に淳仁天皇は、

庶はくは、博く嘉言を採り、傍く妙略を詢りて、衆智に馮りて国を益し、群明に拠りて人を利せむと欲ふ。百官の五位已上と緇徒の師位已上とに命せて、悉く意見を書し、密封して表を奉り、直く言ひ正しく対ひて、隠諱すること有ること勿かるべし。朕、宰相と審かに可否を簡はむ。

と宣言して、広く建言と知恵を求め、衆智に馮って国益を増し、多くの賢人の尽力で人びとに利をもたらそうと願っているとして、五位以上と僧侶の師位以上のすべての者に意見を密封して奉るように命じ、その上表は自分と宰相の仲麻呂とで可否を決定するといっている（『続日本紀』天平宝字三年五月

甲戌条)。

このことは、淳仁天皇とともに、仲麻呂の施政への新たなる強い意志を看取することができ、ここに淳仁・仲麻呂政権が確立したことを思わせる。

その現れのひとつが五月十七日の人事異動であろう。この人事異動は、左中弁に大伴犬養(おおとものいぬかい)、右少弁に布勢人主(ふせのひとぬし)を充て、あとは文部・仁部・節部三省の少輔、左右京大夫・亮、和泉・美濃・播磨・紀伊など七国守、大和・河内・近江など六国介を任じるなどした小幅な人事であるが、仲麻呂が淳仁天皇即位前の同元年七月に起きた橘奈良麻呂の変に対処するため、その前月に行った大幅な人事以降二年ぶりの人事である。

仲麻呂が政権運営のうえで構想する人員配置は同元年六月の人事でだいたい済んでいたが、その後の事態をうけて行われたのがこの人事であったといえる。太政官の中枢である弁官と、左右京をはじめ大和・河内・和泉の畿内国と周辺の近江・紀伊などの国司を異動していること、またこれから半月後の七月三日にも左右大弁・左中弁を中心とする人事異動を行っているのは、淳仁・仲麻呂の新政治体制の成立にともなうものであったとみられる。

そして、これら一連の政治状況をうけ、翌六月十六日に淳仁天皇が光明皇太后の勧めに従って、父である舎人親王(とねりしんのう)に崇道尽敬皇帝(すどうじんきょうこうてい)との天皇称号を贈り、母の当麻山背(たいまのやましろ)を大夫人(だいぶにん)と称し、兄弟姉妹を親王としたことは、即位してから一年近く経って直系皇統ではないという劣性を淳仁天皇が克服して、天皇としての存在が認知されてきていたことを示している。そのことは光明皇太后の前掲の言葉にも現れている。

そして、この慶事を臣下とともに喜ぼうということで、臨時の叙位を四〇名弱に行っているが、その大半は淳仁天皇の兄である船王・池田王、真先・久須麻呂・朝狩・小弓麻呂・薩雄ら仲麻呂の息子や実弟の藤原巨勢麻呂、娘婿の藤原御楯をはじめ仲石伴・大伴犬養・阿倍嶋麻呂らの親仲麻呂派の人達であった。なかでも仲麻呂に対して淳仁天皇は、

> 大保をばただに卿とのみは念さず、朕が父と、また藤原伊良豆売をばははとなも念す。是を以て治め賜はむと勅りたまへど、遍重ねて辞び申すに依りて、黙在らむとすれども、止む事を得ず。然るに此の家の子どもは朕がはらからに在る物をや親王たち治め賜ふ日に治め賜はず在らむとしてなも、汝たちに冠位上げ賜ひ治め賜ふ。……今また過無く仕へ奉る人をば慈び賜ひ治め賜ひ忘れ賜はじと宣りたまふ天皇が御命を（『続日本紀』同三年六月庚戌条）、

と、仲麻呂をただの臣下とは思わず、自分の父とも、仲麻呂の妻の藤原袁比良を母とも思い、その息子たちを自分の兄弟と同様の存在であるということで位を授けるといっている。また仲麻呂家の人びとのように過ちなく仕えている人たちを優遇し、忘れないとも公言している。

天平宝字四年正月二日、淳仁天皇は仲麻呂の邸宅に行幸して、五位以上と従幸した諸司主典以上の官人に節部省（大蔵省）の絁と綿を賜っている。この淳仁天皇の正月二日の行幸は、平安時代でい

う年頭に天皇が、太上天皇や皇太后である父母に孝道観念から拝礼するための朝覲行幸（ちょうきんぎょうこう）に通じるものがある。

天皇の父母が必ずしも太上天皇や皇太后とは限らない。聖武天皇が天平十二（七四〇）年に橘諸兄（たちばなのもろえ）の相楽別業（さがらかのべちごう）に行幸したときは五月で、称徳女帝の神護景雲三（七六九）年の吉備真備（きびのまきび）宅へは二月であって、これなどの臣下宅への行幸とは意味あいが違う。淳仁天皇と仲麻呂のより密接な関係というより、前述した淳仁天皇の「朕が父とも、また藤原伊良豆売を母とも思う」との言葉を体現した義父子関係を表すものといってもよい。

ここに、前掲したように淳仁天皇が仲麻呂とで上表の意見の可否を決するとしたことがみえるように、淳仁・仲麻呂政治体制が、二人の義父子関係のもとに成立していたことがわかる。

律令の必読

その淳仁・仲麻呂政治体制の治政を進めるうえにおいて、仲麻呂が最も重視したのが、以下の『続日本紀』天平宝字三年六月丙辰（二十二日）条にみえる『維城典訓』と律令格式の必読である。淳仁天皇の勅語としてみえており、まず国を治める要は人材を選ぶことにあり、選んだ人材の能力に任せれば国民は安心し、国も豊かになると述べ、ひそかに中央・地方官人の素行をみると、恥を知ることがなく、盗み取ろうということがあるから教導すべきであるとしている。そして、

その維城典訓は、政（まつりごと）を為す規模を叙し、身を脩むる検括を著す。律令格式は、当今の要務を録

し、庶官の紀綱を具ふ。並に是れ、上を安し民を治むる道を窮め、世を済ひ化を翊くる宜を尽す。……仁義礼智信の善を修め習ひ、貪瞋痴淫盗の悪を戒しめ慎み、兼ねて前の二色の書を読む者有らば、挙してこれを察て、品に随ひて昇げ進めむ。今より已後、この色を除く外、史生已上に任用すること得ざれ。

とつづけている。

『維城典訓』について詳しくは後述するが、ここでは政治を行う模範を示し、自分の行いを整えるきまりを著したものであり、また律令格式は今の大切な職務を記録し、官人の規律を備えたものであると規定している。そして、仁義礼智信という善を修め、貪瞋（怒ること）痴淫盗という悪を慎み、『維城典訓』・律令格式を必読すれば推挙・昇進させるが、今後はこれ以外の者は史生以上には任用しないというものである。

この勅語によって、仲麻呂の政治的な基本方針は、儒教主義に基づく律令を基本とする官人社会による国家運営であったことがわかる。

そして、この日には淳仁天皇の要請に応えて官人・僧侶らが上奏した意見について、仲麻呂との合議によって、中納言石川年足らが具申したものが実施されることになった。

年足は、法規を官司別に分類整理した「別式」の作成を願い、律令とともに実施されることを望んだが、これは後に二〇巻として成立している。また参議の文室智努と少僧都慈訓が上奏した、天下の諸寺では毎年正月に吉祥悔過を行っているが、官からの布施を騙し取る僧の多いことから官の布施を停止し、貪欲な僧侶を制止することや、氷上塩焼の三世王以下の王禄（春秋の時服料）の支給に、臣下と同じような出勤日数を数えることを停止して欲しいこと、播磨大掾山田古麻呂の男子五人以上が正丁年齢（二一歳）に達した場合には、その父の課役を免除することの意見などが採用されている。

このような具申以外にも、破損した寺院を修理するという興福寺僧の玄基の、私度僧を禁断すべきという元興寺僧の教玄の、駅路の両側に果樹を植えるべきだという東大寺僧の普照の、殺生禁断のために放生池を設けるべきだとする唐僧の曇静の意見などが上奏・裁可されたが（『政事要略』巻二三・『扶桑略記』等）、いずれも中国の例に倣ったもので日本の社会には合わなかったこともあって実施されなかったという。

しかし、淳仁天皇のもとで仲麻呂の領導する政治体制、つまり淳仁・仲麻呂体制の確立にあたって、播磨大掾という地方国司の一判官の意見をも採用していることからすると、仲麻呂は官人以外にも僧侶を含めて広く意見を聴取して、それを政治に反映させようとしていたことがわかるとともに、その内容に律令の重視と「別式」の採用、僧侶への厳格な対応など、仲麻呂の基本的な政治方針をみてとることができる。

授刀衛の設置

そして天平宝字三（七五九）年十一月には造宮輔の中臣丸張弓らを派遣して、保良宮の造営を命じるなどしているが、このことは次節で詳細に論じるとして、十二月には授刀衛が新たに設置され、督を従四位上相当とするなど四等官の相当位が定められている。

	長官	次官	判官	主典
鎮国衛	大尉・正三位	驍騎将軍・従四上 次将・正五下	将監・従六上	将曹・従七上
授刀衛	督・従四上	佐・正五上	大尉・従六上 少尉・正七上	大志・従七下 少志・正八下
左右虎賁衛	督(率)・従五上	佐(翼)・正六下	大尉・正七下 少尉・従七上	大志・従八上 少志・従八下
左右勇士衛	督(率)・正五上	佐(翼)・従五下	大尉・従六下 少尉・正七上	大志・正八下 少志・従八上
司門衛	督・正五上	佐・従五下	大尉・従六下 少尉・正七上	大志・正八下 少志・従八上

衛府四等官の相当官位

授刀衛は、慶雲四（七〇七）年七月にはじめておかれた第一次授刀舎人（たちはきのとねり）を淵源としている。授刀舎人の職掌は、「義解禄令」兵衛条本註に「授刀舎人もまた此に准じる」とあるから、兵衛（虎賁衛（こほんのえ））と近似したものであったことがわかる。

その後、授刀舎人は、神亀五（七二八）年七月に長屋王との対決を意識した藤原氏によって、その武力基盤として創設された中衛府（ちゅうえふ）に繰りいれられ解消した。しかし、天平十八（七四六）年二月になって、天皇の行幸等の際に騎馬で近侍する騎舎人を改めて授刀舎人とする第二次授刀舎人が成立し、職掌も天皇側近の帯刀近侍職へと転じた。

この第二次授刀舎人について、橘諸兄が政権の危機に直面してとった政策だとする笹山晴生説（笹山、一九八五）もあるが、授刀舎人・授刀衛は藤原氏とともにあり、天平十八年は橘諸兄と藤原仲麻呂とのあいだで勢力が拮抗していたが、この期を分水嶺として仲麻呂の勢力が圧倒してゆくことを考慮すると、仲麻呂の主導するところであったといってよい。

鎮国衛（中衛府）とこの授刀衛は、仲麻呂の軍事基盤をなす衛府（えふ）であって、天平勝宝八（七五六）歳七月、中衛府舎人の定員が三〇〇人から四〇〇人に増員されたのにともない、授刀舎人も同じ四〇〇人と定められているが、考選賜禄名籍（みょうじゃく）は中衛府に属するとある。よって笹山氏は、仲麻呂派ではない授刀舎人が仲麻呂の支配する中衛府に吸収されたとするが、「授刀舎人と名づけ、中衛舎人とすることのないように」（『続日本紀』天平勝宝八歳七月己巳条）とあるから、中衛府に吸収されたわけではなく、第一次授刀舎人の考選賜禄名籍など兵士を管理する授刀舎人寮のような官司がまだ設立されていなかったことからの便宜的な処置で、授刀舎人という兵士は中衛舎人と別に存在していたのである（木本、一九九三：ii）。

ただ、なぜ官制化しないで授刀舎人を四〇〇人まで増員したのかということであるが、これは翌年の天平勝宝九歳七月の敵対する橘奈良麻呂・大伴古麻呂らを中心とするクーデターに対応するために、仲麻呂が急いでとった対抗措置であったからであろう。その矛盾を解決したのが、この授刀衛という官司の設置であったというわけである。

巡察使の派遣

授刀衛設置直後の天平宝字三（七五九）年十二月四日、仲麻呂は巡察使の派遣を予告している。巡察使は唐の制度をうけたものであり、次章第一節の「藤原仲麻呂の唐風政策」で論じるのもよいが、しかし巡察使は仲麻呂の以前からのものであるから、唐風政策とはいっても仲麻呂独自の政策ではないので、時系列にここでふれてみる。

仲麻呂は、この時に武蔵国で九〇〇町、備中国で二〇〇町もの隠没田（租を納めないことから官の所有となった隠し田）がみつかったことから、全国にわたって摘発し、検田するために巡察使を派遣、巡察使が国境に着くまえに隠し田を自首したならば免罪にするとしている。

そして年が明けた同四年正月二十一日、次頁の一覧表のような東海道をはじめ七道の巡察使を「民俗を観察して、そして校田する」（『続日本紀』天平宝字四年正月癸未条）という目的で任命している。

元来、巡察使というのは、唐の太宗の貞観二十（六四六）年正月に、孫伏伽など二二人を四方に派遣して、地方官の政績を巡視し黜陟したものに倣ったもので、この時には進擢した者二〇人、死罪七人、流罪以下免黜者数百人であったという（『唐会要』巻七七）。

我が国では「養老職員令」に太政官に属するものとして明記されており、常置官ではないが、清正灼然なる者を任命し、諸国を巡察させるというものであって、巡察の具体的な事条や人員は、その時に定めることになっていたが、その実施は早く天武天皇十四（六八五）年に遡るらしい。

仲麻呂による巡察使派遣は、この度がはじめてではない。天平勝宝六（七五四）年十一月に、畿内使に池田王、山陽道使に阿倍毛人、南海道使に多治比木人、西海道に紀飯麻呂らの仲麻呂派の官人が任じられ、畿内七道に派遣されている。この時の巡察使がどのような目的で派遣されたのかは明確ではないが、九月十五日に出された「諸国司は利潤を貪り求めるために田租の納入は正しく行われず、出挙した正税の取り立ても偽りが多い。そのために国民の苦しみは増し、正倉は空しくなっている」

との勅の趣旨に拠ったものであろう（林、一九五七）。

そして、前述のように天平宝字二年十月には、国司の年限を六年に延長したのにともない三年毎に巡察使を派遣することをいっているから、仲麻呂のなかには常に地方国司の振粛ということがあったのであろう。天平勝宝六年と、天平宝字元年度は巡察使ではなく後述のように問民苦使ではあるが、この天平宝字四年と、仲麻呂のいったようにほぼ三年毎に巡察使は派遣されているのである。

この同四年度の巡察使は、翌五年五月頃にはまだ巡察中であったらしく、五月十九日には疫病によって患い苦しんでいる者には国司とともに賑給（しんごう）することを命じられている。七月には西海道の紀牛養（きのうしかい）が、九州諸国が年毎に武器の作成を徹底することについて上申している。また八月一日には巡察結果によって、美作介の県犬養沙弥麻呂（あがたいぬかいのさみまろ）が、長官の国守紀飯麻呂の許可をうけることなく勝手に政治を行い、公文書に公印を捺し、時価を無視して庶民の物資を強制的に購入していたとして、飯麻呂から告発・解任されているから、六月か七月中に巡察使は帰京したのであろう。

道別	巡察使	官位	本官
東海道	藤原楓麻呂	従五下	文部少輔
東山道	石川公成	従五下	仁部少輔
北陸道	石上奥継	従六上	河内少掾
山陰道	淡海三船	正六上	尾張介
山陽道	布勢人主	従五下	右少弁
南海道	馬　夷麿	外従五下	典薬頭
西海道	紀　牛養	従五下	武部少輔

天平宝字四年度の巡察使

ただ、この度の巡察使で注目されるのは、「民俗を観察」することよりも「田を校（かんが）える」、つまり「校田」が事条とい

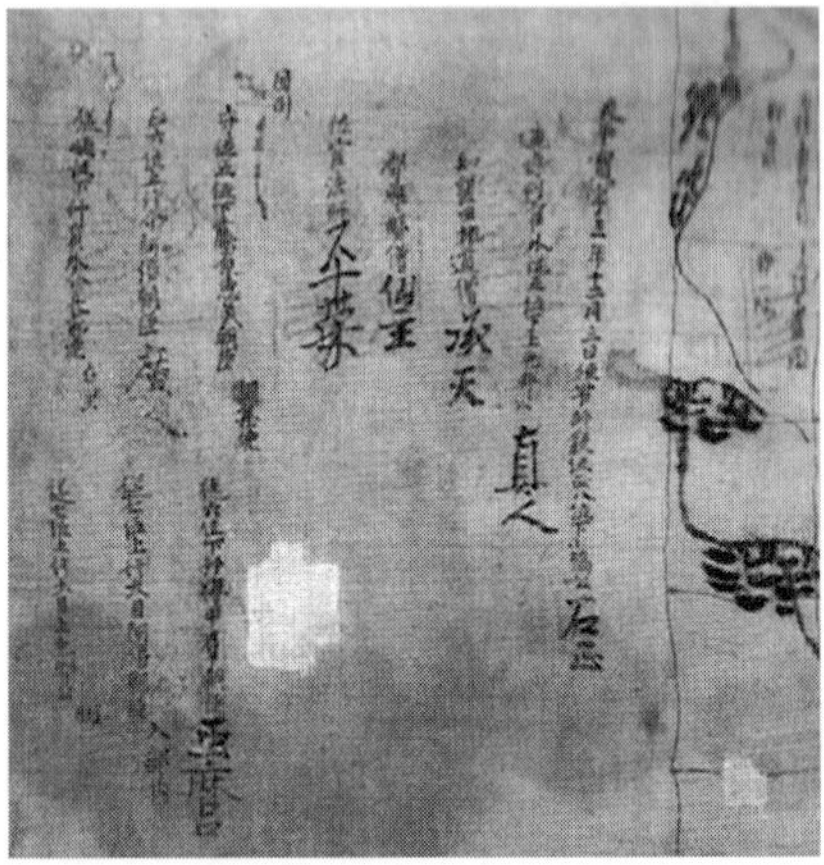

東大寺領越前国足羽郡糞置村開田図

うことであった。私的に開墾して田租を納めず摘発・没収された隠没田が、武蔵国一国で九〇〇町に及んだということからすると、全国ではとてつもない町歩数にのぼることが想像される。十一月にとられた諸国の隠田を摘発して正丁に給付、残る田を乗田として、貧しい家に耕作させ、家業を続けさせて、憂いている人を安心させたいとする方針は、仲麻呂の儒教的徳治主義に基づく土地政策が公田拡大を基本としていたことを明示している。

　この公田拡大策は、後述の北陸道巡察使の石上奥継の動向によっても確認される。想像を絶するような町歩数の墾田は、富豪の輩によっても開発されたであろうが、一方で官大寺によるものも多大であった。天平勝宝元年七月には墾田の所有が、東大寺に四〇〇〇町、元興寺に二〇〇〇町、大安・薬師・興福の各寺に一〇〇〇町まで拡大規制されたこともあって（『続日本紀』天平勝宝元年七月乙巳条）、墾田開発は一挙に進捗することになる。

　東大寺では、平栄という僧が天平感宝元（七四九）年に越前・越中国に寺家野占使・占墾地使として赴き寺地を占定し、また天平宝字二〜三年にも同国で寺田勘使・検田使を務めているなど寺地の開発に積極的であった。図版として掲げたのは、ちょうどこの頃天平宝字三年十二月の越前国足羽郡糞置村（福井市帆谷町・二上町付近）の「東大寺開田図」である。署名はないが「守従五位下藤原恵美朝臣」とあるのは、仲麻呂の息子薩雄である。

これらの諸大官寺の墾開田の膨張に対して、仲麻呂政権は可及的に寺田を収公すると同時に、農民の墾田を保護する政策をとっているのである。先の薩雄も、越前守在任中に坂井郡大領である品遅部広耳が東大寺に寄進した寺田について、百姓の口分田と相換することを仲麻呂からの命令をうけて許可しなかったことが知られている（『寧楽遺文』中巻七一二〜三頁）。

また「越前国司解」によると、「校田駅使」石上奥継は、東大寺田を強硬手段で収公、翌年口分田として班給したことはよく知られている（『寧楽遺文』中巻六七〇頁）。また「民部省符伊賀国司」にも天平宝字五年に巡察使と国司らが、寺家の雑色供分の田を割き取って、百姓らに給わったことがみえている（『寧楽遺文』中巻六五七頁）。

石上奥継が、「越前国司解」に巡察使ではなく校田駅使と記されているところに、この度の巡察使の主目的が仲麻呂の公田拡大策にもとづく「校田」であったことがわかり、また深い関心がはらわれ、かなりの成果をあげたことが知られる。

2 藤原仲麻呂の大師就任

大師就任

天平宝字四（七六〇）年正月四日、叙位が行われ仲麻呂は従一位に昇った。叙位の後、孝謙太上天皇の、

乾政官の大臣には、敢へて仕へ奉るべき人無き時は空しく置きて在る官にあり。然るに今大保は必ず仕へ奉るべしと念しませ、多の遍重ねて勅りたまへども、敢ふましじと為て辞び申し、……忶く劣き押勝がえ仕へ奉るべき官には在らず、恐しと申す。かく申すを、皆人にしもいなと申すに依りて此の官をば授け給はずと知らしむる事得ず。……今此の藤原恵美朝臣の大保を大師の官に仕へ奉れと授け賜ふ天皇が御命を、衆聞きたまへと宣るとのたまふ。即ち、太師（ママ）を召して随身契を賜ふ。

との口勅があり、仲麻呂を大傅（左大臣）を越えて、一挙に大師（太師とも書く・太政大臣）に任じて、そして随身契を賜ったことがみえる（『続日本紀』天平宝字四年正月丙寅条）。

大師は、太政大臣を唐風に改称したものであって、「養老職員令」には、天皇の道徳の師、四海の民の規範、そして政治の姿勢を正し、天地自然の運行を穏やかにすると規定されており、「敢えて仕

えるべき人が無い時には、空しく置いて在る官である」とあるように、「その人が無ければ闕く」という則闕の官であった。過去には天智天皇の嫡子大友皇子や天武天皇の長子である高市皇子が任ぜられたことがあったが、臣下では仲麻呂がはじめてであった。

また仲麻呂が賜った随身契というのは、唐の随身魚符の制度をうけたもので、「養老公式令」に規定されているように、親王や大納言らが非常時に参内する場合に持参し、内裏にある符と照合する通行証の割符のことであるが、実際には行われていなかったらしい。唐風政治を推進していた仲麻呂だけに唐制度に倣ったものであろうが、単なる権威を飾るためであったと理解する一方で（青木他、一九九二）、兵士の徴発や固関など強力な機能をもつものであったのではないかとの見解（直木他、一九九〇）もある。たぶん、その双方とも間違いではないと思う。

この大師に任ぜられたことは、仲麻呂が名実ともに太政官を統括する最高権力者になったということであるが、この大師任命の勅が、淳仁天皇も同座するなかで孝謙太上天皇から口勅で宣せられたことは注視される。淳仁天皇の父舎人親王への尊号追贈に際して、光明皇太后が強く勧めるなかで否定的であった孝謙太上天皇の態度などを併考すると、著者が論述してきたように、天平宝字三年五月前後に成立した淳仁・仲麻呂政治体制をうけて、光明皇太后の勧めもあって、孝謙太上天皇に仲麻呂の太政大臣である大師就任という事実を納得してもらうというか、確認してもらう手段とも考えて、淳仁天皇・仲麻呂が孝謙太上天皇に宣することを求めたのではないかとも推察される。

なんといっても臣下でははじめてのことであったから、公卿官人らが納得するためにも光明皇太后・淳仁天皇ともに孝謙太上天皇の口勅、つまり宣言というものも必要だったのだろう。ただ、孝謙太上天皇と淳仁天皇・仲麻呂との関係は、まだ険悪なものではなかったようで、翌日には孝謙太上天皇と淳仁天皇が揃って仲麻呂の左京四条二坊にあった田村第に行幸している。これは前日の大師任命をうけて、仲麻呂が答礼として孝謙太上天皇と淳仁天皇を供応したものと思われるが、この時に仲麻呂の妻である藤原袁比良が一階昇叙されて正三位を授けられている。

この六カ月後には、淳仁・仲麻呂政治体制の最大の支援者であった光明皇太后が亡くなることを思えば、この前後が淳仁・仲麻呂政治体制が最も盛んであって、また安定していた時期といえるであろう。

『藤氏家伝』の編述

『藤氏家伝』は、いまは上巻としての「鎌足伝」に、鎌足の長子で僧の「貞慧(じょうえ)伝(でん)」が含まれ、下巻として「武智麻呂伝(むちまろでん)」があり、併せて『家伝』、つまり『藤氏家伝』とよばれている。しかし、上巻の末尾に鎌足墓碑の碑文が別巻として付けられ、貞慧と史(不比等)の伝が別にあったとの記事があることから、先に「鎌足伝」「貞慧伝」「史伝」の三本が『家伝』と総称され、平安時代末期頃にいたって「武智麻呂伝」を含めて『家伝』とよばれるようになったのであって、はじめから一書として鎌足・史・武智麻呂の伝記が纏まってはいなかったらしい(横田、一九五六)。

しかし、「鎌足伝」の冒頭には「太師」とあって、仲麻呂自ら曾祖父の鎌足の伝記を著したことがわかり、仲麻呂が大師となった天平宝字四(七六〇)年正月以降に、仲麻呂の意向のもとで『家伝』

に収める「鎌足伝」・「貞慧伝」・「不比等（史）伝」から「武智麻呂伝」へと続く藤原氏の系譜を辿る人びとの伝が一斉に成立したと考える説もある。いずれにしても善功を積んできた藤原氏を強調する「積善余慶」という文言がしばしば用いられていることからもわかるように、この『家伝』には仲麻呂の祖先顕彰の意図があったことは明らかである。

そして、鎌足から武智麻呂へとつづいた藤原南家、さらに仲麻呂自身につながる藤原南家の系譜を重視する構成がなされていることから、仲麻呂が恵美家としての意識を強くもっていたことが想起され、その恵美家の系譜をことさら宣揚しようとする意図が顕著である（増尾、二〇一二）。また『藤氏家伝』の諸伝は、仲麻呂の中国文化への憧憬や歴史編纂への意欲を背景としつつ、功臣が連続して自分まで続くという家系の主張として編纂されたという史料的性格をもつものともとらえることができるという（佐藤、一九九九）。

佐藤信氏は、『家伝』の叙述・表現のなかに、仲麻呂の編纂意図として、先の①藤原氏南家の重視、②天皇との密接な人間関係の結びつきの形成とともに、藤原氏の天皇家と密着した並立的な位置づけの実現、③近江国と近江朝廷の重視、④外交の重視、⑤漢籍の重視、⑥仏教の重視などが指摘できるとされる。

たしかに⑤の漢籍の重視は、仲麻呂の中国文化への憧憬や歴史編纂への意欲を反映したもので、この「鎌足伝」が『漢書』の高帝紀を参照して述作され（植垣、一九六九）、『六韜』をみて鎌足を王佐の軍師に脚色している（北条、二〇一一）ことからも納得できる。それは中大兄皇子を高祖に、鎌足を張良に擬して叙述していることからも間違いない（遠藤、一九九七）。仲麻呂は、人物の事績を中心とする歴史を記述する場合、中国の正史編纂の伝統的な形式である紀伝体に拠り、『漢書』などに倣うべきことを知悉していたのである（沖森、一九九九）。

さて、この「鎌足伝」が何を原拠として仲麻呂によって著されたかであるが、その原資料（原鎌足伝）は、『日本書紀』の原資料と同じで兄弟関係にあるとする説や、原資料をともにしているが、『日本書紀』をも参照している、単純に『日本書紀』を参照していると見解は分かれる。ただ『日本書紀』と類似する記事は、「鎌足伝」が『日本書紀』を利用したものであることは論証されている。

問題は『日本書紀』にみられない記載である。佐藤氏は、横田健一氏の所説（横田、一九五六）に立脚して独自の伝記資料である「古記」が仲麻呂のもとにあったことを想定されているが、この独自の伝記資料説については論拠が薄弱だとして疑問視する説（目崎、一九五七）もある。この点、矢島泉氏は詳細に検討して、じつは独自の所伝の大半は『日本書紀』の記述に拠りつつも、その記述との対応を微妙に避けて独自の鎌足顕彰の文脈を忍び込ませるという、『日本書紀』の権威は認めながらも都合に合わせて自由に解体・改変する方法で巧みに「鎌足伝」に組み込んでいるとされる（矢島、一九九九）。それでも、それぞれのエピソードについての評言などは、編者の仲麻呂自身の見方や個性が感じられて興味深い（沖森、一九九九）。

東北制圧策

仲麻呂の大師任命とともに仲麻呂家では吉事がつづいた。仲麻呂には父武智麻呂時代の政治を受けつごうとする傾向が強いが、まさに武智麻呂を中心とする政府からの課題であった東北制圧策が、この時に出羽国の雄勝城（秋田県雄勝郡羽後町）・陸奥国の桃生城（宮城県石巻市・旧河北町）の完成で成し遂げられたのである。雄勝城はかつては高橋富雄説をとって払田柵跡としていたが、今は新野直吉氏の羽後町説（新野、一九七三）が有力と考えられている（木本、一九九三ⅱ）。

天平九（七三七）年、武智麻呂の主導する政府は、持節大使の藤原麻呂、鎮守府将軍の大野東人らに雄勝村を征して陸奥・出羽両国間の直路を開くことを命じた。しかし、多賀城より比羅保許山（秋田・山形県境の神室山）までを開径するにとどまっていたのである。

仲麻呂は、天平勝宝九（七五七）歳四月に不孝・不恭・不順な者たちを桃生・小勝（雄勝）に移配し、同年七月には橘奈良麻呂の変に関わった黄文王らを小勝に移配して、開墾・農耕を業とする柵戸としていることがみえているが、この措置は両城の築造を前提としたものであった。天平宝字二（七五八）年十月には陸奥国の浮浪人一〇〇〇人を徴発して桃生城の造営を命じて、その調庸を免じ定住させて柵戸としている。そして十二月には坂東八国の騎兵・鎮兵・役夫と、同元年八月に帰降して以降、同二年六月には種子を支給するなどして営田させ、王民としていた夷俘（服属した蝦夷）一六九〇人を徴発して、桃生・小勝両城の造営を命じている。

しかし、造営がはじまったのは雪どけを待って翌同三年三月からであって、九月になって桃生・雄勝両城の造営にあたった郡司・軍毅・鎮兵・馬子（馬丁）ら八一八〇人を慰労して、出挙の本稲・利稲を免除している。

この両城の造営をうけて、出羽国に雄勝・平鹿の二郡が建郡され、玉野（山形県尾花沢市）・避翼（山形県最上郡舟形町）・平戈（山形県最上郡金山町）・横河（不詳）・雄勝・助河（不詳）の駅家と、玉野駅家から陸奥国に通じる嶺基駅家（不詳）が新置された。また坂東八国と越前・越中・越後・能登四国の浮浪人二〇〇〇人を遷して、雄勝建郡にともない柵戸としている。この後も同四年三月には、奈良麻呂の変によって没官となった私奴婢五一〇人を良民としてやはり雄勝に配している。

また同三年九月をもって、桃生・雄勝両城造営のために徴発されていた相模・上総・下総・常陸・上野・下野・武蔵七国の軍士の器仗をそのまま両城に貯蔵することも命じているが、これら郡司・軍毅らへの慰労と軍士器仗の貯蔵から、ここに仲麻呂宿願の東北制圧策が成ったことが知られる。

この東北制圧のいちばんの功労者は、天平勝宝九歳七月から陸奥守に任じて、一連の施策をおし進めてきた陸奥国按察使兼鎮守将軍であった息子の朝狩であった。天平宝字四年正月に朝狩は、「前任の将軍がなかなか成就できなかったこのことを、荒ぶる夷を教え導いて、天皇の徳化に馴れ従わせ、一度も戦を労することなく雄勝城を造ったこと、また牡鹿郡では大河の北上川を渡り、高くけわしい峰を越えて桃生城を作り、賊の中心地を攻略する功績をあげた」（『続日本紀』天平宝字四年正月丙寅条）として、二階昇って従四位下に叙せられている。朝狩とともに、陸奥介兼鎮守副将軍の百済足人、出羽守小野竹良、出羽介百済王三忠らも昇叙されるとともに、それは広く従軍した国郡司や軍団の指揮官の軍毅などにも及んでいる。

武智麻呂以降の聖武天皇朝にもたびたび実施されようとした東北地方の制圧策がいままで成らなか

ったことを思えば、この条文も誇張にすぎるものではないのかもしれない。この朝狩が成功したのも、時の為政者であった父の仲麻呂との緊密な連携によるものでもあったからであろう。

朝狩の東北制圧策で忘れてはならないのが、多賀城碑のことであろう。かつて、この多賀城碑は後世の偽作とする説が有力であったが、いまは昭和三八（一九六三）年からはじまった多賀城跡の発掘の成果によって当時の真碑に間違いないことが証明された。この多賀城碑によって、朝狩は桃生・雄勝両城の造営のみならず、多賀城の修造をも行ったことがわかる。

碑文は一一行、一四一文字で、多賀城が平城京より一五〇〇里、蝦夷国界より一二〇里、常陸国界より四一二里、下野国界より二七四里、靺鞨（まつかつ）（渤海か）国界より三〇〇〇里であることを刻み、つづけて多賀城は大野東人がはじめておき、後に朝狩が修造したとの以下のような記事がある。

此城神亀元年歳次甲子按察使兼鎮守将」軍従四位上勲四等大野朝臣東人之所置」也天平宝字六年歳次壬寅参議東海東山」節度使従四位上仁部省卿兼按察使鎮守」将軍藤原恵美朝臣朝狩修造也

天平宝字六年十二月一日　　　（」は改行を示す）

この朝狩の「参議東海東山節度使従四位上仁部省卿兼按察使鎮守将軍」なる官位・官職の表記については、節度使に天平宝字五年十一月、仁部省卿（民部省卿）には同五年十月に任ぜられ、陸奥国按察使と鎮守将軍も同四年正月から在任していたことが『続日本紀』に確認できる。参議には、この建碑日である同六年十二月一日当日に任ぜられている。仁部省卿に補任され帰京して久しい朝狩が、この建碑日を参議という栄職就任の同日と刻ませたのは、自身の顕彰を目的とするためであったからであろう（平川、一九八九）。

しかし問題は「従四位上」である。朝狩は同四年正月に従四位下に叙せられてより従四位上に昇った記録がない。『続日本紀』同六年十二月乙巳（一日）条には「従四位下藤原恵美朝臣朝狩を参議」、後の同八年九月壬子（十八日）条にも、「正四位上真先、従四位下訓儒麻呂・朝狩」とあって矛盾する。これについては自身を顕彰する目的のためにも、大野東人の官位との均衡が必要であったとの理由から事実を偽って、「従四位上」にしたという見解がある。

しかし、そうだと官位の詐称となる。うがちすぎた想像かもしれないが、著者は十二月一日の人事で、朝狩は参議とともに従四位上にも昇叙することが予定されていたのではないかと思う。この時には兄の真先が従四位上から二年を経過して正四位上に昇叙されている。この時点での朝狩の従四位下は三年になる。もう昇叙してもよいと朝狩自身が思っても不思議ではないし、確実視されていたかもしれない。このような不確かな情報が多賀城にもたらされたことによるのが原因ではないかとも思う（木本、一九九六）。

新銭の鋳造

東北制圧策が成果をあげた直後の天平宝字四（七六〇）年三月、仲麻呂は贋金である私鋳銭が流通銭貨の半分にもなっていることの是正を図ろうとした。しかし急に禁断すると混乱が起こることを考慮して、新銭の鋳造を実施し、旧銭和銅銭とともに使用することとしている。銅銭の万年通宝は一に旧銭一〇、銀銭の大平元宝一に対して万年通宝一〇（旧銭一〇〇）、金銭の開基勝宝一に大平元宝一〇（旧銭一〇〇〇）という交換比率であった。

銀銭は和銅銭にもあって、銀銭一に対して銅銭二五の比率であったが、和銅三（七一〇）年九月に流通が停止されている。新銭の大平元宝は鋳造されたとは思うが、遺品もなく確認はされていない。開基勝宝は日本でははじめての金銭であって、西大寺境内などから出土しており、直径約二・四センチ、重さ約一三グラムであった。銭文には、国の基礎を固め（開基）、太平の世が（太平）、長く続く（萬年）との思いがこめられているといわれる。

この新銭の流通は、国民に損を与えず、国にも益があるようにとの願いからであったというが、鋳造差益の増大を図り、これによって新羅征討という国家的事業を推進しようとしたとともに、金銀銭は唐のみの鋳造であったから、文化的に成熟した国家を示そうとした仲麻呂の意図があり（江草、二〇〇四）、仲麻呂政権の権威づけでもあったとされる。

唐では、開元通宝の銅銭・銀銭はもちろん金銭もあったことがわかっており、またこれより二年前の乾元元（七五八）年七月に乾元重宝を鋳造して、旧銭の開元通宝（銅銭）と一対一〇で流通させている。このような情報も仲麻呂の耳に入っていたのかもしれない。

3 恵美太家の成立と妻室・子女たち

恵美太家の成立と田村第

仲麻呂が従一位に昇り、そして大師となったことによって、従来は「式部卿殿」(『大日古』二四巻一九三頁)、「大納言藤原家」(『大日古』四巻九七頁)などとよばれていた仲麻呂家は「太師家」(『大日古』一六巻三七三頁)、そして「恵美太家」(『大日古』五巻四九三頁)とも称されるようになった。

「養老家令職員令」は、官人が従三位に昇ると、家事を統べる家令一人と文案を勘署する書吏一人の要員を官給されて、家司という家政機関をおくことを規定している。そして職事(有官で職務にある者)の一位は、家令・扶・大従・少従・大書吏・少書吏各一人の家政機関をおくとあるから、扶(家令と同じ職掌)と従(家事の検校)を大少従に二名増員し、ここに恵美太家が成立した。

詳細なことはわからないが、仲麻呂家では官給される位分資人(警固・雑務に奉仕する者)一〇〇人、職分資人三〇〇人と帯刀資人一〇〇人の五〇〇人の資人、荘園の管理をはじめ写経事業など、それ以外にも邸宅地跡とされるところから出土した墨書土器に「人給」とあったことから、食物を供給した「人給所」などの家政機関もおかれて、相当数の家事に従事する私的な従者もいたはずで、これを合わせると膨大な人が恵美太家におり、これら大人数の人びとを家令以下の六人が「恵美家印」でもって管理していたのである。

仲麻呂の家政機関の初出は、天平勝宝元（七四九）年八月の東大寺司務所にあてた資人の猪名部常人（いなべのつねひと）を請経使に指定するとの文書であるが、そこには外従五位下の家令田辺某と従八位上の書吏徳廉進（とくのれんしん）とがみえている（『大日古』三巻二七三頁）。家令の田辺は名を欠いているが、たぶん田辺広浜のことで、のちに播磨介・左京亮・近江介などを歴任したが、仲麻呂の乱で殺害され、同族の美濃介上毛野真人（かみつけののまひと）も追放されたらしい（渡辺、一九七二）。

書吏の徳廉進は、このののち天平勝宝四年七月には大書吏とみえている（『大日古』三巻五八五頁）。これは仲麻呂が、同二年正月に従二位に昇ったのにともなって大少書吏をおくことを規定しているのに従ったのであろう。しかし同五年十二月十二日付の文書には「故」と記されていて、その直前に没したことがわかる（『大日古』三巻六四五頁）。

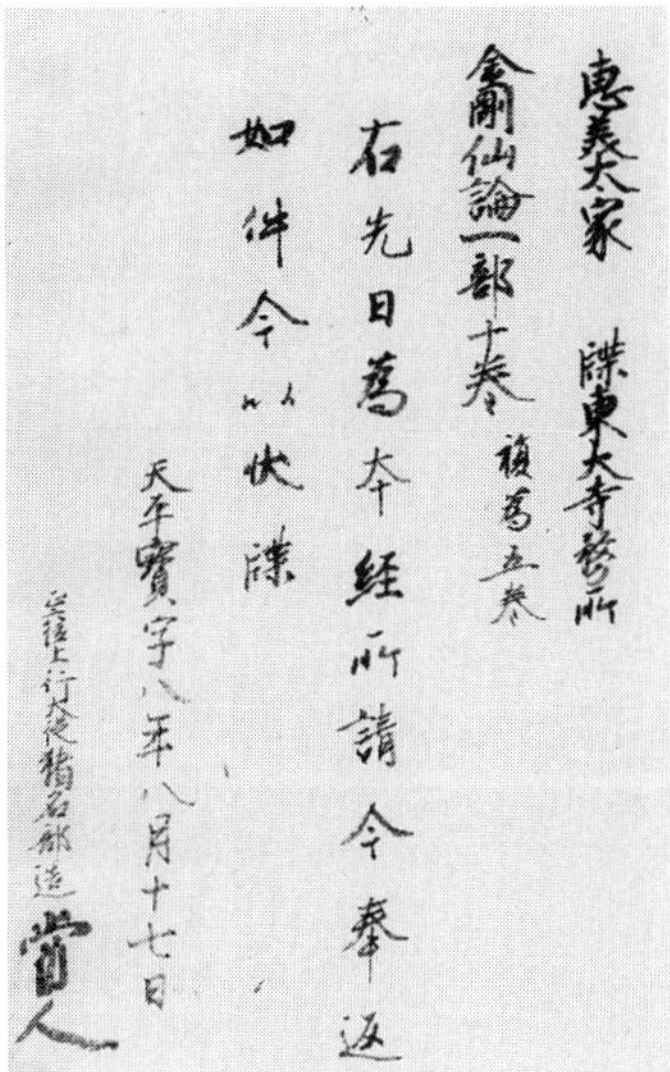
恵美太家　牒東大寺務所
金剛仙論一部十巻　複寫五巻
右先日爲奉経所請令奉返
如件今以状牒
天平寶字八年八月十七日
従八位上行大従猪名部造常人

恵美太家牒

資人の猪名部常人は、のち天平宝字七（七六三）年七月には大従になって（『大日古』一六巻四〇五頁）、訓儒麻呂家の写経所別当をも兼任しており、仲麻呂との個人的な関係はその最期まで一六年以上に及んでいる。また職分資人の高来広人（たかくのひろひと）も同じく息子真先の知宅事として活動している。このように父子の家政機関に同一人が従事しているが、これは恵美太家だけのことではなく、長屋王家でも同じようなことがみえており、王貴族の家政運営のひとつの特色でもあった（森、二〇〇九）。

天平勝宝五年八月になると、家司に新しく家令として古頼比得万呂（こらいのひとくまろ）と家従の調使難波万呂（つきのつかいのなにわまろ）がみえている（『大日古』四巻九七頁）。これらの人物についてはほかに史料がなくわからない。ただ天平宝字七年四月十六日付の東大寺三綱務所宛の「大師家牒」（『大日古』一六巻三七四頁）にみえる「知家事播磨国介外従五位下」の村国武志万呂（むらくにのむしまろ）は、『続日本紀』によれば二日前に播磨介に任じられており、翌同八年正月には越前介に遷任したが、仲麻呂の乱によって解任、位記も剝奪されたことが知られる。同族で美濃少掾の村国嶋主（むらくにのしまぬし）は仲麻呂の乱時に殺害されている。

仲麻呂家の家司に任じた官人や縁戚の者は、当然のことながら仲麻呂の信任をえて、特に基盤国の近江や越前・美濃の三関国（さんげんこく）の国守となった仲麻呂自身や息子たちを補佐する国介に任じられている。このことは仲麻呂が、家司官人を親仲麻呂派の中核として権勢の構築を考えていたことがわかる。

森公章氏は、仲麻呂の家政機関の特徴として、①長期間にわたる奉仕者がいる。②家政に関わる本人だけでなく、その一族も様々な面で仲麻呂家を支えている。③仲麻呂家とその子息の家政機関を兼帯している。④地方豪族出身者を採用している。⑤仲麻呂家の家政統制は卓越している。⑥鎌足―不比等―武智麻呂―仲麻呂へとつづく藤原氏嫡流に通有する性格を有しているなどのことが指摘されるとする（森、一九九五）。

さて、仲麻呂の家司についいで邸宅についてであるが、その邸宅は「大保第」「大師第」ともよばれることもあったが、田村第ともいわれていた。そのことは前述したように、天平勝宝四年四月九日の大仏開眼の儀があった夕に、孝謙天皇が「藤原朝臣仲麻呂田村第」に還御したことや、立太子が決まった大炊王（淳仁天皇）が居住していた仲麻呂田村第から東宮に迎えられたことが、『続日本紀』にみえていることからわかる。最近では左京四条三坊九坪の東堀河から「田村殿解（たむらどののげ）」という木簡も出土している。

また、「養老営繕令」には私第宅では禁止されている楼閣を東西に構え、南面の門は櫓となっており、何度か渤海使を招いての宴などが設けられていることを考えれば、そのための殿舎や庭園も存在した豪壮な様相であったことが類推できる。

ただ、田村第が平城京のどの地にあったのかはよくわからない。古名で田村川との地名があり、それは左京四条二坊の九・一〇・一五・一六の四坪にあたり、「長徳四年諸国諸庄田地注文定」（『東大寺要録』巻六）に、田村地が左京の四条二坊一二坪・五条二坊九坪とみえることから、このあたりに所在したことがわかる。

岸俊男氏は、天平勝宝八歳の記録を写したと思われる延喜二（九〇二）年十二月二十八日付の太政官符に、先の左京四条二坊一二坪の地の北限が小道と田村宮であるとの記述から、田村宮が少なくとも左京四条二坊一一・一二坪にかけて存在したことはまず間違いないこととされた。そして北は三条大路、南は四条大路、東は佐保川、西は菰川に囲まれた、左京四条二坊の東半分九～一六坪を占めていた可能性があり、一一・一二坪の二町は聖武太上天皇の没後の天平勝宝八歳五月二十五日に東大寺に施入されたとされる。

そして、大宮改修時の天平宝字元年五～七月頃には、孝謙天皇や光明皇太后などが田村宮に移御したとの記事が『続日本紀』に散見されるが、この田村宮は田村第の構内に設けられたと理解されている（岸、一九五六ii）。

しかし、当時大納言にすぎなかった仲麻呂の邸宅として八町という広さがふさわしいのか、また田村宮が田村第の別坪に営まれたのか、それとも一体化していたのかなど疑問点はまだ存在する。ただ橘奈良麻呂の変のときに、賀茂角足（かものつのたり）らが仲麻呂暗殺のクーデターを計画した際に、田村宮の図を作成したことがあったが、これは田村宮が田村第と一体化して同義に解されていたことをうかがわすもので、そうであれば豪壮な楼櫓を構えても不思議ではない。

それは、玄宗が長安宮の東南にある興慶宮を拡張して政治をとるようになった故事に倣って、仲麻呂も平城宮の東南にある田村第を田村宮とすることを意識したとも考えられる（奈良国立文化財研究所、一九八五）。

田村第周辺地図

そうすると、仲麻呂の私第がもともとこの地にあったのか、別の場所から移ってきたのかが問題である。田村第跡地とされる左京四条二坊九～一六坪の八町は、奈良国立文化財研究所の一五・一六坪、奈良県立橿原考古学研究所の九坪、奈良市教育委員会の一六坪、元興寺文化財研究所の九坪など一〇カ所ほど発掘されているが、その結果から凡は奈良時代前期には明確な遺構はなく、中期頃から本格的に利用されるようになり、広域の占地と大型の建物が出現する状況になり、直接的な物証は乏しいものの田村第設置との関係を考えることができるという（元興寺文化財研究所、二〇〇九）。

ことに一五坪西側からは一〇坪に跨る大型の礎石建物跡がみつかり二町占地が確認され、これは奈良時代末期まで継続し、九坪からは東西の大型掘立柱建物跡と「人給」「供養」と記した墨書土器や鋳造遺物が出土しているが、それは短期間で廃絶し、その後小規模な井戸が散在したあと末期には坪内を四分割していることがわかっている。これらのことを併考すると、九坪は仲麻呂没後に分割利用されたものの、一〇・一五坪は（一一・一四坪をふくめて四町）そのままで、宝亀六（七七五）～八年頃には「田村の旧宮」（『続日本紀』宝亀六年三月己未条など）、延暦元（七八二）年には「田村の後宮」（『続日本紀』延暦元年十一月丁酉条）、そして同三年頃には右大臣藤原是公（ふじわらのこれきみ）の「田村第」（『続日本紀』延暦三年閏九月乙卯条）として存続したことが想像される。

だが、九坪の発掘を担当された元興寺文化財研究所の佐藤亜聖氏は、発掘成果を熟慮されたうえで上述したこととは異なる見解を考慮しておられる。九坪は出土遺物からして家政機関がおかれていた可能性が高いが、一六坪をふくめてそれは短期間で廃絶し、その後に田村第から切り離され（小規模な井戸が散在した時期）、しばらくして仲麻呂没後に分割されたとし、九・一六坪の切り離された時期を大炊（おおいの）皇太子が即位した天平宝字二年頃として想定されている。つまり大炊皇太子が内裏に入るなどして田村宮としての存在ではなくなったことによって敷地を縮小したというのである。この九・一六坪の切り離しが天平宝字二年か、仲麻呂が没した同八年のことか、考古学の手法ではどちらとも決めることができない。ただ、廃絶にあたって仲麻呂没後になされたであろう徹底的な破壊を免れていることを思えば、天平宝字二年廃止説が有力であって、仲麻呂は一〇・一一・一四・一五坪の四町という藤原京時代の大臣の四町占地の制度に準じようとしたというのである。仲麻呂の人間性を知るうえでも興味ある見解であると思う。

しかし、発掘のいずれもが田村第が予想される八町の北側一部分であって、一一・一四坪を含めて南側の大部分では発掘が行われていないことから、仲麻呂第が別のところから移ってきたのか、父武智麻呂の邸宅をうけついだのをふくめて拡大したものか判断ができない。いまはさらなる発掘の成果を待つしかない。

妻室・子女たち

仲麻呂の男子については、『尊卑分脈』武智麿公孫は系図のように九人をあげている。

けれども、このうち真文・徳壱菩薩は正史である『続日本紀』やそのほかの史料にはみえず、その信憑性は低い。このことからしても『尊卑分脈』の記事は必ずしも信頼できない。しかし、この件については薗田香融氏の詳細な研究（薗田、一九六六）があるから、これを参考に概述してゆこう。

まず仲麻呂の一男と思われるのが、『尊卑分脈』にはみえないが真従である。『続日本紀』廃帝（淳仁天皇）即位前紀には、淳仁天皇は仲麻呂の「亡男真従の寡婦粟田諸姉を妻として」いたことがみえていて、真従が仲麻呂の息子であることが確認できる。真従は天平勝宝元（七四九）年四月に正六位下から従五位下に昇叙し、同年八月には中宮少輔に任じている。薗田氏はおそらく二四・二五歳であったろうとする。仲麻呂の二〇歳前後の出生となるから妥当なところである。

次掲の『尊卑分脈』掲出の兄弟で最も叙爵の早い真先（執弓）の天平勝宝九歳五月、久須麻呂（訓儒麻呂）の天平宝字二（七五七）年八月よりも八・九年も先行しているから真従が一男であることは間違いない。天平勝宝元年八月以後の動向は一切知られず、天平勝宝九歳四月には亡くなっていたのである。仲麻呂の一男であることを勘案すれば、天平勝宝元年以降も頻繁にみえても不思議ではないから、これ以降早い時期の同二〜同三年頃に没したものと思われる。

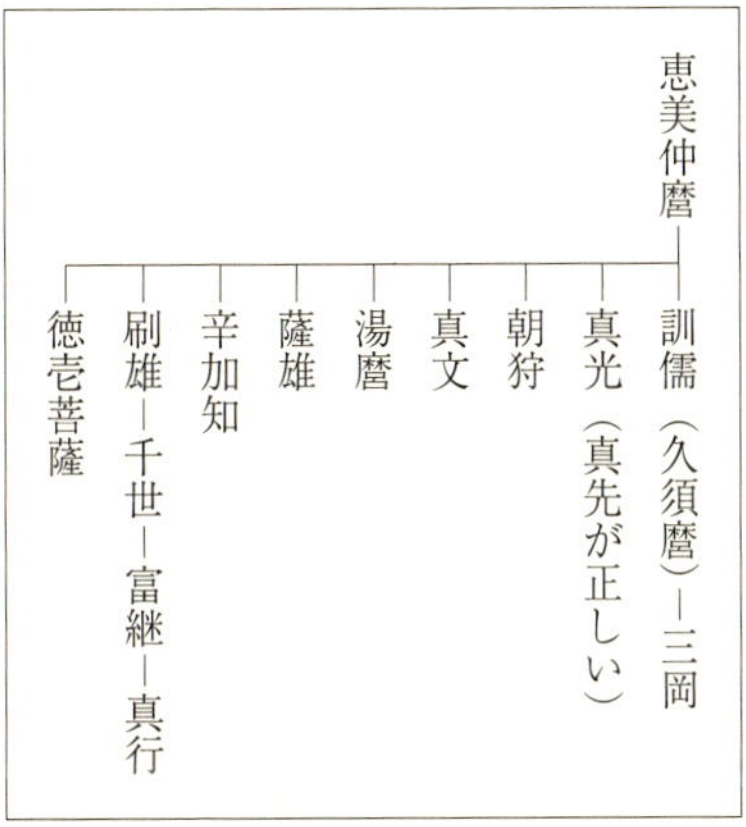

『尊卑分脈』の系図

では二男はというと、真先と久須麻呂の叙爵は一年余の違いで、どちらが年長であるかはこれでは判断できない。『尊卑分脈』だけでなく、『公卿補任』も久須麻呂を一男、真先を二男とする。薗田氏は以後の官位昇進はすべてで真先が先行しており、『続日本紀』がこの二人を併記する場合は真先を前に記しているから真先を兄としている。しかし、この『続日本紀』の表記は官位順に記しているのであって長幼順ではない。けれども久須麻呂が従四位下どまりであるのに対して真先は正四位上で、参議昇任も一年ちかく早いし、名前も一男の真従と真先、「真」の字が通用されていることなどを併考すれば、二男真先、三男久須麻呂とするのが整合的である。

　そうすると『尊卑分脈』が久須麻呂を兄とし、真先を弟としたことと矛盾する。薗田氏ははじめ真先が二男という事実が知られており、一男の真従を見落としていた系譜作者がやむをえず三男の久須麻呂を一男にくりあげて辻褄をあわせようとしたのではないかと推察している。しかし、そのようなことはあるまい。それでは何のための系譜かがわからなくなる。

　『尊卑分脈』の記事をみると、真先・朝狩・湯麿(ゆまろ)らには母の注記がないが、久須麻呂には「参議房(ふさ)前(さき)女」とあって、正妻の袁比良であったことがわかる。『公卿補任』は真先の母を袁比良とし、久須麻呂の母を真先と同母とする。真先の母が袁比良だとすれば、真従の母も袁比良の可能性がでてくる。ただ『尊卑分脈』にすると、久須麻呂が正妻の息子であったことからはじめに一男として掲げたとも考えることができる。いずれにしても真従と真先の実母は袁比良とは違う可能性も残しておきたい。

　袁比良は房前の娘で、房前には牟漏女王(むろのおおきみ)を母とする聖武天皇夫人(ぶにん)、藤原豊成の室となった娘がおり、袁比良はその次の娘であったらしい。袁比良女・袁比良売・宇比良古とも記される。長く後宮にあって、尚蔵(くらのかみ)兼尚侍(ないしのかみ)として実力をふるい、仲麻呂政権をバックアップしたが、天平宝字六年六月に没した。絁一〇〇疋・布一〇〇端・鉄一〇〇廷が賻物(ふもち)として贈られているが、正三位の袁比良にとっては「養老喪葬令」規定より随分と多い。

後宮を支配していた袁比良の死は、この頃から険悪化していた孝謙太上天皇との関係を考えるうえでも重視され、後述するが孝謙太上天皇の淳仁天皇からの大権剥奪宣言にも影響しているように思える。

久須麻呂は、淳仁天皇即位の叙位で叙爵したが、同日の「詔勅草」（写本か）が正倉院に残っており（『大日古』四巻二八四頁）、そこからは久須麻呂は本名を浄弁、真先は弓取と称していて、この日をもって改名したことがわかる。房前の三男八束（やつか）も真楯（またて）に、六男千尋（ちひろ）も御楯に同じように改名している。これは仲麻呂が淳仁天皇の即位を契機として、これら官人に藩屏を期待したものであった。

真先が、「詔勅草」によって弓取であることがわかったが、じつはこの「弓取」は『続日本紀』や

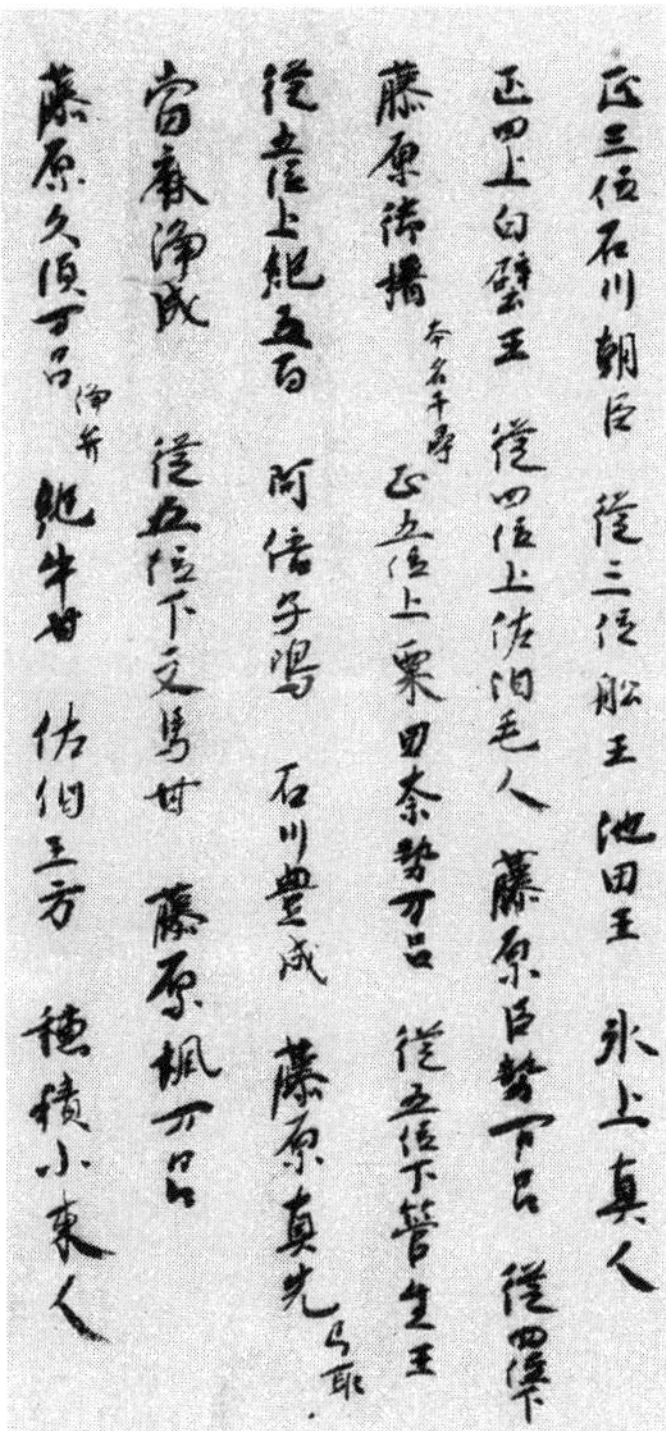

天平宝字二年八月一日詔勅写本

『万葉集』に「執弓」とあることから逆字の誤謬であって、本当は「取弓」が正しい。後述するが『尊卑分脈』の系譜以外に「執棹」という男子もいることを念頭にいれれば「執弓」がなお正しく、名前からして同母である確率が高い。そうすると『万葉集』巻二〇・四四八二番歌に、執弓の播磨介赴任の際に、大原今城が別れを悲しんで作った「堀江越え遠き里まで送り来る君が心は忘らゆましじ」との歌は真先へのものであることがわかる。

その後、真先は天平宝字二年八月四日と思われる文書（野村、一九五六）には大和守（真前とある）・兵部大輔を兼任したとみえる（『大日古』一五巻一三一頁）。また、美濃飛驒信濃按察使、鎮国衛驍騎将軍（中衛少将）を兼任、同六年正月に参議に昇任して、武人派官人として父の政権を支えた。同六年十二月には正四位上に叙せられ、大宰帥に任ぜられているが、これは仲麻呂が新羅征討計画を具体的に進めることを配慮した人事であった。

天平宝字八年九月、仲麻呂が孝謙太上天皇の決起によって平城京から越前をめざしての逃亡の途中に、淳仁天皇を帯同していなかったことから逆賊とされた不利な状況を打開するために、天武皇孫の氷上塩焼を天皇に擁立したのと同時に、朝狩とともに親王に叙せられる三品に預かったが、近江国高島郡三尾埼の決戦で仲麻呂軍の中心として奮戦して敗死した。『尊卑分脈』は、坂上苅田麻呂に射殺されたと記している。

三男久須麻呂、正倉院文書には久須万呂、『続日本紀』は天平宝字六年以降は訓儒麻呂と表記する。先の「詔勅草」によって本名が浄弁であることがわかるから、久須麻呂は改名前の天平宝字二年正月に東海東山道問民苦使に任じたことが知られる。この問民苦使のことは次章に詳細であるので、ここではふれないが、久須麻呂は巡察を終えて帰京後に、老丁（税が半免）を六一歳から六〇歳に、耆老（税が全免）を六六歳から六五歳に一歳繰りさげる税の軽減と毛野川（鬼怒川）の掘防工事を上申して聴許されている。

その後、式部少輔・美濃守・大和守を歴任、天平宝字六年八月には淳仁天皇のもとに侍って勅旨を宣伝する役割を果たしている。これは同年六月の孝謙太上天皇の淳仁天皇からの国家大事賞罰権の剝奪宣言に対応したものであったと思われる。また左右京大夫を併せた左右京尹に任じて、京職独自の兵力を掌握して平城京の治安秩序を担った。同七年四月には参議に昇任したが、同八年九月に孝謙太上天皇が淳仁天皇の保持する御璽・駅鈴の奪取を図った際に、取り戻そうとして坂上苅田麻呂・牡鹿嶋足らによって射殺された。

また久須麻呂は天平十八（七四六）年春頃、一七～一八歳くらいであったろう（薗田、一九六六）、大伴家持の娘に求愛の歌を贈ったようで、これをうけた家持の久須麻呂への歌が五首みえ、これに報える久須麻呂の歌二首も『万葉集』巻四・七九一～七九二番歌としてみえている。家持の妹だとする説もあるが（森田、一九八九 ii）、一二～一三歳くらいだと思われる娘への求愛に、家持はまだ幼いのでと断っている。この歌に喜びをかくしきれず、将来に恋を期待している家持の気持ちがよく表現されているとの解釈もあるが（北山、一九七二）、台頭しつつあった仲麻呂との対立が予想された橘諸兄を敬愛し、後のことではあるが仲麻呂を暗殺する計画に加わった家持からすれば困惑したというのが本当のところではないかと思う（木本、一九九三ⅱ）。

また久須麻呂は写経にも熱心であったらしく、天平宝字八年には「京職尹宅写経所」を設けて、造東大寺司より坤宮官一切経の『開元釈教録』を借用していたが（『大日古』一六巻五五二頁）、八月二十八日には返却を求められ返納したものの、目録はまだ書写が終わっていないので他の本を借用したいと申し送った（『大日古』一六巻五五八頁）などのことが知られる。

仲麻呂が、一族のための写経事業を久須麻呂に担当させたことについて、薗田氏は久須麻呂がかつて僧籍にあって、経典に詳しかった経歴を考慮したからで、天平勝宝七歳八月に東大寺写経所より『六巻章』『円弘章』などを借用した法相宗系統の浄弁という僧侶（『大日古』四巻九八頁）が、じつは久須麻呂であって、浄弁は法諱で還俗後も久須麻呂の改名まで浄弁の名を使っていたとする。久須麻呂の従五位下昇叙時が、四男の朝狩より遅れたのも僧籍にあったからだとする。

つづいて朝狩、『続日本紀』は朝獦・朝猟とも表記する。『尊卑分脈』『公卿補任』はともに三男とするが、一男真従、二男真先、三男久須麻呂となれば、四男ということになる。従五位下に昇叙したのは天平勝宝九歳七月で、久須麻呂の天平宝字二年八月より一年ほど早く、参議への昇任も同六年十二月で同じであるが、従四位下昇叙時は久須麻呂が早く、また『続日本紀』天平宝字八年九月壬子（十八日）条などでも「従四位下訓儒麻呂・朝獦」と同官位でも久須麻呂を先行して記述しているから、やはり四男朝狩で間違いないであろう。

従五位下に昇叙するとともに陸奥守となって、仲麻呂の政策課題のひとつである東北制圧の重責を負ったが、これを成し遂げたことは前述したところである。同五年十月には仁部卿（民部卿）となったが、依然として陸奥出羽按察使を兼任して蝦夷対策など武人派官人として東北政策に重要な役割を果たした。その経験もあってか翌月の新羅征討準備のための節度使任命にあたっては、東海道節度使に補任されているが、同八年九月十八日の決戦によって斬殺された。

五男は『尊卑分脈』や官位昇進順を併考すると湯麿であろう。ただし『続日本紀』は小弓麿・小湯麻呂、正倉院文書は小湯万呂（『大日古』一五巻一三二頁）とも表記する。天平宝字二年八月には丹波介に在任しており、翌同三年六月には従五位下に、同八年正月に従五位上に昇ったが、仲麻呂や兄弟とともに近江湖頭にて斬殺されたらしい。

六男は刷雄である。『尊卑分脈』は「ヨシヲ」とよんで八男とするが、『続日本紀』天平宝字八年九月壬子（十八日）条には、乱の際に「第六子の刷雄は若いときより禅行を修めていることが配慮され、死を免れて隠岐国への配流となった」とあるから六男に間違いない。刷雄が六男であるから、真先・久須麻呂・朝狩・小湯麻呂と一男～六男が確認されると、『尊卑分脈』が四男とした真文がはみ出してしまう。真従の誤謬との感じもするが、いずれにしても確実な史料で確認できないから除外するしかない。

薗田氏は、『尊卑分脈』が六男とする薩雄と、『続日本紀』が六男とする刷雄は、ともに「サツヲ」とよんで同一人物であり、『続日本紀』が両方の文字を混用したために、『尊卑分脈』の系譜作者が別人と速断したと理解されている。しかし、岸氏は史料でははっきり両者を用字上区別できることから別人とするのが正しいとされ（岸、一九六九）、石井英雄氏も同様に別人説を主張されている（石井、一九六七）。一例をあげれば刷雄は天平勝宝四年閏三月に従五位下に無位から直叙、薩雄は天平宝字三年六月に正六位上から従五位下に昇叙している。別人とするのが正しい。

母は『尊卑分脈』には伴犬養の娘とある。犬養の娘は天平初年、たぶん天平四～五年頃に一六～一八歳くらいで仲麻呂のもとに入り、二〇歳前後に刷雄を生んだのであろう。『続日本紀』には妻子徒党三四人が近江湖頭で斬罪となったとあるから、仲麻呂と運命をともにしたかもしれない。大伴犬養（大伴氏は弘仁十四（八二三）年以降伴氏と称した）は、天平十八年十一月に従五位下で式部少輔に任じたが、この時の式部卿は仲麻呂であって、以後は天平感宝元（七四九）年七月に従五位上、天平宝字元年に正五位下、同三年六月には従四位下と順調に昇叙し、そのあいだに少納言・山背守・播磨守・美濃守など枢要国守を歴任して、右衛士督から右中弁・右大弁へと昇任して政権の中枢近くにあった。仲麻呂と義父との関係が働いていると思う。

また『尊卑分脈』は、「一説」として刷雄と徳壱菩薩を同一人物とするが、入唐時の年齢や隠岐国より帰京後の官歴を考慮すると同一人物とは思えない。刷雄は天平勝宝四年閏三月に無位から一挙に従五位下に叙せられているが、これは遣唐留学生として入唐するための叙位であった。

刷雄の帰国は、鑒真との親交を考慮すると同じ時で天平勝宝六年正月のことであろうが、その後の隠岐国配流までの官途については史料になくわからない。ただ宝亀三（七七二）年四月には本位従五位下に復位したとあるから、唐から帰国後の一〇年以上の仲麻呂政権下で一階の昇叙にも預かっていなかったことになる。たぶん官人としていなかったのではないかと思う。刷雄が死罪を免れたのは若いときより禅行を修めていただけではなく、父の政権下での実質的な政治活動がなかったからではないか。

復帰後の宝亀九年正月に従五位上に昇叙、但馬介・但馬守・図書頭・刑部大判事・治部大輔・上総守・大学頭・右大舎人頭（みぎのおおとねりのかみ）を歴任し、延暦十（七九一）年七月に陰陽頭に補任されたのが史料にみえる最後である。

また刷雄は前述のように、鑒真とは親交を深くしたようで、宝亀十年二月に淡海三船（おうみのみふね）が撰述した『唐大和上東征伝』の末尾には、鑒真を傷んで詠んだ五言一首が、思託・石上宅嗣（いそのかみのやかつぐ）・法進・高鶴林らの漢詩とともに収められている。そしてこの刷雄が、仲麻呂の父武智麻呂の伝記を撰述し、鑒真来日のおりに訳語（おさ）を務めた延慶その人であるとする説がある（堀池、一九六五）。しかし延慶の官位外従五位下が刷雄の官位と齟齬をきたすことから別人とするのが通説である。これについては、次章に詳述している。

七男は薩雄である。『尊卑分脈』は「ヒロヲ」とよんでいる。先述のように天平宝字三年六月に小湯麻呂と同時に正六位上から従五位下に昇叙したが、『続日本紀』は小湯麻呂を前に掲げているから小湯麻呂が五男、薩雄が七男とするのが妥当であろう。同元年四月に大炊王が立太子したときに、内舎人（うどねり）として中衛二〇人を率いて東宮に迎えている。従五位下昇叙後に越前守になり、東大寺の寺田開発に厳格であったことは前述した。その後、同八年正月に帰京して右虎賁率（うこほんのかみ）（右兵衛督）に任じて、

藤原袁比良＝③久須麻呂（七三〇頃生）
藤原仲麻呂＝⑥刷雄（七三五頃生）
大伴犬養娘＝①真従（七二五頃生）
　1児従
　②真先（執弓）（七二九頃生）
　⑨執棹（七三九頃生）
妻室A？＝④朝狩（七三二頃生）
　⑤小湯麻呂（七三四頃生）
　⑦薩雄（七三五頃生）
　⑧辛加知（七三七頃生）
　2東子
　3額（比多比）
他妻妾

①〜⑨は男子長幼順，1〜3は女子長幼順

藤原仲麻呂家系図私案

政権の武力的基盤の一翼を担ったが、ともに近江に敗死したらしい。

残るのは、辛加知（からかち）と執棹だが、従五位下昇叙時は、辛加知が天平宝字五年正月、執棹が同七年正月と二年隔たっているから、辛加知が八男であろう。『尊卑分脈』は「シカチ」とよんでいるが、薗田氏は仲麻呂が新羅侵攻を計画していたから韓（新羅）に勝つの意味で名付けたであろう「カラカチ」とよむべきであるとする。後の『続日本紀』刊本もこれを引いている。左虎賁督（左兵衛督）となり、兄の薩雄が帰京したのに替って同八年正月に越前守に任じた。ただ着任は二月九日以降であったらしいが（木本、一九七六）、九月の戦乱時には仲麻呂の越前国への逃亡を予測して先回りした上皇軍の佐伯伊多智（さえきのいたち）らに斬殺されている。

九男の執棹は、従五位下に昇叙した翌年、同八年正月に美濃守となっている。辛加知・執棹兄弟は三関国の国守に任じられ、父の体制強化に重要な役割を果たした。執棹の最期はわからないが、孝謙太上天皇側が美濃国不破関にも固関使を派遣していて、九月二十日に美濃少掾の村国嶋主が誅殺されているから、この美濃国にあった執棹もこの前後に斬罪にあったと思われる。

次に女子についても簡単に述べておこう。まず児従である。『続日本紀』天平宝字三年六月庚戌（十六日）条に「藤原恵美朝臣児従」とあり従四位下に昇叙、同五年八月には藤原御楯第に孝謙太上天皇と淳仁天皇の行幸があったが、その時には室として正四位下を賜っている。すでに天平勝宝四年には無位から従五位下に直叙しているし、一男真従と名前の「従」を同じくしているから同母兄妹の一女、御楯が霊亀元（七一五）年生まれであるから、夫との年齢差が一〇歳以上でなければ姉の可能性

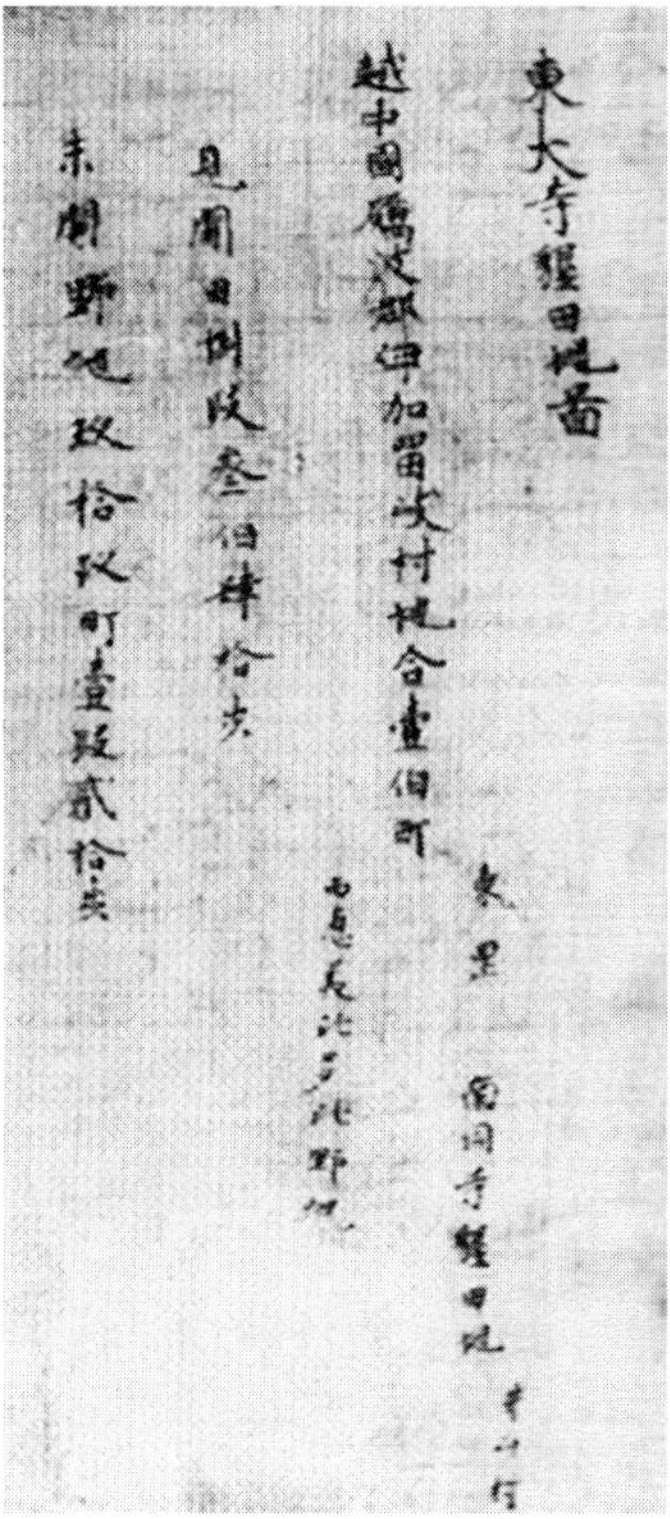

東大寺領越中国礪波郡伊加留岐村墾田図

もある。御楯は仲麻呂政権下では、参議や伊賀近江若狭按察使に授刀督(たちはきのかみ)として義父の政権を支えたが、天平宝字八年六月に没したことが契機となって授刀衛が仲麻呂から離反して、孝謙太上天皇の軍事勢力の主力となり、仲麻呂敗死の要因となった。

二女・三女と思われるのが、東子(あずまこ)と額(ひたい)である。ともに「藤原恵美朝臣」とあって、仲麻呂の娘に違いない。天平宝字五年正月に同じように無位から従五位上に叙されているが、『続日本紀』条文は東子を先に記しているから東子が姉の二女であろう。『日本紀略』弘仁七年四月癸亥（二十八日）条には、散事従四位下の「藤原朝臣東子」なる者が没した記事がみえる。後宮に勤め昇叙を重ね、七〇歳代半ばを過ぎていたはずである。

また正倉院所蔵の神護景雲元（七六七）年十一月十六日付の「東大寺領越中国礪波郡(となみぐん)伊加留岐村(いかるきむら)墾田図」には、東大寺領田の西の野地を所有する人物として「恵美比多比」という者がみえているが、この比多比が額であるとされる。東子・額ともに父や兄弟が斬殺・斬罪されたのとは違って、刷雄とともに死を免れたものと思われる。刷雄は隠岐国に配流されているが、額が称徳天皇（孝謙太上天皇）・道鏡政権下でも野地の所有を認められていることは、東子・額姉妹には罪が及ばなかったのかもしれない。

4　光明皇太后の死と藤原仲麻呂政権

光明皇太后の死

仲麻呂がゆるぎない権勢を構築し大師となったのは、天平宝字四（七六〇）年正月のことであったが、それも長くはつづくことなく、すでに三月の頃より仲麻呂政権崩壊の兆しはあった。この頃、疫病が大流行し、政府は疫病に臥す人や八〇歳以上の老人などに食料・医薬の支給を行ったりしているが、この疫病を主因とする社会的不安からか、右大舎人大允（だいじょう）の大伴上足（おおとものかみたり）という下級官人が災事一〇条を記して、仲麻呂の政府を批判するということもでてきた。告人が身近な弟の大伴矢代（おおとものやしろ）というから仲間うちでのことであるが、このことは仲麻呂への政治的な不満が表出してきた事実として注目される。

何よりも仲麻呂が危惧したことは、淳仁・仲麻呂体制を創出・支援してきた光明皇太后が病気になったことであった。仲麻呂は、光明皇太后の安穏平復を総ての神々に願うように神職に布告し、かつ伊勢神宮の内宮禰宜の神主首名（かんぬしのおびとな）や外宮禰宜の神主枚人（かんぬしのひらひと）らの神職・内人（禰宜の下にあって神事に奉仕する）らをはじめ、諸社の祝部にいたるまで位階を一階昇らせている。

仲麻呂の大師就任も光明皇太后の病状をはかりつつ、仲麻呂が光明皇太后に願ったのかもしれない。同三年五月前後に淳仁・仲麻呂政治体制は実質のうえで確立していたことは既述したが、これも光明皇太后あってのことであるから、その危惧心から大師昇任を望んだ可能性はある。

閏四月、宮中では『大般若経』を転読しているが、これも光明皇太后の快復を願ったものであろうし、同月中に光明皇太后自身が東大寺・大安寺・薬師寺・元興寺・興福寺の五大寺に使者を遣わして、雑薬や蜂蜜を施入している。五月にも平城京内の先の五大寺に、法華寺を加えてであろうか、六大寺に誦経せしめている。『続日本紀』は目的を記さないが、これも時期的なことからいって光明皇太后の病状快復を願ってのことに違いない。

昨年平成二十二（二〇一〇）年十月、明治時代に東大寺大仏の台座から発見されていた大刀二口が、一度は正倉院に納められていた宝物であって、天平宝字三年十二月二十六日に出蔵された陰宝剣・陽宝剣であったのがわかったということがあった。これは陰陽二口の宝剣を大仏に奉献して、光明皇太后の病気回復と安穏を祈るためのものであった可能性も考えられる。

そして、同四年六月七日、光明皇太后が没する。『続日本紀』同四年六月乙丑（七日）条には、

> 天平応真仁正（にんしょう）皇太后崩（かむあが）りましぬ。姓は藤原氏。近江朝の大織冠内大臣鎌足の孫、平城朝の贈正一位太政大臣不比等の女なり。母を贈正一位県犬養橘宿禰三千代（あがたいぬかいのたちばなのすくねみちよ）と曰ふ。……崩する時、春秋六十。……天下の諸国に挙哀（こあい）すること三日、服期三日。

とある。光明皇太后の病状が悪化しはじめた三月から四月にかけて十六カ国に疫病が流行していて、これを救済するために賑給を行っているが、山陽道ぞいの国々が多い。またこの前後には、房前の娘

の藤原夫人（名不詳）や命婦の県犬養八重などの後宮に関係する者、御使王や仲麻呂の弟の乙麻呂（弟麿）が亡くなっていることを思えば、光明皇太后をはじめこれらの人びとは、この時の疫病に罹患した可能性が高い。実弟の乙麻呂も没したことは、仲麻呂にとって重苦の出来事であった。六月、この一カ月は仲麻呂にとって葬事にあけくれた、傷心の日々であったに違いない。

そして同四年七月二十六日、光明皇太后の四九日にあたる法会を東大寺と京内の諸々の寺で行っているが、諸国に命じて阿弥陀浄土の画像を造らせ、『称讃浄土経』を書写、これを国分寺で礼拝供養させている。

その光明皇太后が没してからちょうど二カ月後である同四年八月七日、淳仁天皇は藤原不比等の功績に対して、元正朝には正一位太政大臣が贈られているが、『周礼』に照らすとまだ不足しているからとして、殷王朝を滅ぼすに大功のあった周の太公望呂尚が斉営邱に封ぜられた故事に倣って、近江国一二郡を封じて淡海公としている。これは『周礼』や太公望の故事を引いていることから推察して仲麻呂の発案に違いない。また妻の県犬養橘三千代には正一位を贈り、大夫人と称することを許している。

この時に、光明皇太后の両親である不比等と三千代にこのような処遇がとられていることは、光明皇太后に対する供養を意味するのではないかと思うが、同時に仲麻呂が父の武智麻呂に太政大臣を贈ることを願っていることを併考すると、近江国一二郡を不比等に封じたことは、仲麻呂がさらに近江国への支配を強化する方途でもあったようにも考えられる。

そして十二月になって、光明皇太后の墓を天皇に準じて山陵とし、忌日をこれも天皇に準じて政務を休み斎会を設ける国忌（こき）とする処分をとっている。翌同五年二月に仲麻呂は興福寺で追善法要を行い、檜皮葺の東院一宇を建立し、観世音菩薩立像を安置したのにつづいて、十月にもこの堂宇に阿弥陀浄土図を作成して安置している（『興福寺流記』）。

光明皇太后の一周忌の同五年六月七日には、法会を行うために装束忌日御斎会司という官司がおかれて準備にあたったようである。また法華寺の西南隅に阿弥陀浄土院を造営し、諸国の国分尼寺に命じて阿弥陀仏の丈六像と脇侍の菩薩像二体を造らせている。阿弥陀浄土院は、光明皇太后の発願で同三年の夏頃から造営がはじまり、造東大寺司に属する造金堂所が工事を担当したが、生前には間にあわず光明皇太后の一周忌斎会の伽藍となったのであった。単功（一日一人の仕事）七万五千人の労力と三五〇〇貫の経費をかけて完成したのは皇太后没後の同四年十二月のことであった。

また興福寺には毎年の忌日に『梵網経』を講じさせ、その費用として田四〇町を、法華寺には忌日から七日間の僧一〇人による阿弥陀仏礼拝のために同じく四〇町を施すなど、光明皇太后への追慕は特別であった。

それだけに光明皇太后の死は、淳仁・仲麻呂政権にとって大きな痛手であったことはいうまでもない。これを契機として、孝謙太上天皇の直系皇統からくる淳仁天皇への自負心と、政治への関心からの仲麻呂への不信感が相まった意識が起因となって、孝謙太上天皇と淳仁天皇・仲麻呂との関係は微妙に乖離してゆくようになる。

小治田宮への行幸

天平宝字四（七六〇）年八月半ばになると、淳仁天皇は小治田宮（おはりだのみや）に行幸している。その直前には播磨・備前・備中・讃岐四国の糒三〇〇〇石を貯えさせ、この年の庸調のすべてを小治田宮に収納させている。このことから小治田宮は、大きな倉庫群をともなう大規模な宮であったことが想像されるが、その所在は長く明確ではなかった。

しかし、昭和六十二（一九八七）年の明日香村・雷丘東方遺跡の第三次発掘調査で井戸を検出し、そこから「小治田宮」などと墨書した土器が出土したことから雷丘の東方一帯に比定され、そのⅡ期は天平末年から天平宝字末年と判明し、淳仁天皇の移御した小治田宮に間違いないことが確定した。

この小治田宮とされる雷丘東方遺跡は、広範囲に整地して造営しており、建物や塀は大規模であり、宮殿・官衙などの公的施設以外には考えられないという。また出土した軒瓦・鬼瓦も平城宮式であって、土器なども宮廷生活と密接な関わりを示す内容や構成であり、淳仁天皇が滞在した小治田宮にふさわしいという（木下、二〇〇九）。

何のために淳仁天皇がこの時に飛鳥の小治田宮に移御したのか、その理由ははっきりわからないが、平城宮の改作の可能性が高い。ただ、『続日本紀』天平宝字五年正月癸巳（七日）条に、大史局（陰陽寮）が事を奏するによって、暫く小治田宮に移るとあるから、天文などの密奏によるものであったのかもしれない。

いずれにしても、発掘の成果による小治田宮の大規模な様相からして確たる理由があったのではなかろうか。大史局は、官号改易でも寮司では内史局（図書寮）と二寮のみ改易されていることを思えば、仲麻呂が重視していた官司であり、その奏に拠っているからには、この小治田宮への淳仁天皇の移御には仲麻呂の意志が大きく影響していたと推察され、仲麻呂も同行していたものと思われる。

同五年の元旦には、新宮が未完成のために朝賀の儀式が廃止（廃朝）になっている。この新宮を保良宮とする解釈もあるが、廃朝とするからには天皇が居なくてならない。保良宮は確かに造営中ではあったが、淳仁天皇が小治田宮から保良宮に移った事実がないことから、ここの新宮は小治田宮とするのが妥当であろう。

しかし、淳仁天皇の小治田宮での滞在はそう長くはなく、同五年正月十一日には平城に帰京して、武部曹司（壬生門を入って西に所在した）を御在所としている。とは、いっても天皇である淳仁天皇が五カ月ものあいだ平城京を留守にして飛鳥の小治田宮に移御したことや、帰京後に武部曹司を御在所としたことは平城宮の改作が済んでいなかったからであり、ではなぜ平城に帰京したのかなど疑問は残る。

渡来人への賜姓

天平宝字五（七六一）年三月になると、多くの渡来人が一斉に賜姓したことが知られる。これは同元年四月の淳仁天皇が立太子したときの勅に、高麗・百済・新羅の人等で姓を給うことを希望する者には許せとあったことによるものであろう。

これに応えて申請されたうち、余民善女らに百済公など百済系渡来人賜姓者一三一人、達沙仁徳ら二人に朝日連など高句麗系渡来人賜姓者二九人、新良木舎姓県麻呂ら七人に清住造など新羅系渡来人賜姓者二〇人、伯徳広足ら六人に雲梯連など中国系渡来人賜姓者八人、つごう一八八人に姓が与えられている。

勅がだされてから四年近くも経っているのは、その対象の渡来人が多いことに加えて、これらの人びとが百済・高句麗の滅亡をきっかけに渡来して、地方に遷されて一般農民と同じように生産活動に従事するなど諸国に広がっていたためであろう。霊亀元（七一五）年七月に席田君迩近及び新羅人七四家を美濃国に貫して席田郡を、同二年五月に高麗人一七九九人を武蔵国に遷して高麗郡を建郡しているが、これらの人びとが想起される。

このような渡来人の賜姓は、すでに神亀元（七二四）年五月に二〇氏・二二人に対して実施されており、この天平宝字五年三月の三六氏・一八八人が最も多く、宝亀十一（七八〇）年五月の六氏・六九人も知られるが、これらの賜姓は集団賜姓ということに特徴があり、そこに氏が同じでもカバネが相違するものがある、連姓と造姓に上下関係を設定するなど一定の方針が認められることを考慮すれば、政府の何らかの政策に基づくものであったことは明らかである。

この渡来人賜姓については、仲麻呂の唐風政策の一環とする見解がある。唐代では属民を率いて内附した諸蕃の者に「李」という皇帝の姓を与えて支配下におこうとしたことがあり、これに仲麻呂が影響されたとも考えられる。しかし、この渡来人賜姓の直後に、戸籍に無姓・族姓者と記載することに対して改正する政策がとられていることを考えると、この施策は仲麻呂が唐例を勘案しながらも、独自の姓秩序の整備を行うに際して、枠外にいる蕃姓渡来人と無姓者・族姓者にも注視して、これらをも秩序内に組みこもうとしたものであった（伊藤、一九八五）と考えるのがよいかもしれない。

親仲麻呂派の死没

この翌月の天平宝字五（七六一）年四月、参議であった巨勢開麻呂（堺麻呂）が没している。これに先だつ三月にも参議の阿倍嶋麻呂が亡くなっている。この二人の参議は、淳仁・仲麻呂政権の有力な存在であったから、政権には大きな痛手となった。

ことに阿倍嶋麻呂は、右大臣御主人の孫で、神亀年間末から天平年間初期の中納言広庭の子であった。既述のように仲麻呂の母は、御主人の孫娘の貞媛であった。仲麻呂からすると嶋麻呂は母方で血脈がつながる。淳仁・仲麻呂政治体制が確固となった天平宝字三年六月には二階昇って従四位下に叙せられ、翌七月には左大弁となり、同四年八月に参議に昇任して政権の中枢に位置している。同五年正月には従四位上に昇叙したが、亡くなったのである。

一方、巨勢開麻呂は紫微令の仲麻呂の下僚である紫微少弼・大弼を長く務め、同元年七月の橘奈良麻呂の変では、その陰謀を密奏して仲麻呂に与している。翌八月には参議に任じたが、その後も左大弁、式部・兵部卿を兼任するなど政権の支柱的存在でもあった。

この二人の自派閥参議の補充について、仲麻呂は翌同六年正月を待って氷上塩焼と息子の真先を充てている。真先はもちろん塩焼も、後に運命をともにする者であったことから、この自己政権の保持・強化に汲々とするその恣意的な人事が、公卿官人らから仲麻呂が反発をうける要因ともなったのである。

保良宮の造営

天平宝字五（七六一）年十月、保良京への遷都が宣言された。『続日本紀』天平宝字五年十月壬戌（十一日）と甲子（十三日）・己卯（丁卯か・十六日）条には、以下のようにみえている。

壬戌、大師に稲一百万束を賜ふ。三品船親王・池田親王に各十万束、正三位石川朝臣年足・文室真人浄三に各四万束、二品井上内親王に十万束、四品飛鳥田内親王、正三位県犬養夫人・粟田王・陽侯王に各四万束、都を保良に遷すを以てなり。

甲子、保良宮に行幸したまふ。

己卯、詔して曰はく、平城宮を改め作る為に、暫く移りて近江国保良宮に御します。是を以て国司の史生已上の事に供れる者、幷せて造宮使藤原朝臣田麻呂らに位階を加へ賜ふ。郡司には物を賜ふ。当国の百姓と、左右京・大和・和泉・山背等の国との今年の田租を免したまふ。……是の日、勅して曰はく、朕思ふ所有りて、北京を造らむことを議る。時の事由に縁りて蹔く移りて遊覧するに、この土の百姓頗る差科に労せり。仁恕の襟、何ぞ矜愍むこと無けむ。都に近き両郡を割きて、永く畿県とし、庸を停めて調を輸すべし。

この時、保良への遷都によって、仲麻呂をはじめ淳仁天皇の兄たちの船・池田親王や仲麻呂につぐ地位にあった御史大夫（大納言）の石川年足、中納言の文室浄三達に稲を賜っている。同じ中納言でも藤原永手が賜稲に預かっていないのは、『続日本紀』条文にもあるように正三位という官位を基準としたものであって官職によるものではなかったからである。いずれにしても従一位ではあったが仲麻呂の一〇〇万束の賜稲の束数は群を抜いての厚遇といってよい。

井上内親王は聖武天皇と県犬養広刀自（あがたいぬかいのひろとじ）とのあいだに生まれた女性で、同母妹の不破内親王がみえないのはまだ無品（むほん）であったからであろう。飛鳥田内親王は淳仁天皇の姉妹で、県犬養夫人は井上内親王の母の広刀自のことで正三位、粟田女王も正三位であり、陽侯女王も正三位であったのだろう、男女とも正三位以上と品位をもつ者が、この賜稲の対象であったらしい。

保良京の造営は、仲麻呂が天平宝字三年十一月に造宮輔の中臣丸張弓と越前員外介の長野君足（ながののきみたり）ら七人を保良宮造営のために派遣したことにはじまる。保良宮の場所はいまもって明確ではないが、瀬田川の近く滋賀県大津市国分付近と推定されている。瀧川政次郎氏は伽藍山の西麓地域、大津市北大路が北京極で、近津尾神社あたりが南京極ではないかと推測されている（瀧川、一九五五）。

その後の造営の進捗状況はわからないが、同五年正月になって粟田奈勢麻呂（あわたのなせまろ）、藤原田麻呂ら九人が諸司の史生以上の官人に宅地を班給しているから、徐々に新京の形状が整ってきていたものと思われる。

そして同五年十月になって、有品者や正三位以上の者に邸宅の造営助成のための賜稲があったのであるが、壬戌条には「都を保良に遷す」とあり、己卯条には「暫く移りて近江国保良宮に御します」とあって、記事に矛盾がみられる。遷都か一時的な移御か、移御との見解が妥当なようにも思うが、仲麻呂には単なる副都以上の思いがあったかもしれない。十三日に淳仁天皇は平城京を発ち、十六日に保良宮に着いたものと思われる。

よって、この日が遷都となり、これを管轄する保良職か北京職なる官司も設けられたらしい（瀧川、一九五五）。保良では十九日に近江按察使でもあった藤原御楯第に行幸があり、その後に仲麻呂第に移御して宴飲があったが、「歓を極めた」（『続日本紀』天平宝字五年十月庚午条）とあるから想像以上の盛大なものであったらしく、自分が推進してきた保良京造営が成った仲麻呂の感慨を推察できる。

その後、淳仁天皇は保良宮での暫くの滞在を宣言して、伊賀近江若狭按察使藤原御楯や近江介巨曽倍難波麻呂（こそべのなにわまろ）ら国司史生以上で造営に関わった者、造宮使藤原田麻呂以下の者に昇叙し、郡司らに物を賜っている。また近江をはじめ左右京・大和・和泉・山背らの国々の田租が免除されているが、これは造営に徴発されたことによるもので、保良に近い滋賀・栗太（くるもと）両郡を畿県として、畿内に準じて庸を免除して調の半納の措置もとっている。

しかし、同六年正月には宮室が未完成で廃朝となっているから、朝堂はじめ諸殿などがまだ完成していなかったらしい。同六年三月には諸殿・屋垣の造営を国毎に分担させ、工事を急がせている。そのようななかで宮の西南に池亭を新造して、曲水（ごくすい）の宴を設けたりもしている。

保良宮造営の意図については、平城宮の改作にともなうものとか、緊迫していた新羅関係をも考慮しつつ、瀬田川という水上ルートに注視したものであったともいわれる（梶原、一九九九）。さらに淳仁天皇は平城宮にいる限り、傍系皇統出身という劣性を克服できなかったから保良宮への遷都を図ったとの説もある。しかし宮都を移転すれば皇統の劣性を克服できるというものではないし、もしもそのようなものであれば劣性を負担に感じる必要もない。

淳仁天皇が思うところがあって北京保良宮の造営を思い立ったとあるのは、多分に仲麻呂の唐制度に倣う意図にもよるものであった。則天武后は天授元（六九〇）年十月に太原府を北都とし、玄宗はその北都を天宝元（七四二）年に北京に改称し、陪都・副都としている。

しかし、そのことだけが理由ではない。仲麻呂が父祖以来の伝統をうけて、自身も永く国守にあって功封・功田も有する基盤国としてきている近江国に保良宮を造営することによって、より権勢を誇ろうとしたものでもあったことは間違いないことであろう。

第六章　仲麻呂政権の政策と政治——独自な施策

1　藤原仲麻呂の唐風政策

天平宝字三（七五九）年から四年は、仲麻呂が権勢をふるった時期で、それだけに最も仲麻呂的な政治が行われたともいえる。その仲麻呂政治の特徴はというと、それは儒教主義に基づく唐風政策とされる。ここではその著しい施策、中男・正丁年齢の繰りあげ、老丁（ろうちょう）・耆老（きろう）年齢の繰りさげ、問民苦使（もみくし）の派遣、平準署・常平倉の設置、左右京尹の創設、四字年号などを取りあげて、必ずしも年次によらないで以下に順次述べてゆく。

唐風政策の評価

これらの仲麻呂の唐風政策について、坂本太郎氏は「徳治政治」ととらえ、それまでの人気とりの意図から出たものであったとの認識を排して、「真に民力の疲弊を憂え、これを救済するための有効な方策をいろいろと考究し、実行に移したものといってよいであろう」とし、これは「彼の手腕の俊敏さを示している」と評価している（坂本、一九六〇）。

天平勝宝九（七五七）歳四月四日、孝謙女帝の寝殿の降塵を防ぐ帳に、「天下大平」の瑞字が現れたことが三宝・神明の徴験と考えられて、賜物・叙位や罪を全免する大赦、五〇余氏二〇〇〇人の渡来人への改賜姓、無姓・族姓の改正、そして自存することができない者への賑恤（しんじゅつ）など、官人のみならず庶民にも優遇策がとられた。

中男・正丁の年齢

そのひとつが『続日本紀（しょくにほんぎ）』天平宝字元（七五七）年四月辛巳（四日）条に、

其天下百姓、成童之歳、則入軽徭、既冠之年、便当正役。愍其労苦、用軫于懐。昔者、先帝亦有此趣、猶未施行。自今已後、宜以十八為中男、廿二已上成正丁。

とみえる中男・正丁年齢の繰りあげである。

当時は課役のこともあって、庶民には年齢による区分があった。「養老戸令」第六条は、一七歳から二〇歳を中男、二一歳から六〇歳までを正丁、六一歳から六五歳までを老丁、六六歳以上を耆老と規定していた。原則として中男は正丁の四分の一、老丁は二分の一の課役を負担し、耆老は免除されていた。

この施策によって、中男が一八歳、正丁が二二歳と年齢が一歳繰りあがり、課役の負担が軽減されたのである。これは自己政権の確立に向かって、その第一歩となる大炊王の立太子を成し遂げたことを契機に、仲麻呂がその民政の方針を積極的に実施に移そうとしたこととともに、広く庶民の関心をひこうとする企図もあったようである。

そして、この施策は唐の玄宗が天宝三（七四四）載十二月に、中男・成丁の年齢を繰りあげた先蹤に倣ったものであった。唐代の詔令を集成した『唐大詔令集』巻七四には、

比者、成童之歳、即掛軽徭、既冠之年、使当正役。憫其労苦、用軫予懐。自今已後、天下百姓、宜以十八已上為中男、二十三已上成丁。

とある。

日唐両条文をわかりやすく比較するために、あえてともに原文を掲載した。傍線を付した部分などは一目瞭然、勅が玄宗の詔文にほとんど依拠していることが理解できる。この間、一二年である。たぶん天平勝宝五年から六年にかけて帰着した遣唐使による情報伝達であり、仲麻呂は先進国であった唐の政治政策の最新情報を参考にしながら施策を行ったことが指摘できる。

またこの日、国民を治め、国を安穏にするには孝が大切であるとして、孔子が門人の曾子（そうし）に孝を説いた書といわれる孝経を家ごとに蔵することと、孝行として聞こえる者の顕彰を命じているが、やはりこれも玄宗の施策に拠ったものであって、前述の施策と同じように『唐大詔令集』には酷似した条文がみえている。

孝経には、古文孝経と今文孝経の二種類のテキストがあり、古文孝経には前漢の孔安国が伝をつくったといわれる孔伝本古文孝経と、今文孝経には後漢の鄭玄（じょうげん）が註をつけた鄭註本今文孝経などがあった。しかし、このふたつには問題があったらしく、ついに玄宗は開元十（七二二）年、自ら註をつけた開元始註本孝経を作り新しいテキストとしたが、これに満足せずさらに天宝二年に天宝重註本孝経を作った。これを御註孝経と呼ぶが、玄宗にはこの御註孝経の全国家庭への普及を図るという意図があったのである（曾我部、一九六八）。我が国でも孝経は重視されて、論語とともに大学でも必修の経書であって、やはり孔伝本と鄭註本が用いられていた（「養老学令」）。

中男・正丁年齢の繰りあげといい、孝経家蔵のことといい、『唐大詔令集』に載せるものと、我が国の『続日本紀』条文と傍線を付した箇所など、ほとんど同文である。よって玄宗の政治に倣った仲麻呂のこのふたつの施政は、ただこれに関しての情報を仄聞したということではなく、唐国の詔勅文や制文を手許においたうえでのことからであった。しかし、そこには唐とは自ずから違う我が国の政治事情を勘案し、その施策を取捨選択し、また状況を判断しながら工夫していたことも知られる。

問民苦使の派遣

奈良時代、地方政治の紊乱を監察するため、中央では巡察使を派遣した。しかし巡察使はあくまでも地方行政の監察のためのものであって、そこに庶民の政治への思いが反映されるということはないが、仲麻呂の民政の特徴は儒教に基づく徳治政策にあるといわれており、その点で庶民の意思を政策に反映させるために設けられた問民苦使は注目される。

問民苦使の派遣について、『続日本紀』天平宝字二（七五八）年正月戊寅（五日）条には、朕聞かく、天に則りて化を施すは、聖主の遺章、月に順ひて風を宣ぶるは、先王の嘉令なりときく。故に能く、二儀愆（あやま）つこと無く、四時和協して、休気、率土に布き、仁寿、群生に致せり。今は三陽既に建ちて、万物初めて萌（きざ）せり。和景惟（こ）れ新にして、人、慶を納るべし。是を以て、使を八道に別ち、民苦を巡り問はしめ、務めて貧病を恤（めぐ）みて、飢寒を矜（あわれ）み救はしむ。冀（ねが）はくは、撫字の道、神を将（も）ちて仁を合せ、亭育の慈、天と事を通はし、疾疫咸（ことごと）く却（しりぞ）き、年穀必ず成り、家に寒窶（かんく）の憂無く、国に来蘇の楽有らむことを。所司、知りて、清平の使を差して、勉めて賑恤を加へ、朕が意に称（かな）へしむべしとのたまふ。

とある。

つまり、天の法に従い徳化の政治を行い、月の運行に従い教化を広めることは聖主や先王の遺した憲章、良い掟であり、これをうけて安らかな気風が国土に満ち、庶民は恵まれ長寿を保つことができる。今は、春の初めの万物が萌える時で、人も慶事をうけるによい時期であるから、使者を全国に派遣し、庶民の苦しみを巡問し、貧乏と疾病、飢寒に苦しむ人びとを救おうというのである。

このために京・畿内に石川豊成（いしかわのとよなり）、東海・東山道に藤原浄弁、北陸道に紀広純（きのひろずみ）、山陰道に大伴潔足（おおとものきよたり）、山陽道に藤原倉下麻呂（ふじわらのくらじまろ）、南海道（紀伊・淡路・四国）に阿倍広人、西海道（九州）に藤原楓麻呂らが派遣されたのである。ただ、この七人が記事どおりに清廉公平な「清平の使」のみを理由として選任されたかというとそうではない。

そのいずれもが仲麻呂を主とする政権の中心公卿の子弟で、その多くが正六位上という次代を期待される官位を帯びる官人達であったことを併考すると、仲麻呂の新進官人の育成的意図があったように思われる（木本、一九九三ii）。

問民苦使の派遣は、仲麻呂が民政の美を後世に誇示せんとしたものであるといわれるが（瀧川、一九三五）、毛野川（けのがわ）の改修という地方民衆の切実な要求を取りあげるなど、地方政治に十分な配慮と施策を行ったことを認めるべきであって（阿部、一九九〇）、橘奈良麻呂（たちばなのならまろ）の事件をうけて政治的な動揺を払拭し、人心を一新させ、かつ自己政権のより安定のために案出されたのである。

それではこの問民苦使が、唐代のどのような施策に倣ったものであるのか。瀧川氏は、太宗の貞観八（六三四）年正月派遣された観風俗使に範をとったものとしている。これに対して、曽我部静雄氏は、唐の地方監察制度は巡察使・按察使（あぜち）・採訪処置使・観察使と職名変化し、日本にも問民苦使を除くと、同様の順序で将来されており、その問民苦使の唐制度の位置にあたるのが採訪処置使であることからして、問民苦使は採訪処置使に関連があるとされる（曾我部、一九六八）。

しかし、将来の順序を考えて問民苦使が創設されたのであれば、問民苦使という呼称ではなくて、他の諸使と同じように唐制の職名と同じ採訪処置使であってもよかった。唐名をそのまま移入していないことから考えても、問民苦使と採訪処置使を同一視することは疑問である。

唐の制度では、観風俗使や前掲の巡察使・按察使・観察使のほかにも、巡撫使・宣撫使・黜陟使（ちゅっちょくし）などの諸使があり、そのいずれもが地方官の行状報告と黜陟を任務としている。採訪処置使についても、『唐会要』巻七八に官人の善績を考課して三年に一奏するとあるように、地方官人の評価に目的があった。

それに比べて、観風俗使だけは『唐会要』巻七七にみえる「疾苦を延問して、風俗の得失を観る」のが職務であり、問民苦使の「民苦を巡り問い、貧病を恤みて、飢寒を矜み救う」と同じように黜陟的任務を帯びてはいない。また採訪処置使は、開元二十二（七三四）・二十五・二十七年と、ほぼ三年毎に発遣されているように定期的な使であったのに対して、観風俗使は貞観八年のみの臨時官であって、これも問民苦使と同じである。

よって、仲麻呂は問民苦使を、採訪処置使ではなく観風俗使を意識して創設したものと推察することができる。とはいっても、観風俗使のみを意識して設けたとするのは短絡的な理解であって、観風俗使を主に参考としながらも、他の諸使をも念頭にいれて独自に創出したものと考えた方がよいのかもしれない。

さて、この問民苦使、全国に派遣されてどのような政績をあげたかであるが、それについては『続日本紀』に散見している。まず東海東山道使の藤原浄弁が、前述のように口分田の荒廃を防ぐための毛野川の掘防工事の必要性を太政官に上申し、聴許を得たことが知られる。また浄弁は、天平勝宝九（七五七）歳の中男・正丁年齢を一歳繰りあげての課役負担の軽減策に倣って、老丁・耆老年齢をも一歳さげて、おのおの六〇、六五歳として負担の軽減を図ることを奏上し、実行されている。

さらに西海道使の藤原楓麻呂は、具体的なことはわからないが民の疾苦二九件を採訪、奏上している。これは九州を統括する大宰府に命じて処理させたことが確認される。

平準署の設置と運脚夫救済　次に仲麻呂の唐風施策として取りあげるのは、平準署・常平倉の設置と運脚夫の救済である。

律令国家財政が、百姓らの租・庸・調などの物納地代によって成り立っていたことはいうまでもない。そして、そのなかの調庸は全国から奈良の都まで輸送し、そこで国家財政として消費した。この調庸物資の京進にあたったのがほかならぬ運脚夫（担夫）であって、この運脚自体が地方農民の負担体系にふくまれていたのである。

調庸は、毎年八月中旬より起輸し、都から近い近国は十月三十日、中国は十一月三十日、遠国は十二月三十日までに納めおわる規定になっていて、舟運は原則として認められておらず、車・馬の使用もあったがほとんどは人力、つまり運脚夫によるものであったらしい。

そして運脚夫の概数はというと、納税量の中規模国の中国で一〇〇人以上、大国ともなれば五〇〇～六〇〇人から一〇〇〇人程度になったと思われ、その苦難は想像以上のものであった。とくに帰路である還脚においては、持参の食料が乏しくなって飢死・病死するものも多数にのぼり、和銅五（七一二）年十月、同六年三月には政治問題化した。政府では郡稲を便地に貯え交易させたり、富家に米を路側で売買させたりしているが、これは銭貨流通に主点をおく政策でもあったので運脚夫の辛苦は解決されることはなかった。

これらの解決のために、仲麻呂は天平勝宝八（七五六）歳十一月に、民部省・大蔵省らの官人に諸国からの官物を速やかに収納することを命じ、運脚夫辛苦の原因である遅延をなくすために弾正台に巡検させ、また天平宝字元（七五七）年十月には、食料と医薬の支給などを実施して運脚夫が還郷できるように図った。しかし、この施策は大きな効果をもたらさなかったようで、ついに同三年五月になって、仲麻呂は唐の制度を参考にして抜本的な政策を実施した。

その施策については、『続日本紀』天平宝字三年五月甲戌（九日）条に、以下のようにみえている。

> 諸国の調脚、郷に還ること得ず。或は病に因りて憂へ苦び、或は粮無くして飢ゑ寒ゆといふ。朕、窃に茲を念ひて、情に深く矜愍ぶ。国の大小に随ひて公廨を割き出し、常平倉とし、時の貴賤を逐ひて糶糴して利を取り、普く還脚の飢苦を救ふべし。直に外国の民を霑すのみに非ず。兼ねて京中の穀の価を調へむとす。その東海・東山・北陸の三道は、左平準署掌れ。山陰・山陽・南海・西海の四道は、右平準署掌れとのたまふ。

冬季に疾疫と飢寒によって市辺に餧れ、帰郷できない運脚夫のために、仲麻呂は、まずは官稲である公廨稲を出しあって、穀倉である常平倉を設けて貯穀し、その公廨稲を穀価の貴賤に随って買い入れ、または売り出して差額の利益を運脚夫の食料に充てようとしたのである。また米一石が、和銅四年に二三文強だったのが（『続日本紀』和銅四年五月己未条）、天平九（七三七）年には一〇倍の三二〇文（『大日古』二巻七七頁）、天平勝宝三年には五〇〇文（『大日古』一二巻一八〇頁）というインフレ状態にあったから、兼ねて京中の穀価をも調整しようとしたのである。

そして、その官司として平準署を設置し、西日本を管轄する右平準署の長官である右平準令に椋垣吉麻呂（くらがきのきちまろ）・池原禾守（いけはらのあわもり）、東日本を管轄する左平準令には高元度・佐太味村（さだのあじむら）など、地方国守などを経験している官人を任命している。

それでは仲麻呂が参考とした唐の政策とはどのようなものであったのだろうか。唐の歴史を記録した『旧唐書（くとうじょ）』巻四四には、同じ平準署がみえており、令二人、丞四人、録事一人、府六人、史一三人、監事二人、典事二人、賈人一〇人、掌固一〇人と、五〇人の官司構成がみえる。そして、職掌としては官営市場の管理を行っていたことがわかる（『通典』巻二六）。

ただ、この平準署は唐代はじめての官司ではなく、周官の物価を平定する貨人中士・下士に源を発し、秦代に平準令がおかれ、隋の煬帝の時になって太府寺の属官となったことがみえている。その職掌も「物価平定」から、王朝が交替するたびに「練染」へと変わったり、官名も「中準」「染署」「平水」となったりしている。

確かに唐代の平準署は官営市場を管理し、物価を平定するとの職掌であったから、仲麻呂が京中の穀価を調えるとしたのは、間違いなく唐代のをうけてのものであることが確かめられる。しかし、どちらかといえば仲麻呂の施策の「常平倉を設けて、米価の貴賤に随って売買して利を取り、還脚の飢苦を救う」という主目的は、この唐代平準署の職掌にはみえない。それでは仲麻呂独自の施策かというとそうではなく、やはり唐代の政治に範をとっているのである。

それは常平署の存在である。『通典(つてん)』巻二六には、常平署は米価の安い時には買い入れて貯穀し、高騰すると放出して米価を調節、常に平均化することを目的に、前漢宣帝の時に大司農中丞の耿寿昌(こうじゅしょう)の奏言によってはじめられたという（同様のことが『大唐六典』巻二〇・『文献通考』巻二一にもみえる）。唐代では、高祖の武徳元（六一八）年九月に常平監がおかれ、貨を均しくするのを執った。このことの詳しいことは、『唐大詔令集』巻一一一に制文が載っていて理解できる。

その後、常平監は『唐書』巻四八や『唐会要』巻五六にもあるように、顕慶二（六五八）年に改めて常平署となった。さらに『大唐六典(だいとうりくてん)』には則天武后の垂拱年間（六八五～六八八）に全国にもおかれたとみえている。

それでは常平倉にどれくらいの貯穀がなされたのであろうか。『文献通考(ぶんけんつうこう)』には天宝八（七四九）載、河北道の一六〇万石をはじめとして、一〇道での備蓄量は四六〇万石にのぼったことがみえている。我が国でのことは史料に明確ではないが、仲麻呂没後二年目の天平神護二（七六六）年二月に、近江国近郡の稲穀五万斛を松原倉に貯穀したことがみえているから、このことの運用が全国的であったのかどうかは即断できないが、少なくとも畿内周辺国では図られていたことは確認できる。

仲麻呂が我が国で実施するのに参考としたのは、もちろん顕慶三年に制定された平準署・常平署であろうが、唐制にそのまま倣うことをせずに、この利益でもって「還脚の飢苦を救う」ことにしたのは仲麻呂独自の発想であって、ここに我が国の政治状況を勘案しながらの仲麻呂の創意工夫というものが指摘され、それなりの評価ができる。

左右京尹の創設

天平宝字五（七六一）年二月、仲麻呂は平城京を東西に分ける左京・右京を管理運営する官司である左京職・右京職の長官、左京大夫（さきょうだいぶ）・右京大夫を併合して左右京尹という官職を創設した。この左右京尹については小論（木本、一九九三ⅱ）を除いて論及されたことはない。

左右京尹の創設について、『続日本紀』天平宝字五年二月丙辰（一日）条には、

> 其れ左右京を管（つかさど）るに並べて一人に任す。長官は、名けて尹とし、官位は正四位下の官に准（なずら）へよとのたまふ。

と簡単な記事があるだけである。

この創設の政治的背景については、前年六月に最大の後援者であった光明皇太后が亡くなったこともあって、仲麻呂の政権強化策の一環であったことが指摘される。仲麻呂は、この左右京尹創設の一カ月前に、美濃飛騨信濃按察使、伊賀近江若狭按察使を設置して、地盤である近江を中心に、新勢力国である越前を結ぶ紐帯的地域＝畿内東接地帯の把握強化を図っている（野村、一九五八）。

左右京尹も、このような仲麻呂の畿内とその周辺諸国の体制固め策のひとつであって、左右京尹に大和国守で息子の訓儒麻呂（くすまろ）をもって任じていることは、大和国司と京職の一体化を図り、足もとをより強固にしようとする目的があったのである。

左右京大夫は、京内の行政権を統括するほかに、ことに注視されるのが管掌する軍事・警察権であった。当時最大の軍事力は軍団であるが、その軍団は畿内周辺の国々、とくに大和国には少なく、左右京やこれに隣接する地域には存在していなかったらしい（角田、一九六〇）。

よって京周辺の軍事力とは、令制五衛府の司門衛（衛門府）、左右勇士衛（左右衛士府）、左右虎賁衛（こほんのえ）（左右兵衛府）と、令外の鎮国衛（中衛府）と授刀衛（たちはきのえ）の七衛府にほぼ限られていた。しかし、半数近い員数をしめる左右勇士衛は脆弱で機要に堪えなかったというから、不慮の事態に対応する実戦兵力は二〇〇〇人を超えなかったと思われる。

左右京職は、「養老職員令」によると、京師の兵士を管掌していたことがわかり、その兵士は京中の警備、非違の検察にあたるが、諸衛府の兵士とは違っていたらしく、その人数ははっきりわからない（「延喜左右京職式」）。ただ、時代は少し降るが延暦二十（八〇一）年四月に、京内兵士の不足を補うために、地方から四八〇人の兵士を徴発、左右京職に二分し、一組二〇名を一二組に編成したことが『類聚三代格』巻一八に収める「太政官符」にみえている。

これから推考すると、京内兵士は一〇〇〇人近くの数になって、かなりの兵力ということができる。よって、これを管掌する京職は軍事面からいっても重要な官司であったと考えられるから、仲麻呂政権の強化ということでも注目される。

この左右京尹は、もちろん唐制に倣ったものであるが、その淵源となったのは京兆尹であった。京兆尹は、周官の内史に源を発して、秦代に京師の咸陽一帯を管掌し、漢の武帝の太初元（前一〇四）

年に京兆尹として成立している。その後に後漢の光武帝が都を洛陽に移したため、洛陽に河南尹を設けたが、長安付近の京兆尹など三輔は存続して、魏・晋時代には京兆大守と呼ばれた(『通典』巻三三)。

晋の後、南北朝時代、南朝の宋・南斉・梁・陳の四朝は、ともに首都の建康に丹陽尹をおいたことが『宋書』や『南斉書』『梁書』にみえている。一方、北朝の北魏では都の平城に代尹をおいたことがみえる(『資治通鑑』巻一一〇)。隋では煬帝の大業三(六〇七)年になって改めて京兆尹がおかれたことが『大唐六典』にみえている。

しかし、その後も変革はあって、開元元(七一三)年に京兆府に京兆牧がおかれて、親王をもって任に充てたが、ほとんど官に赴かずに遙領であった。そこで遙領の府牧に代わって、「衆務を総理」していた雍州長吏が、開元元年十二月に京兆尹と改称されたのである(『資治通鑑』巻二一〇)。

その職掌については、『大唐六典』巻三〇によると、①管内の粛清と治安維持、②属僚の監督、官僚の考課、③農桑の奨励、④不法の取り締まりの四つに分類でき、なかでも管内の粛清と治安維持が最重要な職務であって(築山、一九六七)、仲麻呂の創設意図と共通するようである。

京兆尹の品階はというと、京兆尹への改名とともに正四品下より従三品となって相当位が高くなっている。長官とはいえ、地方官としては破格の高い品階であるが、これは京兆府内に長安があり、王侯、貴族、官僚も居住していたためであった。

よって京兆尹の補任にあたっては、有能な人材が充てられ、諸司侍郎、御史大夫、九寺の卿などの中央官僚から任命され、地方官でありながら、その行政が頗る重要視されていたことがわかる。

仲麻呂は、このような開元元年以降の唐制京兆尹を参考として、それに倣って左右京職大夫の相当官位を正五位上から正四位下に三階あげている。正四位下という官位は、中務卿（なかつかさきょう）以外の七省の長官である卿と同等の高い官位である。左右京職を併合して、より京内の行政の実績をあげようとしたのとともに、警察・軍事面においても管掌し、政権を強化しようとしたのである。

四字年号

『続日本紀』天平勝宝元年（七四九）四月丁未（十四日）条には、「天平廿一年を改めて天平感宝元年とする」という簡潔な記事がみえている。これは我が国最初で最後の四字年号の使用を記したものであって、聖武天皇が畢生の願望であった東大寺大仏の造立を記念したものであったようである。

この四字年号は中国の則天武后の時、天冊万歳（六九五）、万歳登封・万歳通天（六九六）の四字年号に倣ったものである。則天武后は太宗が没すると、皇太后として皇帝に代わり「臨朝摂政」、載初元年（六九〇）九月には、自ら即位して国号を周と改め権力を掌握し、それは中宗に譲り没する神龍元年（七〇五）まで続いた。

その間に武后が用いた年号は二〇、一年に改元が三回というのが六度もある。文明・光宅・垂拱・永昌・載初・天授・如意・長寿・延載・証聖とつづき、証聖から突然に四字年号の天冊万歳・万歳登封・万歳通天を用いて、またなぜか神功・聖暦・久視・大足・長安・神龍の二字年号に戻っている（『唐会要』巻三）。これはなぜか、『唐書』にもみえないし、先の『唐会要』にも詳細ではない。

仲麻呂がこの時、我が国でも四字年号を用いることを発案したのは、聖武天皇よりも大仏の造立を願っていた叔母光明皇后の希望が叶えられたことを機会に、光明皇后を称揚する意図があったものと考えられなくもない。仲麻呂には光明皇后を則天武后に准えることの意識があった（岩橋、一九五四）。

この天平感宝が、すぐこの年七月の孝謙女帝即位にともなって代始改元されて天平勝宝となり、後述のように天平勝宝七年正月には天平勝宝七歳となって、天平勝宝九歳八月には蚕児が瑞祥の文字を現したとして天平宝字元年（七五七）と瑞祥改元されている。その後、天平神護（七六五～七六七）・神護景雲（七六七～七七〇）へとつづいて、神護景雲四年十月一日に光仁天皇即位の代始改元で宝亀という二字年号へと戻っている。天平神護から神護景雲への改元は、武后の天冊万歳から万歳登封へ、下二字を次年号の上二字に用いているのと同じであって、武后の年号を念頭にしていたことが明瞭である。

これらの唐風政策は仲麻呂によって行われてきたものであるから、天平宝字八年九月に仲麻呂が敗死すると、そのほとんどのものは旧に復されたが、この四字年号のみ天平神護・神護景雲と六年間つづいた。これは重祚（ちょうそ）して称徳天皇となった孝謙太上天皇が、自らが即位した時の代始改元の元号である天平勝宝が四字年号で愛着があったからであろう。

また先述した年から歳への変更であるが、『続日本紀』天平勝宝七歳正月甲子（四日）条には、理由について「思うところがあるために」とあるだけで、その真意はまったく不明である。いま私達にも馴染みのある年号につづく「年」が、奈良時代の一時期に「歳」に改められていたことが知られるのである。

しかし、これも玄宗が天宝三（七四四）年正月元旦をもって天宝三載とした先蹤に倣ったものである。このことは『唐書』『旧唐書』の「玄宗本紀」、そして『冊府元亀』巻四八六も載せているが、この詔文は『唐大詔令集』に全文がみえ詳細である。それによると、玄宗は、唐虞、つまり堯と舜という伝説上の賢帝の治世を煥乎（かがやく貌）なものと考えて範としたとある。中国の最も古い辞書である『爾雅』の釈天篇には、年は中国では周代からものであり、以前の堯舜時代には載、夏時代には歳としたとあるというから、玄宗に自分の治世を堯舜時代の理想的なものに準じるとの意識があったことは確実である。

仲麻呂は我が国で施行するに際して、唐制の載を用いることはできないことから、堯舜時代の次代である夏時代の歳を用いることにしたのであるが、さすがにこのような理由を明らかにはできないから、前掲のような曖昧な表現になったのであろう。

しかし、玄宗が年を載に変えたことを知っていたのは仲麻呂一人だけではあるまい。前年正月には遣唐副使大伴古麻呂が帰国しており、最新の唐国情報は古麻呂ら多くの人びとによってもたらされて、公卿官人間の知るところであった。ことに身近な生活に関わることについては唐国のことはいえ広く関心を集めたものと思われる。

このように仲麻呂の唐風政策の多くは、則天武后や玄宗時代という、仲麻呂からすると、まさに現代の唐代政治を範としている。これは仲麻呂が天平勝宝六年正月に帰国した入唐副使大伴古麻呂・吉備真備らの遣唐使から得た最新の唐政治の情報を検討・参考にして、翌年早々に施行したものであることがわかる。

そして注目されるのが、この遣唐使のなかに仲麻呂の六男刷雄や家僧の延慶がいたことである。仲麻呂がこの二人をふくめて、この遣唐使に唐国の政治制度に関する情報収集と調査を命じたことは確かなことであり、遣唐使のもたらす情報に関心をもって、最新の政治情報の収集を怠ってはいなかったことを示している。

特にこの遣唐使は、玄宗の配慮で大使藤原清河らに府庫の縦覧が許されたらしく（森、一九六六）、書籍を閲覧できたものと思われる。それだけではなく、遣唐使が多くの資料を収集し、かつ書籍を買い求め、また書写して持ち帰ったであろうことは、前述のように中男・正丁年齢の繰りあげ、孝経の家蔵についての『続日本紀』にみえる記事が、ほとんど唐の制文と同じであることからも理解できる。このことは仲麻呂がこの度の遣唐使に期待するところが大きかったことを物語っている。

ただ、仲麻呂がこの時の遣唐使の将来した情報のみに拠って政策を進めていたかというとそうでもないようで、貞観八（六三四）年正月の観風俗使や顕慶三（六五八）年に制度として現出した平準署・常平署なども参考としていることから、従前から唐国の政治制度に関心をもっており、その導入を検討していたことがわかる。

『氏族志』編纂と『維城典訓』の必読

仲麻呂には前述してきた以外にも、完成はしなかったが『氏族志』（系譜）の編纂という唐に模範をとった事業もあった。大宝律令による律令制国家も半世紀を経て、この頃には門閥社会的傾向の発現もあり、支配階層の権力秩序上からも系譜が重要視されるようになっていた。仲麻呂が系譜の作成を思いたったのも、ただ単なる唐風主義からということではなく、このような社会的な要求によるものでもあった。

九世紀初頭に成った五畿内の一一八二氏の系譜を載せる『新撰姓氏録(しんせんしょうじろく)』の序には、天平宝字年間（七五七～七六四）の末年に名儒を集めて諸氏族の系譜を作成しようとしたが、仲麻呂の事件によって諸儒が解体して完成しなかったとのことがみえている。また『中臣氏系図』に引かれた「延喜本系」には、天平宝字五（七六一）年に「撰氏族志所」が設けられて、諸氏から上進された本系帳を勘造したとある。

佐伯有清氏は、天平宝字五年十二月十六日に唐人李元環に李忌寸の姓を賜ってから、同七年八月十日に池田親王の男女に御長(みなが)真人の氏姓を賜うまでの一年八カ月ものあいだ改氏姓がないことを推して、この期間の「撰氏族志所」の系譜作り作業への混乱を避けたためであったと考えられている（佐伯、一九六二）。

唐代では、太宗の命によって貞観六（六三二）年に系譜の編纂がはじまり、一旦は完成奏上されたが、太宗の意図にそわぬところが多く改訂があり、ようやく同十二年に高士廉・韋挺(いてい)らの撰述した『氏族志』が完成・頒布された。そして高宗の永徽・顕慶年間（六五〇～六六一）に許敬宗・李義府らは自らの政治的立場を有利にするため、『氏族志』の改編を行い、顕慶四（六五九）年になって『姓氏録』を成立させた。その後、中宗は魏元忠・柳冲(りゅうちゅう)らに系譜の纂修を命じ、これは一時頓挫したものの、先天二（七一三）年になって『大唐姓族系録』として完成している（池田、一九六五）。

このように唐代には三氏族志があるが、仲麻呂が参考としたのは、その名称からして太宗の貞観氏族志であろうと思われるが、伝統的氏族を尊重する『氏族志』の名称を採り、より強度な唐室中心的な『姓氏録』を採らなかったのは、皇族についで外戚を高く位置づけようとする意図があったからだといわれる（関、一九五一）。また士庶不婚の崩壊からくる姓氏の混乱を正すことにあったとされるが（佐伯、一九六三）、これをうけて岸氏はそのような半面、仲麻呂は渡来人への無制限改賜氏姓を進めてきており、その点で矛盾することから、「漠然と中国にある氏族書を模し、諸氏の系譜を明らかにした上で、その中における仲麻呂の優位を誇示したかったというのが、その動機ではなかったろうか」（岸、一九六九）と結論づけている。

しかし、ただ漠然と唐代の系譜を模したという見解には従いがたい。『氏族志』以外の唐風政策にも、既述したようにそれなりの目的のあったことを思えば、やはり『氏族志』編纂にも仲麻呂の何かしらの目的があったとするのが穏当な理解であろう。

仲麻呂は混乱しつつあった郡司の選考に長幼の序、身才の能不主義を排して、譜第主義を採用するなど伝統の系譜を重要視している。また天平宝字二年八月には、氏姓「藤原朝臣」に「恵美」を加えて「藤原恵美朝臣」を賜っている。『氏族志』の編纂には、国際派の仲麻呂が渡来人の賜姓を進める一方で、譜第性を重視するうえからも混乱しつつあった氏族の系譜を明確にするとともに、「藤原恵美朝臣」家を天皇の外戚に準じる貴種の家柄として定着させる私的な思惑もあったのではなかろうか。

また天平宝字三年六月には、則天武后の撰述した『維城典訓』を、政治を行う模範を述べ、身を慎むきまりを明示したものとして官人の必読書に指定している。『維城典訓』は、『旧唐書』本紀六や『唐書』芸文志などには二〇巻とみえている。

維城とは嫡子のことであるから、則天武后が嫡子中宗の教訓書として作成したものであり、すでにこの頃には日本で書写されていたことがわかっている（『大日古』三巻一九三頁）。現在では散逸して、『政事要略』巻六六などにわずかな条文しか伝わっていないから具体的な内容はわからないが、「尚仁」「崇智」「敬老」などの篇があり、『礼記』『説苑』などの儒教経典を引いたあとに、「訓曰」として教訓を述べる体裁の儒教を基調とする編纂物であったらしい（島、一九八〇）。

仲麻呂は、この『維城典訓』を内外の官人はかつて破廉の心がなく、志は貪盗にあり、景迹が悪いとして、それを正すために官人の必読書としたのであるが、『維城典訓』は官人ではなく、皇太子や諸王を対象とした教訓書である。則天武后には官人への訓戒書として『臣軌』がある。内容的には『臣軌』が適当であると思うが、なぜ『維城典訓』を必読書としたのであろうか。考えるに『臣軌』はわずか二巻であることに加えて、『維城典訓』の則天武后を光明皇太后に、中宗を淳仁天皇に準えることを仲麻呂は意識したからではないだろうか。

この年六月に、光明皇太后は「今では淳仁は天皇として天下を治められることに日月が重なってきた」として、淳仁天皇に母の当麻山背を大夫人に、兄弟姉妹を親王とするように勧めていることを考慮すれば、この機会に天皇として皇権力を発揮しはじめた淳仁天皇への光明皇太后からの教訓とすべきことを、臣下にまで及ぼそうとしたものとも推察される。

仲麻呂の没後もこの方針はそのまま踏襲され、律令格式とともに官人の必読書であったことは、「弘仁式部省式」の「試補諸司史生」の項目にみえており、それはさらに「延喜式部省式」にも引きつがれて平安時代までもつづいている。

このように仲麻呂は、多様な唐風政策を実施しているのであるが、それが仲麻呂の個性から発した変異な一過性の政策であったと理解してはならない。これは新羅や渤海との対外関係、拡げていえば東アジアの国際政治情勢のなかで理解すべきことである。この時期に新羅の景徳王はその六（七四七）年に、一種の俸禄制度である禄邑制を復活させ、州名を改易、同十七年には律令博士の設置、同十八年には官号の改易と大幅な唐風化を行っており、これが仲麻呂の政策と酷似する（鈴木、一九八五）。

また、仲麻呂は渤海の制度をも参考としており、唐制の情報伝達の経路として、遣唐使による直接ルートと以外にも、唐→渤海→日本というルートも、当時の渤海との友好的関係から考えられる。

このように藤原仲麻呂の政策というのは、我が国独自の政策をすすめながらも、唐を中心に渤海、新羅をも含めた東アジアの国際政治の動向をも視野のなかにおきながらのものであった。そのことを考慮すれば、いままでは唐への憧憬からくる偏向かつ変異なものであったと評価されることが多かったが、叙述してきたように東アジア情勢の動向をもふまえたうえで理解すべきであろう。それだけに当時の為政者の仲麻呂が、唐をはじめ半島の新羅・渤海の情報についても特に留意するところが大きかったということが指摘される。

2　藤原仲麻呂の仏教政策

古代においては、仏教はつねに政治と密接な関係を有するものであった。ことに天武天皇朝より国家仏教として、より伸張する傾向が強まり、奈良朝に入ると県犬養橘三千代、光明皇后母子の信仰は篤く、それが影響してか聖武天皇は天平十三（七四一）年には国分僧寺・国分尼寺の建立、ついで大仏の造顕を企てるなど、仏教はその隆盛期を迎えることになる。

仏教政策の評価

それにともない仏教界の政治への関与も繁くなり、為政者としても対仏教政策は重要な施策のひとつとして考えざるをえなくなった。全体的な流れでみた場合、藤原武智麻呂を中心とする政権が抑制政策をとったのに対して、次代の橘諸兄政権は、そのブレーンに玄昉がいたこともあって、対仏教政策は冗漫であった。この諸兄政権時代に前述の国分寺建立と大仏造顕の詔が発せられている。

そして、この諸兄政権をうけついだのが、藤原仲麻呂政権である。この政権の仏教政策については正面から詳細に検討した論稿は少ないが、そのなかから三・四の論考の概要を記してみよう。

まず鶴岡静夫氏は、仲麻呂は弥勒上生信仰をもっており、その態度は民衆の立場を尊重する一乗思想に傾斜したものであったが、仏教を深く信仰するというよりは、それを政治のために利用する傾向が強かったとしている（鶴岡、一九六二）。

また伊野部重一郎氏は、藤原氏の天台教団成立との関連で、その前提として勅施入の問題を中心に仲麻呂政権の仏教政策について触れ（伊野部、一九七六）、小口雅史氏は正倉院文書を中心に寺院経済の統制に焦点をあて、国家統制機関である僧綱、そして造寺司から三綱へと寺院管理権が変化していく過程で、天平宝字五（七六一）年以降の寺田開発をめぐって三綱と鋭く対立する仲麻呂政権の仏教振粛政策を論述している（小口、一九八〇）。

そして宮崎健司氏は、仲麻呂の仏教に対する考え方は、思想のベースにある儒教によって規定されており、とくに曾祖父鎌足の洪業と光明皇太后の英声を不朽に伝えるための興福寺維摩会の復興は、祖先と皇室との密接な関係をことさらとりあげて、政権の必然性や正当性を強調することによって自己の栄達を求めたものであったとされる（宮崎、二〇〇六）。

このような仏教思想、経済、政治面からの研究があるが、以下に為政者としての仲麻呂の仏教政策を視点としてみてゆくことにする。

仲麻呂と僧綱

天平十九（七四七）年三月、藤原八束が治部卿に、阿倍毛人が玄蕃頭に補任、これに引きつづいて同年九月治部大輔に佐味虫麻呂、少輔に小野東人が補任された。治部卿に任じた藤原八束は、左衛士督兼式部大輔という要職からの左降人事である。小野東人も橘奈良麻呂に与して獄死する人物であること、阿倍毛人、佐味虫麻呂の両官人も、その後の官歴から推測して仲麻呂派官人とはいい難い。当時式部卿であって人事を主導した仲麻呂が治部省、玄蕃寮にこのような官人をもって補任していることは、律令官制による仏教統制に政治的重要性を認めていなかったものと考えられる。

それでは仲麻呂はこれら官司に代わるものとして、どのような方法でもって仏教への対応をなそうとしていたのであろうか。それが顕著に施策として現出してきたのが、天平勝宝八（七五六）歳五月の、仲麻呂の仏教統制政策を推進したといえる僧綱体制の成立である。『続日本紀』天平勝宝八歳五月丁丑（二十四日）条には、以下のようにみえている。

また、和上鑒真、少僧都良弁、花厳講師慈訓、大唐の僧法進、法華寺鎮慶俊、或は学業優富、或は戒律清浄にして、聖代の鎮護に堪へ、玄徒の領袖と為り。加以、良弁・慈訓の二の大徳は、先帝不豫の日に当り、自ら心力を尽して昼夜に労勤しき。これが徳に報いむと欲ふ。朕が懐極り罔し。和上・少僧都に大僧都を拝せしめ、花厳講師に少僧都を拝せしめ、法進・慶俊を並に律師に任すべしとのたまふ。

僧綱の補任については、「養老僧尼令」には一応僧界の推挙によるとある。しかし、勅任という形式であるため、現実には政権担当者の意志が働きうる可能性はかなりあり、そこには政治権力を握っていた仲麻呂や彼の庇護者である光明皇太后の影響があったと思われる（佐久間、一九六〇）。補任された僧侶を順次みてゆくと、鑒真は後に詳細に述べるように、仲麻呂から深く帰依されていた（安藤、一九六七）。良弁についても、仲麻呂の東大寺への積極的援助の背景には良弁との提携があったと考えられ、その関係の深いことが指摘される（岸、一九五二）。

さらに良弁については、道鏡政権下での不遇と道鏡の追放直後からの活動再開を考えれば、親仲麻呂派僧であったと考えるのが普通である。慈訓と慶俊についても同様に仲麻呂派僧であった（佐久間、一九五七・i・ii）。このように任僧綱僧の、仲麻呂との個々的な親密な関係からしても、この僧綱補任が仲麻呂の意志によるものであることが理解できる。

そして該条文をみると仲麻呂の僧綱に望んだことが、戒律の順守にあり、この方針によって律師の道璿（どうせん）・隆尊の僧綱からの追放があり、その後任としての鑒真・良弁の大僧都、慈訓の少僧都、法進・慶俊の律師補任があったことは明瞭である。

ことに戒律に詳しい人物が任命されると考えられている律師に任じていた道璿と隆尊が同時に解任され、法進と慶俊の二人が新たに補任されたことは、前述のことを十分に裏づけている。道璿の解任については、鑒真の瑜伽戒と道璿の梵網戒との対立に原因があり（常盤、一九四三）、隆尊についても戒律思想による相違が大きな要因となったという（佐久間、一九六〇）。

が、それよりは政権担当者の関与と考えるべきであろう。仲麻呂の仏教施策が治部省、玄蕃寮という官司を通じて行われることなく、総じて僧綱を通して行われたことを考える時、仲麻呂との個人的関係を考慮した僧綱刷新の必要性からであろうと推察される。

そして、これらの僧はいわば当時の仏教界の粛清派であり、官大寺的呪術仏教に抵抗して教化的かつ救済的仏教を唱導した反体制派と目される人びとであって、新鮮な雰囲気をもつ仏教を求めていた仲麻呂は積極的に歩みよったのである。

鑒真を中心とした粛清派僧による中国の体系的な新来の戒律に対して、従来からあった慣習的戒律ともいうべき戒律維持僧とのあいだに確執を生じたことが想像され、僧綱自体も仏教界に好意をもってうけいれられたのでないことは、この直後の同八歳七月に土佐国道原寺の僧専住が僧綱を誹謗して伊豆に流罪となっている（『続日本紀』天平勝宝八歳七月癸酉条）ことからも明らかである。

この専住の僧綱誹謗は、地方の一僧侶の造反としてよりも、平城の官大寺を巻きこんでの地方土佐国にまでも波及した、仏教界にとっては衝撃的な改革への反応としてとらえるべきではないだろうか。そしてこれらの事実を裏づけるかのように、粛清綱政の傾向は早くも翌年の天平宝字元（七五七）年に、仲麻呂の仏教政策として表面化してくる。

仏教振粛策と僧綱

『続日本紀』天平宝字元（七五七）年閏八月丙寅（二十一日）条には、以下のようにある。

勅して曰はく、如聞らく、仏法を護持することは、木叉に尚ふること無し。尸羅を勧導くは、実に礼を施すに在りときく。是を以て、官の大寺には別に永く戒本師の田十町を置く。今より已後、布薩を為す毎に、恒にこの物を以て、布施に量り用ゐよ。庶はくは、怠慢の徒をして日にその志を厲しめ、精勤の士をして弥その行を進めしめむことを。僧綱に告げて朕が意を知らしむべしとのたまふ。

この勅文は戒律尊重の政策を打ちだし、「持戒清浄」に注目したもので（石田、一九六八）、僧侶の自戒を促すための「布薩」を積極的に推進し、そのための布施を戒本師田一〇町で充用せよという、仲麻呂による僧侶自浄期待策であった。条文中の「怠慢な僧侶らは毎日精神を励まし、勤めにはげんでいる僧尼らはますますその行いを向上させるようにと期待する」（直木他、一九八八）という勅文は、当時の官大寺僧の怠惰さを明示しており、この施策がこれらの僧に対する仲麻呂の掣肘策であったことが知られる。

そして、この仲麻呂の施策の背景には鑒真、法進らがいたことは言をまたない。鑒真来朝前にも、国分寺において布薩が行われていたことは国分寺創建の詔にもみえているが（『類聚三代格』巻三）、これはきわめて形式的な宗教儀礼として行われていたもので、本来の布薩とはほど遠いものであったと考えられている。今回の施策は、戒の勧導には「礼」を施すことが必要であり、仏教の護持にとって戒律が大切であることを知ったうえで、なおかつ僧の持戒浄行が布施の裏づけによって支えられる布薩によりなると理解し、その布薩を重視していることからしても、鑒真、法進らの渡来僧からでたものであることがわかる。

とくに法進は、自著『東大寺授戒方軌』に、「布薩戒師作法」「大乗布薩作法」を記し、東大寺において依用していたことが知られている。この大乗布薩は、従来より存在した「四分律」との結合によるもので、鑒真や法進によって創始されたとされる。この布薩を奨励するために戒本師田一〇町を官大寺毎に認めたことは、とりもなおさず為政者の仲麻呂が法進らの提言を理解し、仏教界の振粛を期待し、その経済的援助を行ったと解すべきである。

また法進の『沙弥十戒威儀経疏』の著述意図は、仏教界の堕落に対し、戒律による反省を促すための要求があったとされる（島地、一九二四）。このような法進の目指すところに、また仲麻呂の目指す政治目的もあったといえよう。

また条文中に「僧綱に告げて」ともあるが、僧綱自体がこの施策を求めていたことは、仲麻呂の権勢の確立とともに、僧綱が多くの仲麻呂の施策に関与することによっても明確となってくる。その契機となったのが、前述したように天平宝字三年五月九日の五位以上の官人と僧侶への意見具申を命じたことに対する上奏である。

この上奏された封事が、『続日本紀』天平宝字三年六月丙辰（二十二日）条にみえる、

> 参議従三位出雲守文室真人智努と少僧都慈訓奏すらく、伏して見るに、天下の諸寺、年毎の正月の悔過、稍く聖願に乖きて、終に功徳非ず。何となれば、護国を修行するは、僧尼の道なり。而るに今、或は曽て寺に入らずして、官供を七日に計り、或は兼ね得むことを貪り規りて、空しく名を両処に着く。斯に由りて、譏、三宝に及びて、施主に益無し。伏して願はくは、今より以後、官の布施を停めて、彼の貪僧をして希ひ望む所無からしめむことをとまうす。

と、『類聚三代格』巻三僧尼禁忌事が引く「私度僧を禁断するの事」と「諸寺の破壊を脩治するの事」

などの施策である。

この官布施停止の奏状は、文室智努と慈訓の二人の上奏とはなっているが、内容からしても僧である慈訓にその主導性が求められる。「七日間に官から供物を得ようと画策し、虚偽の名前を両方の寺院に登録する僧がいることから官からの布施をやめて、これらの貪欲な僧たちの邪悪な望みをなくさせるようにしたい」（直木他、一九九〇）との条文を考えると、前述の同元年閏八月の施策と同様の意図からでたものであろうことが想像される。

無論、慈訓だけの意図ではなく、「淳仁天皇が仲麻呂と調べて可否を決める」とあることからすると、むしろ仲麻呂の意図であったといった方がよいかもしれない。仲麻呂が、その施策に則天武后、玄宗の政治を範としたことは周知のことであるが、この官布施の停止と私度僧の禁断も、開元十九（七三一）年四月の「誡二励僧尼一勅」と九月の「不レ許三私度僧尼及住二蘭若一勅」（『唐大詔令集』巻一一三）という玄宗の処策に酷似していることからしても間違いない。

そして、この仲麻呂の施策に鑑真の教唆の可能性を指摘したい。この開元十九年の例をとるまでもなく、玄宗は僧界を粛正し、僧尼は仏の戒を順守せよと遺訓された『遺教経』による修道生活を命じた太宗を範として、僧界に厳粛な戒律順守を要請した（塚本、一九六四）。このような時代に戒律を学んだ鑑真の考えが仲麻呂の施策として反映した可能性は十分に考えられる。

つづいて仲麻呂は、さらに進んで仏教界の制度改革に着手する。それが天平宝字四年七月の僧位制度の創設である。この良弁・慈訓・法進ら僧綱にある僧らが奏上した四位一三階の僧位制度の目的は、天平宝字元年閏八月、同三年六月の施策よりさらに一歩進んで、僧尼の怠慢、貪欲化への厳しい規制にあるが、その一方で天平年間より膨張しつづける僧尼集団の身分秩序を厳しく保ち、律令制的な仏教統制を行おうとした目的もある（中井、一九八〇）。

四位一三階とは、伝灯・修行・誦持の三系列を、それぞれ入位・住位・満位・法師位の四位に分けて一二階とし、それらの上に大法師位をおいたもので、大法師位と伝灯・修行・誦持の三法師位は勅授の位記式、そのほかの階は奏授の位記式に準じることにしたもので、僧尼をも官人と同一レベルで把握しようとしたものであり、仲麻呂の仏教振粛策の一環と理解される。

このように仲麻呂の仏教政策は、橘諸兄が僧綱に権限を認めようとしなかったのとは対照的に、僧綱の存在を認めたうえで、当時の僧尼堕落化傾向のなかで、個人的な関係を基盤に粛清派僧らを登用することによって、僧綱を完全なままでに包含して統制を進行させていったところに特徴がある。

仏教への経済的振粛策　つづいて仲麻呂の仏教施策を、封戸（ふこ）、資財帳、寺田開発という経済的な三点に絞って考えてみよう。

まず、第一には封戸に関してである。次に「東大寺封戸処分勅書」（『大日古』四巻四二六頁）をあげてみる。

この全文が仲麻呂自筆の勅書は、縦二九・〇センチ、長さ八七・五センチで、文字の上に内印（天皇御璽）が二十顆捺されている。このように勅書の全文が仲麻呂自筆であるのは異例である。次に翻刻して掲げる。

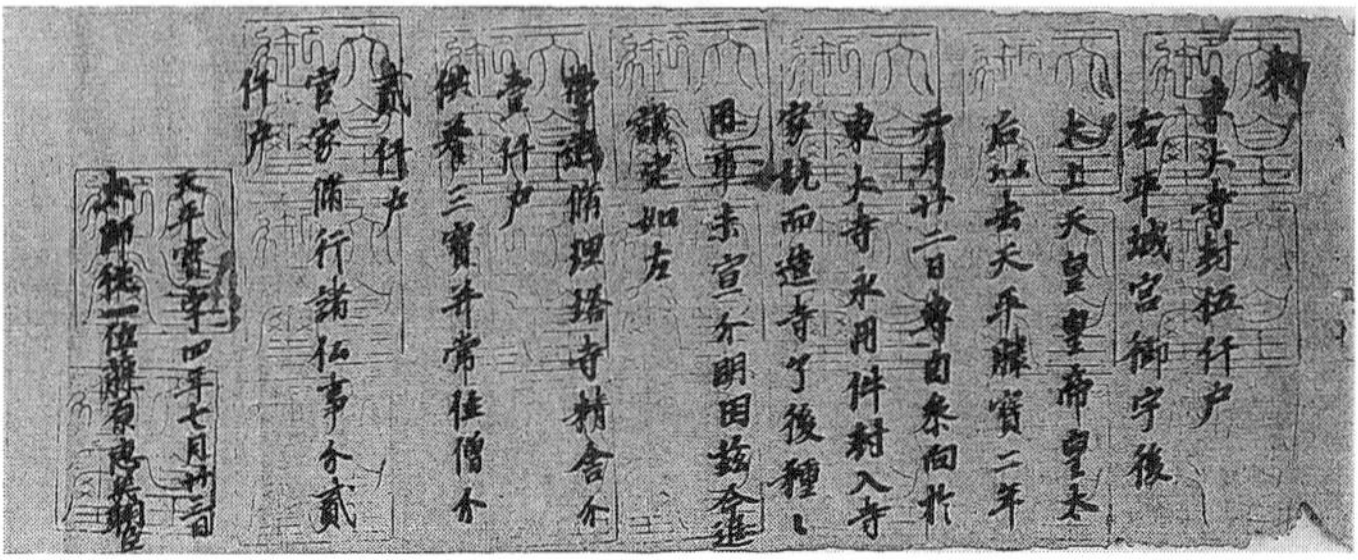

藤原仲麻呂自筆・東大寺封戸処分勅書

勅

東大寺封伍千戸、

右、平城宮御宇後」太上天皇、皇帝、皇太」后、以二去天平

勝宝二年」二月廿二日一、専自参二向於」東大寺一、永用二件封一、

入二寺」家一訖。而造レ寺了後、種々」用事、未レ宣二分明一。因レ

茲、今追」議定如レ左。」

営三造修二理塔寺精舎一分」壹仟戸

供二養三宝一并常住僧分」貳仟戸

官家修二行諸仏事一分貳」仟戸。

天平宝字四年七月廿三日

太師従一位藤原恵美朝臣

（「は改行を示す）

カバー・口絵にも掲げたこの天平宝字四（七六〇）年七月二十三日の仲麻呂自筆勅書による東大寺封戸処分をどのように解釈するかである。光明皇太后が亡くなったのが六月七日のことで、ただちに『称讃浄土経』一八〇〇巻の書写がはじめられ、七月二十六日には七七日の斎会が東大寺などでも催されたが、これら光明皇太后供養

の諸仏事費用を捻出するためであったとの見解がある。

しかし、造寺のために施入した五〇〇〇戸が、造寺が終了した後も依然として同様に使用され、なおかつその使途が分明でないことに対して、その用途を明確化し、配分規制することを命じたものであること、また前述した僧尼統制策である僧位規定と同時に施行されていることを考えあわせると、仲麻呂の東大寺に対する振粛策であったといえる。『東大寺要録』封戸水田章第八が、「或書」を引いて「仲麻呂が後に死ぬことになったのは東大寺の封を分けたからだ」としているのは、この処分に対して東大寺内に仲麻呂への反発のあったことを示している。

第二に、官大寺の統制という点で、資財帳の提出を義務づけたことがあげられる。資財帳の提出は、国家が官大寺の内実を細部にまでわたって把握し、経済的にも統制してゆこうとするものである。資財帳は、『大安寺伽藍縁起 幷(ならびに) 流記(るき)資財帳』（『寧楽遺文』中巻三八二頁）にもみえるように、天平十八（七四六）年十月にはじめられたものであるが、仲麻呂がこれに続いて天平宝字五年にも資財帳の提出を求めたことは、『法隆寺縁起幷資財帳』（『寧楽遺文』中巻三九四頁）によってもわかる。この施策が法隆寺だけではなく、広く官大寺に求められたことも、『興福寺流記』（『興福寺叢書』第一）中に所引された『山階流記』逸文が「天平記、宝字記、延暦記」、つまり天平宝字五年の資財帳を「宝字記」として引いていることからも確かめられる。

第三として、仲麻呂の官大寺、なかでも東大寺に対する墾開田の抑制策があげられる。墾開田についても、橘諸兄政権時代には政治を反映して大きく拡大する傾向にあった。例えば東大寺では天平十六年に田使を派遣し、寺田を経営していたことが知られるし（『大日古』五巻五四五頁）、天平勝宝元（七四九）年閏五月には諸大寺とともに墾田一〇〇町が施入されている（『続日本紀』天平勝宝元年閏五月癸丑条）。また七月には墾田の所有が四〇〇〇町に拡大規制されたこともあって（『続日本紀』天平勝宝元年七月乙巳条）、墾田開発は一挙に進捗することになる。

これらの諸大官寺の墾開田の膨張傾向をうけて、仲麻呂がどのような施策をとったかについては、小口氏が寺院経済の統制上から要領よくまとめられ、可及的に寺田を収公すると同時に、一方で並行して農民の墾田を保護する政策をとり、寺領庄園を抑制していると述べられている（小口、一九八〇）。例えば天平宝字四年には、北陸道使の石上奥継（いそのかみのおきつぐ）が東大寺田を強硬な手段を用いて収公、口分田として班給したことはよく知られている（『寧楽遺文』中巻六七〇頁）。

そしてこれが北陸道に限ってのことではなく、全国的な方針であったことは『続日本紀』同四年十一月壬辰（六日）条に「その七道の巡察使が勘出した田を、所司に命じて田地の多少に随って全輸の正丁に加えた」ことや、また「民部省符伊賀国司」に「天平宝字五年の巡察使と国司などが、寺家の雑色（ぞうしき）供分田を割きとって百姓に支給した」（『寧楽遺文』中巻六五七頁）とあることからも確認される。このような寺田の強制収公も、仲麻呂の対仏寺振粛策の一環であったわけである。

地方僧尼の統制

仲麻呂の仏教施策は、中央の官大寺だけに向けられたのではなく、地方僧尼の責任者である国師にまで及ぶ一貫した方針でもあった。

『類聚三代格』巻三には、天平勝宝四（七五二）年閏三月八日付の、以下のような勅が諸国の僧尼の監督、諸寺の監査にあたる国師に出されていることがみえる。

> 今聞、国師赴任之日受二得官符一、解任之時国司无レ状。於レ理商量寔（まこと）為レ未レ可レ然。素緇（すし）雖レ別於レ政仍同。自レ今以後新旧交替、計二会資財一同知二損益一、然後与二国司一共造二帳三通一。一通僧綱、一通三綱、一通国司。

これは国師の交替にあたって、いわゆる国司でいう解由状（事務引き継ぎを認める書類）のようなものの提出を義務づけたものである。今までは僧綱への報告義務だけでよいとされていたのを、国司等への報告を強制したものである。そして、その主目的が国師の資財盗用の防止と国司を通じての国家統制にあったことは明らかである。

さらに、ここで嘱目しなければならないのは、「素緇は別であっても政治では同じ」という文言である。すなわち、ここには政治の枠内では僧侶も官人と同じであって何ら区別すべき存在ではない、という仲麻呂の考えがうかがえる。この考えこそが、為政者としての仲麻呂のなかで、終始僧尼に対して貫かれた基本的な思想であったのであり、またこれが現実にこのこと以外に、前述の僧尼をも官人として把握しようとした僧位制度の施行という事実によっても顕在化しているのである。

このような仲麻呂の仏教政策は、腐敗した官大寺呪術仏教に対抗して教化的救済的仏教を唱導する、粛清派僧の鑒真・良弁・慈訓・法進・慶俊ら、いずれも個人的に関係のある僧を僧綱に登用し、その僧綱を自己政権下におき、それを通じて政治に反映していったところに特色がある。

天武天皇朝から、鎮護国家思想を背景に国家仏教として膨張してきた仏教勢力、聖武天皇朝には天皇と光明皇后、そして諸兄政権のもとで、官大寺を中心に寺田開発など国家の擁護をうけてさらに肥大しつづけていた。これにはじめて為政者として律令統制を加えようとしたのが仲麻呂であって、バブルがはじけた後に登場して、緊縮財政策を実施した小泉首相に似ている。

仲麻呂の写経

仲麻呂は国家的な写経事業とも深く関わっており（山本、二〇〇二）、天平勝宝四（七五二）年二月には聖武太上天皇の病気平癒を目的とした『薬師経』の書写、天平宝字二（七五八）年六〜八月の『金剛般若経』『千手千眼経』、同四年の『称讃浄土経』などの写経は、光明皇太后の病気平癒の祈願と追善行為による顕彰目的であり、ともに仲麻呂自身の存在を強調する意味があり、写経を政治に利用する意識が強かった（宮崎、二〇〇六）。

また、仲麻呂は自家でも大規模な写経を行っていたことが正倉院文書からわかっている。その最も早い例は天平勝宝元年八月に借りうけていた『般若燈論』などが、猪名部常人（いなべのつねひと）を使者として返納されていることであるが（『大日古』二四巻一九三頁）、八月八日には仲麻呂家の書吏である徳廉進（とくのれんしん）から造東大寺司判官の阿倍真道（あべのまみち）に対して、家裏で写経するための借用や返却の使者としてつねに資人の猪名部常人を充てることを申しいれていること（『大日古』三巻二七三頁）を考えれば、この頃より仲麻呂家の写経がはじまったのであろう（藤本、一九七一）。

これ以降、本格的な写経事業がはじまったわけであるが、その期間は天平勝宝元年八月から同八歳六月までと、天平宝字七年四月から同八年八月までの二つの時期に大別される。つまり天平勝宝八歳七月から天平宝字七年三月までの期間の仲麻呂家の写経事業については史料に確認できないのである。

これについては史料である正倉院文書の残存の在り方による影響も考えられるので、そのあいだも写経事業が継続していたかどうか明確ではない。しかし、天平宝字五年九月に奉写一切経所が一切経写経の残った料紙二一六一張を仲麻呂家に返却したこと（『大日古』一五巻五七〜八頁）が知られ、この頃には仲麻呂家に大量の写経用紙があったことがわかることからも仲麻呂家の写経の継続性が推察できる。

一方、造東大寺司写経所では天平勝宝九歳四月から天平宝字二年六月までは法華寺の伽藍整備のために動員されるなどして写経所は機能停止しており、同じように天平宝字六年二月から同六年十一月にも写経所は石山寺に移されて『大般若経』を写していたから、この期間は平城京での活動は休止していた可能性が高い。そのような事情を考慮すれば、造東大寺司写経所が活動を休止していた時に、仲麻呂家が経巻の借用を願いでて写経事業を進めていたとは考えられない。

つまり仲麻呂家の写経事業の空白期間である天平勝宝八歳七月から天平宝字七年三月のあいだでも、造東大寺司写経所の活動が休止していた天平勝宝九歳四月から天平宝字二年六月まで、天平宝字六年二月から同六年十一月まで以外の期間は、写経事業が行われていたと類推することができる（栄原、一九九九）。

それでは仲麻呂家では、どのような写経が行われていたのだろうか。予てより造東大寺司の写経所から借り出した経巻に、五月一日経が含まれていることが指摘されている（井上、一九六六）。五月一日経とは、光明皇后が父藤原不比等、母県犬養橘三千代のために発願し、天平十二（七四〇）年五月一日の願文のある一切経のことで、天平勝宝八歳までに写された総巻数は七〇〇〇巻に及んだといわれるが、現在は正倉院聖語蔵の七五〇巻と巷間に流失した約二〇〇巻が現存するのみである。

この仲麻呂家の写経の対象経巻については、借用を希望した経巻の多くが五月一日経に属するものであり、しかも前述のように盛んに写経が行われていた天平勝宝元年八月から同八歳六月までの前期と、天平宝字七年四月から同八年八月までの後期に共通しており、仲麻呂家の写経事業は一貫して五月一日経を本経とする写経であったことがわかる。

そして、その経巻について天平勝宝五年までは『般若燈論』『摂大乗論釈論』などの大乗論、『大毘婆娑論』『発智論』などの小乗論の大小乗論が大部分であるが、その後はしだいに増加して同六年八月以降はほとんど疏ばかりとなることが指摘されている。そしてこのような仲麻呂の五月一日経の写経目的については、五月一日経とまったく同じ一切経を用意して、東大寺における一切経転読講説に並ぶ法会を私的に挙行して、仏教的権威を身につけ、それを誇示しようとしたとされる（栄原、一九九九）。

その後、天平宝字八年五月以前には息子の久須麻呂家に「京職尹宅写経所」がおかれて、仲麻呂家の写経に加えて久須麻呂家においても並立する形で写経が行われており、同八年五月頃よりは五月一日経の大小乗論の写経がはじまっていたらしい。このことは天平神護元（七六五）年四月に「去年五月二十七日に久須万呂の使である猪名部常人に貸し出した」まま返却されていない二一巻の回収を命じた正倉院文書（『大日古』五巻五二一〜二頁）によって知られる。

　また仲麻呂家で借用した疏が、天平宝字七年中頃から「前山」に送られるようになったが、この「前山」は栄山寺であって、ここでも仲麻呂の支援のもとに写経が行われていたらしく、久須麻呂家でも借用したものの一部は殖槻寺に送られていたが、なぜ仲麻呂家や久須麻呂家で借用された経巻が栄山寺や殖槻寺に送られていたかはどうもはっきりしない。

石山寺と栄山寺

　仲麻呂は写経とともに、寺院の造営などにも関わっている。そのひとつは前述した保良宮と深いつながりのある石山寺である。保良宮の鎮護のために建立されたものと思われる（門野、一九九六）。石山寺については天平宝字六（七六二）年を中心に多くの正倉院文書が残存しており、その造営の経緯がよくわかる。石山寺の草創は、天平勝宝元（七四九）年に聖武天皇と東大寺僧の良弁が中心になって行われたらしいが、仲麻呂が本格的に造営に取り組むまえは仏堂一宇と若干の屋舎だけであった。仏堂は長さ五丈、広さ二丈、高さ一丈、戸四具であったというから、正面五間、側面二間の建物で、現在の本堂内陣と一致していると考えてよい。

　ところが天平宝字五年末頃になって、本堂以下諸堂の増築や他所からの移建のことが計画され、造東大寺司の管理のもとに造石山寺所が設けられ、その別当として造東大寺司主典である安都雄足が任命されて、翌同六年正月から本格的な造営が開始されている（福山、一九四三）。

　仏堂は一旦解体して敷地を広くして基壇を広げたうえで改築し、正面五間、側面二間の旧堂を母屋として、まわりに梁間一丈の庇（外陣）を取り付けている。この仏堂以外に、僧房四棟、経蔵・法堂・食堂・厨・大炊屋・湯屋・仏師房・厠・厩・借板屋などが建てられ、なかには信楽や勢多庄から移建されたものもあったが、同六年八月には造営のための残材が勢多より宇治に廻漕されたようで、この頃には石山寺の造営も目処がついたものとみられるから、その期間は八カ月であった。

また仏像は同五年十一月から造りはじめられ、丈六の塑造の観世音菩薩像一体と脇侍である六尺の塑造の神王像二体であった。仏像の御座は塑造の磯形で、長さ三丈、広さ一丈三尺のものであったという（福山、一九八二-i）。

もうひとつは奈良県五条市の吉野川に臨む狭い平坦地にある栄山寺である。いまは「えいざんじ」と呼びならわしているが、もとは「前山寺」と書いて「さきやまでら」と称していて、平安初期の頃より「栄山寺」と書かれるようになったらしい。その創建は不明であるが、武智麻呂によるものと伝えられる。

承徳二（一〇九八）年八月の起請文（栄山寺文書）には、境内にある八角堂（口絵参照）は、仲麻呂が父母のために建立したとのことがみえている。しかし、随分と後世の記録であるから信憑性が問題となるが、先に述べたように仲麻呂は私的に前山寺の写経にも尽力していることを考えあわせれば、このことは信じてもよいと思う。

では、仲麻呂がいつ頃に造営を命じたのであろう。そのことを類推させる史料が「造円堂所牒」（『大日古』五巻四六三頁）で、天平宝字七年十二月二十日に、「仁部卿の宣」によって造円堂所が造東大寺司に画機（仏画などを描くときに使用する張枠のようなものらしい）二具の借用を願った内容のものである。「仁部卿」は仲麻呂の息子の朝狩（あさかり）であることを思えば、この円堂は仲麻呂が建立した前山寺の八角堂だと考えられる。つまり栄山寺の八角堂は、天平宝字七年十二月頃に仲麻呂が父母の冥福を祈って造営したものであったことがわかるのである（福山、一九八二ii）。

仲麻呂と鑑真

藤原仲麻呂が、「僧尼令」に違犯する僧尼の頻出、私度僧の増加などという仏教界の粗放、紊乱の風潮に対し、戒律の順守を迫り、厳しい政治的処置を次々と講じ、その施策が僧綱を中心に行われたことは前述したとおりで、その僧綱には「学業優富、戒律清浄」とされる鑑真・良弁・慈訓・法進・慶俊らが任命された。

その僧綱で、良弁とともに大僧都として綱政の中心を担うこととなったのが鑑真である。為政者として僧尼に対し戒律の順守を厳しく迫った仲麻呂と、奈良朝仏教界において戒律の唱導者ともされる鑑真との関係についてはあまり論じたものはない。

天平勝宝六（七五四）年二月一日、鑑真は難波駅国師郷に到り、僧崇道と大僧正行基（ぎょうき）の弟子法義などの出迎えをうけたが、三日には仲麻呂だけがわざわざ河内まで迎使を出して、来日にともなう苦難を慰問せしめていることが知られる（『東大寺要録』巻四・『唐大和上東征伝』）。そして仲麻呂は鑑真の入京に際しては、自ら鑑真のもとに藤原豊成、藤原永手（ふじわらのながて）らと参向し慰労している。鑑真来日に対する期待の大きかったことがうかがえる。

鑑真の来日にあたって、薩摩国阿多郡（あたぐん）秋妻屋浦より大宰府までの案内の労をとり、大仏参拝の折にも訳語（おさ）として活躍したのが延慶である。延慶は、『藤氏家伝』のうち仲麻呂自身が撰述した曽祖父「鎌足伝」と対をなす仲麻呂の父の伝である「武智麻呂伝」を仲麻呂の命令で編述した僧である。

横田健一氏は、延慶を仲麻呂家の家僧のごとき存在であったらしいと推察され（横田、一九五六）、堀池春峰氏はじつは仲麻呂の六子で、天平勝宝四年に入唐（にっとう）した刷雄のことであって、鑒真の門下に入って延慶と称したとされ、それでこそ「武智麻呂伝」編述の不思議さが氷解すると述べられている（堀池、一九六五）。

しかし、これに関しては刷雄が天平勝宝四年閏三月に従五位下に叙せられたのに対して、延慶は『続日本紀』天平宝字二（七五八）年八月辛丑（二日）条には外従五位下とあり、両者の官位が「従五位下」と「外従五位下」で相違していて疑問である。

この官位の相違について、堀池氏は誤字だとしているが、藤原氏出身の官人には誰ひとりとして外位を経ているものはおらず、まして刷雄が時の権力者仲麻呂の息男であることを考慮すれば外位に叙されることはまずないが、なおも同一人物と主張する説もある。それは延慶が仲麻呂の息子だからこそ五位の位にともなう特権や収入を得られるように、特に出家前の位階を保つことが許されたが、さすが僧侶ということを考慮すれば従五位下のままとはいかず、地方豪族に授ける外位である外従五位下に位置づけたとの理解である（東野、二〇〇九）。

しかし、外位は中央官人でも授かっている者は多いし、なぜ僧侶になると外位なのか、だいいち僧侶に官位が与えられた例は少ないように思う。これらのことから別人とするのが穏当であるが、では延慶は誰かということになる。薗田香融氏は、大唐学問生の船夫子（ふねのふし）が外従五位下に叙されたが、出家のために辞退したという『続日本紀』の記事を参考に、船夫子ではないかと推察されている（薗田、一九九二）。確定するには論拠がいま少しだが有力な説ではある。

いずれにせよ、良弁が勅使として鑑真一行のうちの唐朝の大徳位名を検じた時、「大和上、法進、学生普照、延慶、（下略）」との記述が、『大和尚伝』にもあるように、鑑真来日に同行した弟子でもあり、また前述のように鑑真を大宰府まで道案内し、訳語としての務めをも行っていた鑑真従僧の延慶が、仲麻呂の父の「武智麻呂伝」を撰し、仲麻呂家の家僧のごとき存在であったと推察できることは、とりもなおさず仲麻呂と鑑真との関係がかなり密接なものであったことを物語っている。

加えて仲麻呂と鑑真との関係を考えるにあたっては、前掲の仲麻呂の六男刷雄の存在も重要視されるものと思う。刷雄は、『唐大和上東征伝』によると、鑑真の遷化に際して、思託、石上宅嗣（いそのかみのやかつぐ）、法進、高鶴林ら四人とともに「図書寮兼但馬守藤原朝臣刷雄」として、

万里に燈を伝へて照し、風雲遠国に香し。禅光百倍に耀き、戒月千郷に皎（ほからか）なり。哀しき哉浄土に帰る。悲しき哉泉場に赴（むか）ふ。語を騰蘭の跡に寄せて、慈万代光に供せり。

との漢詩（木村、一九八四）をよんでいることがわかる。

思託は、鑑真の第一回目の渡航からつねに近侍してきた従僧で、法進は鑑真の後をうけついで東大

寺戒壇院の戒和上となっている。刷雄の詩が、これら鑒真と深い関係にあった人達とともに収められていることは、刷雄と鑒真との親交は大変深いものであったことがうかがわれる。

この頃の遣唐使の帰国はというと、天平勝宝六年と天平宝字五年であり、鑒真が天平宝字七年に遷化していることを考慮すると、この二人の親密な関係が二年の間によって成されたものとは考えられない。刷雄の帰国は鑒真と一緒の天平勝宝六年のことであり、その船のなかで渡海の苦労をともにして以来の深い親交であったらしいことが理解できる。刷雄は鑒真一行とともに帰国するうちに、それに感化されたものと考えられる。

唐招提寺の創建

以上のような延慶と刷雄を通じて深められたであろう、仲麻呂と鑒真との関係について、直接的な具体事例として、まずあげられるのが、鑒真願経の書写への仲麻呂の助力である。「写経雑物出納帳」（『大日古』四巻三六頁）によれば、渡来後まもない天平勝宝六（七五四）年三月十八日、鑒真は『大集経（だいじゅっきょう）』と『大品経（だいぼんきょう）』、そして転読用の『華厳経』を写経するために造東大寺司に請経したことが知られる。

この鑒真の写経に対して、仲麻呂は同六年十一月二十二日に料紙として白麻紙三千張・凡紙三百張（『大日古』三巻六〇七頁）と筆四十管・墨二十廷（『大日古』一二巻二八四頁）を造東大寺司に送付し、その助力の一端をみせている。

次に鑒真の唐招提寺建立にあたっては、『唐大和上東征伝』に、時に四方より来て戒律を学ぶ者の有れども、供養無きに縁(より)て、多く退還すること有り。此の事、天聴に漏れ聞(きこしめしたま)ふ。仍て、宝字元年丁酉十一月廿三日を以て、勅して備前の国水田一百町を施す。大和上、此の田を以て伽藍を立てんと欲す。時に勅旨有りて、大和上に園地一区を施したまふ。是れ故(もと)の一品(いっぽん)新田部親王(にいたべしんのう)の旧宅なり。普照・思託、大和上、此の地を以て伽藍と為し、……即ち宝字三年八月一日、私に唐律招提の名を立て、後に官額を請ふ。此に依て定と為す。還た此日を以て、善俊師を請して、件の疏記等を講せしむ。立つる所の者は今の唐招提寺是なり。

とある。

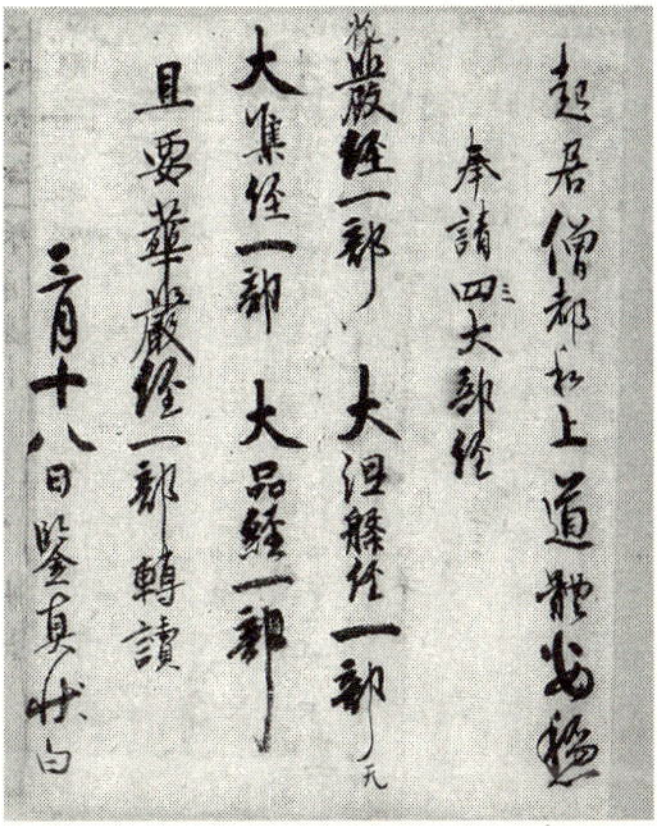
鑒真自筆・写経雑物出納帳

鑒真は、戒律を学ぶ者たちへの資粮に充てられるべき施入の備前国の墾田一〇〇町で、唐招提寺の創建を思い立ったという。また、その寺地は没官地(もっかんち)となっていた新田部親王の旧宅であった。この処遇は天平宝字元（七五七）年十一月という時期的なことからいっても、仲麻呂による措置であったことは歴然としている。ここにも鑒真の助力者としての仲麻呂の特段の配慮が確認されるのである。

創建にあたって没官地を施入するなどの厚遇に加え

て、また同三年八月にも供料として越前国の水田六〇町、備前国の田地一三町をも充給している（『日本後紀』延暦二十三年正月戊戌条）。越前国は仲麻呂が早くから注目し、地盤のひとつとした国で（岸、一九五二）、これにも仲麻呂の積極的な関与が看取できる。

このように鑒真の唐招提寺創建には、仲麻呂の理解と助力のあったことが指摘できるのであるが、これをさらに明確とするのが唐招提寺の食堂で、醍醐寺本『諸寺縁起集』には仲麻呂が宝屋を施入して造立したとある。また講堂は『招提寺建立縁起』の記事によって、天平宝字年間（七五七〜七六四）に平城宮の朝集堂を施入移築したものであると伝えられてきたが、調査の結果、その蟇股下面に残る旧番付墨書から朝集堂で間違いないことが確認されている。

講堂の瓦は、第二次朝堂院で使っていたものと同じもので、軒丸瓦は六二二五A形式、軒平瓦は六六六三Cb形式のものが多く、これらの瓦は建物が移築されたと同時に持ちこまれたものと考えられている（沢村、一九六九）。そうすると講堂として移築された朝集堂は、平城宮創建当初のものではなく、恭仁京、紫香楽京、難波京と五年間の彷徨を経て、平城京に戻った天平十七（七四五）年以降に建てられたものであり、まだ一〇年余ほどしか経っていない新しい建物であったことになる。

これには文室智努（浄三）の尽力があったとの説もあるが、『延暦僧録』によると、智努はこれを機に別当になったとあるから、このあたりからでたものであろう。智努は天平宝字四年に中納言、翌年には御史大夫（大納言）に昇任しているが、平城宮朝集堂の移築が智努一人の独断で行われたとは思えない。これなども権臣である仲麻呂の理解と配慮がなくてはならなかったであろう。

さらに、先述のとおり講堂の瓦は第二次朝堂院と同じものが多いが、新薬師寺・西大寺・西隆寺などで使用されたものと同笵のものもあり、なかには仲麻呂の私邸である田村第と同笵瓦の六六七〇A・六六九一A形式の軒平瓦も使用されていることが報告されている（奈良国立文化財研究所、一九八五）。このことも仲麻呂が唐招提寺の創建に関わっていたことを示す論拠となりうる。

このように唐招提寺の伽藍建立が、仲麻呂政権下ではじめられ盛んであったのに比べて、延暦二十三（八〇四）年正月の如宝（にょほう）の奏状にあるごとく、仲麻呂政権崩壊後、仏教優遇の道鏡政権下においてすら打ち捨てられてほとんど進捗せず、五〇年後に漸く完成を目指していたことは、とりもなおさず唐招提寺の建立に仲麻呂の理解と積極的な政治的助力のあったことを裏づけている。

さらにひとつは、菅家本『諸寺縁起集』に、長さ三尺ばかり、広さ一寸五分、恵美大臣の宝物との由来を記す大刀が唐招提寺宝蔵に納められていたことがみえる。仲麻呂が鑑真に帰依して、宝物として献じたというこの大刀の今は寡聞にして知らないが、この大刀なども仲麻呂と鑑真との親交を示す証のひとつである（堀池、一九六五）。

叙上のように、仲麻呂は紊乱していた仏教界に対して、厳しい戒律の順守と学業優先を目的に、戒本師田、布薩、僧位制度の創設などの施策を推進していった。それらは鑑真等の僧綱の主導するところでもあった。このように仲麻呂は来日したばかりの鑑真を僧綱に登用し、その大乗的戒律によって仏教界を振粛することを期待したのであった。

『唐大和上東征伝』には、日本律儀を厳整しようとするために、天平宝字三年に鑑真の将来した

『法励四分律疏』『鎮国道場檀餝崇義記』を講じたことが記されてあり、忍基が東大寺唐院で、真法が興福寺で、常巍が大安寺、善俊が唐招提寺で、恵新が大安寺塔院で行い、そのなかで地方では唯一近江国のみ忠恵を請じて件の疏記が講じられたとある。これは当時の近江守仲麻呂の招請によって近江の国分寺で行われたものと思われる。ここにも鑒真の提唱する戒律への仲麻呂の期待が推察できる。

ここに為政者として僧侶に厳格な戒律を求めていた仲麻呂と、大乗的戒律を唱導していた鑒真の思想の一致が認められるのである。若き時大学少允に任じるなど、「ほぼ書記に渉る」と薨伝に記されるなど、学問好きな性格から唐文化を模範とし、それを政治制度に反映していった仲麻呂が、唐より来日した高僧鑒真をアカデミックな象徴として憧れていたことも想像に難くない。

鑒真は文字通り幾多の苦難を越えて来日したのであったが、これは自分の天台教学と道宣系の四分律学（塚本、一九六四）の弘布のためであったことは論をまたない。

時の仏教が日唐違うことなく、政府によって統制された国家仏教であったことを思えば、その弘布のいかんは政府との関係に著しく左右されることはあたりまえのことであった。鑒真が延慶を通して、また刷雄との親交をも重視したのは、偏に政治権力の絶頂期へと進みつつあった仲麻呂との良好な関係を結ぶことにその目的があったものと解するのは、必ずしも穿ちすぎた見方ではない。このような双方の思惑を背景にして、延慶と刷雄を通じて、仲麻呂と鑒真との関係はますます密接になっていったと考えられ、それらが唐招提寺創建にあたっての、仲麻呂の種々の助力となって現れたのである。

3　藤原仲麻呂の対外政策

新羅との関係

仲麻呂の対外政策というと、やはり新羅征討計画が中心となるが、この政策を実行に移そうとした背景について考えてみると、内的には紫微内相（しびないしょう）に任ぜられて内外の諸兵事を管掌するという軍事指揮権を確立したことと、橘奈良麻呂の変を鎮圧し反対派を一掃して政治的主導力を発揮することが可能になったこと、外的には唐が安禄山・史思明の内乱によって新羅の支援ができないことや我が国と渤海との協調という事実があった。

仲麻呂が、そもそも新羅を征伐しようと思った直接的なきっかけは天平勝宝五（七五三）年の新羅の景徳王による遣新羅使小野田守（おののたもり）に対しての会見拒絶にあった。この前年の同四年閏三月には新羅王子の金泰廉（こんたいれん）ら七〇〇人という大規模な新羅使節が来日している。以前から新羅とは緊張関係にあったから、この使節の派遣によって関係は好転したようにもみえる。なぜ新羅がこのような大規模な使節を派遣したかであるが、唐や渤海をふくめた東アジア情勢の変化や大仏の塗金のための金をもたらすためであったとか、貿易商業を考慮していたとかの理由があげられるが、金泰廉らは大安寺や東大寺で礼仏し、朝堂で饗されて七月に帰国している。

これをうけて同五年二月に小野田守が遣新羅大使となったものの会見拒絶にあって一挙に関係が緊迫化するが、その理由には正月の唐での朝賀の際の新羅との席次争いが影響しているのではないかと思う。

その争いとは、同四年閏三月に派遣された藤原清河を大使、大伴古麻呂・吉備真備を副使とする遣唐使が、蓬萊宮含元殿での朝賀の際に、我が国の席次が西畔第二の吐蕃（チベット人の王国）の下におかれたのに比べて、新羅は東畔第一の大食国（アッバース朝イスラム帝国か）の上であったことに対して、大伴古麻呂が新羅は日本の朝貢国であることを主張して、呉懐実将軍が席次を交替させたという出来事である。これは新羅にとっては屈辱的なことであって、この事件が新羅との関係を一挙に悪化させたことは確かであって、同八歳からは対新羅策として筑前に怡土城の造営が進められて、この後しばらくは新羅との外交関係は途絶する。

渤海との関係

それにひきかえて渤海とは緊密で友好な外交関係にあった。天平勝宝四（七五二）年九月に渤海使慕施蒙ら七五人が佐渡に来日し、同五年五月に慕施蒙らは拝朝して信物を奉ったのに対して、朝堂で饗して授位し、同五年六月に渤海使は帰国している。

この後、四年ほど両国に空白の期間があるが、前述のように政治に主導力を発揮するようになった仲麻呂は天平宝字二（七五八）年二月には遣新羅大使であった小野田守を渤海使に任じるなど自分から積極的に渤海との外交交渉を進めるようになる。

これは、この時にはすでに仲麻呂の心底に新羅征討のことがあって、政略上からも新羅の背後にある渤海との良好な外交関係の構築を望んだためと思われるし、また渤海も連携を考えていたと想定できる（酒寄、一九七七）。遣新羅大使であった小野田守を渤海使に任じたのも、外交経験があるということも考慮されたとは思うが、新羅の政情に通じていたことが決め手になったのではないだろうか（石井、二〇〇一）。

『万葉集』巻二〇・四五一四番歌の題詞には、二月十日に仲麻呂が自邸で渤海大使の小野田守らに餞の宴を催していることがみえているが、それだけに仲麻呂の渤海との外交に期待するところが大きかったことが推測される。

この直後に渤海に渡った田守は、同二年九月に帰国したが、渤海大使の楊承慶、副使楊泰師、判官馮方礼（ひょうほうれい）ら二三人も田守とともに越後国に来日している。一足先に入京した田守は十二月十日に唐の消息を伝えている。天宝十四（七五五）載十一月に安禄山が反乱を起こして、同年十二月には洛陽に入城、翌同十五載六月に玄宗は蜀の地である剣南に逃れ、七月十二日には玄宗の三子が即位して粛宗となるなど、唐の内乱状況が報告された。

この小野田守の報告は、新羅征討の意志を固めつつあった仲麻呂にとって朗報であった。唐朝の争乱によって、新羅征討への唐の介入の可能性が低くなったことは、仲麻呂にとっては好都合であった。天平宝字二年十二月二十四日には渤海大使楊承慶らが入京、明けて同三年正月には拝賀、そして楊承慶らに授位と朝堂での饗応があった。そして正月二十七日には、仲麻呂は渤海使を自邸田村第に招き、饗宴を設けている。

ここでは当代の文士が詩を賦して送別したが、これに副使の楊泰師も詩作して和したという。また渤海使には、内裏の女楽（にょがく）と綿一万屯を賜っている。この女楽を賜うについては、従来は観覧に供したと理解してきたが、最近になって新羅征討計画のための同盟関係締結という特殊事情のもとで、唐の制度に倣って女楽の女性そのものを贈与したのではないかとの新説が提示された（榎本、二〇一〇）。いずれにしても綿一万屯は破格の数量であることから、仲麻呂の渤海使に対する配慮が知られる。

楊承慶らの渤海使は同三年二月に帰国したが、これに新たに迎入唐大使使に任命された高元度が同行している。これは帰国が叶わず、いまだ唐国にとどまっている遣唐大使藤原清河を迎えるためのものであったが、そこには渤海から小野田守を通じて得た唐の政情を、高元度に直接確認させる目的もあったのではないかと想像する。

このような唐国内の騒擾状況、渤海との友好関係の構築などの状況を勘案して、仲麻呂は予てからの新羅征討の意志を固めたものと思われ、次々に関連の政策を行っている。同三年六月には大宰府に行軍式を造らせ、八月には大宰帥の船王（ふねのおう）をして香椎廟に新羅征討の状を奏させ、九月には新羅からの渡来人で帰国を願う者を自由に帰国させる措置もとっている。そして九月十九日には征討のための造船を計画し、北陸道諸国で八九艘、山陰道で一四五艘、山陽道で一六一艘、南海道で一〇五艘の合わせて五〇〇艘を三年の内に造ることを命令している。

国内での新羅征討の準備が着々と進捗するなかで、渤海との協調関係はさらに深められることになる。同三年十月十八日、迎藤原清河使（迎入唐大使使）判官の内蔵全成（くらのまたなり）らが、渤海使高南申らに送られて対馬に帰着したのである。二月に渤海使楊承慶の帰国に同行して入唐しようとした迎入唐大使使高元度ら九九人は、唐の騒擾状況をうけて渤海による全員の入唐は無理との判断により、高元度ら一一人が当初の目的どおりに、渤海の唐への同四年正月の賀正使楊方慶に随い入唐することとし、残る判官内蔵全成以下の八八人は帰国することになり、その事情説明と送付のためもあって渤海では急遽使節を編成させたのである。

高元度らの入唐といい、内蔵全成らの帰国への取りはからいといい、渤海のこのような対応は両国間の外交関係が頗る良好であったことを物語っているし、このことは渤海国王への詔に、「その款誠がとても嬉しい」とあることによっても理解できる。渤海にとっては、唐の擾乱によって新羅との挟撃をうける心配がなくなったことを考慮すると、新羅征討を目論んでいる仲麻呂にこそ渤海との友好的な関係の必要性がよりあったといえる。

高南申ら渤海使は同三年十月二十三日に大宰府、そして難波を経て十二月二十四日に入京している。翌同四年正月に高南申らは拝朝、方物を奉り、それに応えて大使高南申、副使高興福、判官李能本・解臂鷹・安貴琮らに授位があった。帰国の日時は分明ではない。二月中には帰国したのではないかと思うが、この送使である送高南申使の陽侯玲璆が同四年十一月に渤海から帰朝している。

つづいて同五年十月には、高麗大山を遣高麗大使に任命している。大山は仲麻呂から深い信頼を受けた人物であり、専使でもあったことから新羅征討計画に関連して派遣されたのだろう（石井、二〇〇二）。この遣高麗使がいつ渡海したかははっきりわからないが、同六年三月末日にはまだ渡海していなかったことがわかっているから（『大日古』一五巻三八八頁）、それ以降であろう。

その後、高麗大山は同六年四月に遣唐副使に任じられている。しかし、同六年十月には副使の伊吉益麻呂が渤海から渤海国使王新福ら二三人らとともに帰国し、王新福らは一時的に越前国加賀郡に安置・供給されるが、大使の大山は帰国の船上で病に伏して、佐利翼津（不明）で没したという報告がなされている。

翌月には、早くも王新福らを渤海まで送る使である送高麗人使に多治比小耳が任じられている。閏十二月には王新福ら渤海使は入京、明けて同七年正月になって王新福はじめ副使李能本、判官楊懐珎らは元旦に拝賀、七日には叙位に預かっている。十七日には淳仁天皇が朝堂で渤海使を饗したが、そこでは大使の王新福から唐朝の不安定な政治情勢が報告されている。

そして仲麻呂は、二月四日になって独自に渤海使の人びとを饗している。ことに副使の李能本は同四年正月に判官での来日に次いでの二回目の入京であって、当時の日渤関係にとって重要な人物であったといってよいであろう。王新福らは二月二十日に帰国している。

このようにこの時期の日渤交渉は頻繁であって、その友好的な外交関係を確認することができる。もちろん、この背景には両国の単なる友好関係の構築ということだけではなく、唐朝の擾乱の影響をうけて、朝鮮半島（韓半島）の高句麗・新羅と仲麻呂による新羅征討計画も絡んだ複雑な東アジア情勢があった。

新羅征討の準備

渤海との友好が進むなかにあって、新羅との交流は天平勝宝四（七五二）年以降絶えていたが、天平宝字四（七六〇）年九月になって新羅使の金貞巻が来日している。しかし、すでに仲麻呂を中心とする政府では新羅征討の方針が決定され、その準備を進めていることもあって、今回の使節についての対応は厳しいものであった。『続日本紀』の記事でははっきりしないが、たぶん入京を許されなかったものと思われる。

仲麻呂は息子の朝狩に命じて、来日の事由を尋ねさせている。朝狩は新羅が礼儀を欠いていることや遣新羅大使小野田守への礼を失する対応を非難している。そして金貞巻ら使節の身分が軽輩であることから接待することができないことを告げ、次回の使節の来日には旧来どおりの調の貢納と、責任を持って対応できる使人の派遣などを要求し放還している。これによって仲麻呂の新羅征討の覚悟が固まったといえる。

仲麻呂の新羅征討計画は、仲麻呂の国内政治の矛盾を対外政策によって収拾しようとした施策であると考えられてきたが、父武智麻呂の遺志をつぎ、国家の問題、王権の総意として発動されたものであった（河内、一九九九）。

翌天平宝字五年正月には新羅征討のために、美濃・武蔵国の少年各二〇人に新羅語を学習させている。武蔵国には新羅からの渡来人やその子孫が多くいたことが理由であろう。七月には薩摩・大隅二国を除く九州諸国に甲・刀・弓・箭などの武具を製作させることを命じている。そして十一月には節度使を任命して、次の節度使一覧表のとおりに、各道ごとに新羅征討のための船・兵士・水手(かこ)などを検定させ、兵士の動員・訓練、兵船の徴発などを進めることを図っている。

これに徴発された兵士たちには、弓馬や五行による陣の訓練が課せられ、残った兵士は兵器の製造に携わったが、その代りに特に三年の田租が免除されている。

東海道節度使に任命された朝狩は、陸奥国按察使兼鎮守府将軍として雄勝城や桃生城を造作するなど蝦夷制圧に功績があり、副使の百済足人は鎮守判官、陸奥大掾として長く東北にあって、陸奥介兼鎮守副将軍として朝狩を補佐してきており、この二人は互いに気心のしれた仲であった。また田中多太麻呂は中衛員外少将を経て、後に陸奥守兼鎮守副将軍となっているから仲麻呂にも信任された人物であった。

南海道節度使の百済王敬福も天平末年には陸奥守に在任し、後に検習西海道兵使にもなっている。副使藤原田麻呂はこの時までは武官としての経歴はみえないが、このあとには左虎賁督・陸奥出羽按察使にも任じられているし、西海道副使の多治比土作は天平十五（七四三）年に検校新羅客使となり、紫微中台の大忠を務めている。このように節度使に任じられた者たちは、蝦夷制圧に功績をあげるなど武功があって、かつ仲麻呂の信頼の篤い者たちであったといえそうである。

天平宝字六年正月には、三道節度使の綿入れの襖（裾のない腋を縫合した上衣）と冑を各二〇二五〇具大宰府に作らせたが、これは迎藤原清河使の高元度が前年に唐から分付された新様のものであった。それは五行の陣、つまり五つの陣法にあわせて、碧色に染めた襖には、その上に朱色で札（よろいの材料の小板）を描き、赤地には黄色で、黄地には朱色で、白地には黒色で、黒地には白色の五種で、四〇五〇具ずつ作成させたのである。また同六年四月には大宰府に弩師（大弓の弩の射撃を教える者）をおいている。これら一連の軍事政策はひとえに新羅征討を目的としたものであった。

同六年十一月になると、文室浄三らを伊勢神宮に、藤原巨勢麻呂らを香椎廟に派遣し奉幣している。その理由として、新羅を征討するために軍隊を調習するからであるといっている。そして天下の神祇に幣と弓矢を奉り、また天下の群神に奉幣している。これらの神祇的行動をみると、この同六年十一月には新羅征討の準備が整ったようにも思われる。また、この時には渤海使の王新福らが来日中であり、王新福から唐の安史の乱による騒乱の状況が報告されているが、これをうけて新羅征討について王新福らから渤海の対応などについて謀るところがあったかもしれない。仲麻呂は国内の新羅征

道別	節度使	副使	判官録事	管掌国	船	兵士	子弟	水手
東海道（東山道）	藤原朝狩	百済足人 田中多太麻呂	各四	遠江・駿河・伊豆・甲斐・相模・安房・上総・下総・常陸・上野・武蔵・下野	一五一	一五七〇〇	七八	七五二〇（肥前二四〇〇・対馬二〇〇含）
南海道（山陽道）	百済王敬福	藤原田麻呂 小野石根	各四	紀伊・阿波・讃岐・伊予・土佐・播磨・美作・備前・備中・備後・安芸・周防	一二一	一二五〇〇	六二	四九二〇
西海道	吉備真備	多治比土作 佐伯美濃麻呂	各四	筑前・筑後・肥前・肥後・豊前・豊後・日向・大隅・薩摩	一二一	一二五〇〇	六二	四九二〇

節度使一覧表

討準備の進捗状況をも考慮しながら、その行動に移る時期をはかっていたものと思われる。

このような状況のなか、渤海使らが帰国する直前の同七年二月十日に新羅使の金体信ら二一一人の使節が来日した。政府では大原今城らを派遣して入京を認めることにしたものの、同四年の金貞巻の時と同じように、今後は王子もしくは執政大夫である高官らを来日させるようにと伝えている。入京を許されたとはいえ、『続日本紀』などの記録にはこれ以外のことはみえず、渤海使と相違して厳しい対応になったのではないかと推測される。

ただ、新羅も日本の征討計画のことは知っていたものと思われる。この金体信のあとの同八年七月に金才伯ら九一人の新羅使が博多津に来ている。政府では紀牛養と粟田道麻呂を派遣して、新羅から渡来する人たちが、新羅では日本が攻めてくるから兵士を集め警備しているといっているが本当かと問いただしている。これに金才伯は、唐国が安史の乱で乱れたことによって海賊が横行するから海岸線を防守しているだけだと弁解している。

この追及は新羅からやってくる人びとの情報によるものであるが、新羅からの渡来人で帰国を願う者を帰国させたりしているから、同じように反対に新羅にも日本の新羅征討計画が伝わっていたと考えてもよく、金才伯の弁解どおりに海賊に備えてというよりも、日本の攻撃に備えたものであったと考えてよいと思う。だからこそ二年続けて金体信ら二〇〇名前後の大使節を派遣してきているのであろう。しかし、この新羅の危惧は徒労になる。

天平宝字七年八月になると、突然に山陽南海道の節度使が停止となる。その理由は両道諸国の旱害であった。すでに同五年から五穀が実らずに餓死者が多くでて、同七年正月になって同五年以前の公出挙は元利ともに、私出挙は利息を免除する措置がとられている。『続日本紀』にも、山陽南海道にとどまらず、同七年二月の出羽国での飢餓をはじめとして、四月以降には信濃・陸奥・河内・尾張・越前・能登・大和・美濃・阿波・備前の飢えの記事がみえ、八月になると近江・備中・備後・丹波・伊予も飢えが激しく賑給（しんごう）している。ここに阿波や伊予、備前・備中・備後の諸国がみえているから南海山陽節度使が停止になったのであろう。そして同六年は霖雨で、同七年は反対に亢旱で五穀が実らず飢饉となり、また疾疫が広がったことから、全国の田租を免除している。

このような状況下では、新羅征討のための兵士の動員・訓練、兵船の徴発を管掌する南海山陽節度使が停止されたことは仕方ないことであって、新羅征討計画にも大きな影響が予感された。しかし西海道節度使の停止がいつのことかわからないし、東海道節度使が停止となるのは翌同八年七月のことであるから、その計画の大幅な変更を余儀なくされたことは間違いないが、この時点ではまだ仲麻呂は完全に新羅征討を諦めたわけではなかった。

しかし、その後も十二月には摂津・播磨・備前も飢饉が続き、年が改まって同八年になっても備中・備後や石見では飢餓が続き、三月には摂津・備前・備中・備後・出雲の六国が、四月には美作・淡路・阿波・讃岐・伊予が亢旱で飢え、淡路では種籾もなく紀伊国から転送する非常事態となった。このような何年にもわたる旱害を中心とする西日本諸国の疲弊によって仲麻呂も新羅征討は難しくなったと判断したのであろう。同八年七月十七日に東海道節度使を停止している。東海道諸国の旱害はそれほどではなかったようであるが、南海山陽節度使が停止した以上は、この計画の断行は当然無理であった。

また渤海王の唐国からの扱いが「郡王」から「国王」へと昇格し、「検校太尉」という新羅王と同等の官位が授けられるなど、渤海と唐との関係が好転したことによって、唐と緊密な関係を保つ新羅を日本と挟撃するリスクを考えた渤海の外交姿勢の変化が、仲麻呂の新羅征伐の断念につながったともいう（石井、二〇〇一）。また孝謙太上天皇との関係が悪化して、権力維持に苦慮している現況では、もう新羅征討などというよりは、どのようにして淳仁・仲麻呂政治体制を維持し、孝謙太上天皇を抑圧・排除するかが至上命題となっていたのである。

唐との関係と遣唐使

仲麻呂政権下での唐との関係に目立ったことはなく、外交関係としては低調であった。それは仲麻呂の外交政策の中心が新羅征討であり、またそのための渤海との関係強化にあったからであろう。また唐国内が安史の乱の影響もあって不安定で騒乱化していたからでもあろう。

仲麻呂の主導する遣唐使派遣というと、まずは天平勝宝二（七五〇）年九月に藤原清河を大使に、副使に大伴古麻呂を、そして翌同三年十一月に副使に吉備真備を追加任命した（実際に入唐した）遣唐使のことが知られる。

この度の遣唐使は同四年閏三月に渡唐して、同六年正月に大伴古麻呂が鑒真をともなって帰国したことでも知られる。前述のように、新羅との関係悪化の一因にもなったと思われる同五年正月の蓬莱宮含元殿での新羅との席次争いもあり、大使藤原清河は帰国が叶わず、その後はその清河の帰国が政府の課題ともなった遣唐使でもあった。

仲麻呂は、この遣唐使の入唐に際して餞の宴を自邸に設けて、その無事の帰国を願った歌も詠んでいて、これに大使藤原清河も歌を詠んで応えている。刷雄の入唐もこの時であった。『万葉集』巻一九・四二四二〜四二四四番歌には、次のようにみえている。

大納言藤原家の入唐使(にっとうし)等に餞する宴の日の歌一首　即ち主人卿作る

天雲の行き帰りなむものゆゑに思ひそ我がする別れ悲しみ

大使藤原朝臣清河の歌一首

あらたまの年の緒長く我が思へる児らに恋ふべき月近付きぬ

この後、しばらく遣唐使派遣の具体的な動向は知られないが、天平宝字三（七五九）年正月になって、唐に取り残された大使の藤原清河を迎えるための迎入唐大使使に高元度が任命された。清河を迎えるためとはいえ、唐が騒乱状況のなか五年ぶりに使節を派遣することになったのは、この年に渤海使楊承慶が来日中で、その帰国に際しての送使をも兼ねて入唐するという便宜的なことでもあったからである。

しかし、仲麻呂はこの半年後には新羅征討のために、大宰府に行軍式を立てることを命じているから、新羅征討のこともあって唐の詳細な政治状況を確認する目的もあったと思う。唐の現況は同二年十月に渤海から帰った大使の小野田守から安禄山が反乱を起こして、天宝十五（七五六）載六月に玄宗が蜀の地に逃れ、翌月に粛宗が即位するなど騒乱状況にあることが報告されていたが、なんといっても渤海を通しての間接的な情報であり、直接的に確認しなければ新羅征討計画を推進できなかったものと思われる。

高元度ら迎入唐大使使は、天平宝字三年二月の渤海使節の帰国に同行して渡海したが、唐の混乱状況から高元度ら一一名のみが賀正使の楊方慶とともに入唐することになり、判官内蔵全成ら八八人は、高南申らに送られて帰国したのである。高元度は出発してから二年半後の同五年八月になって帰国している。元度は唐ではなかなか粛宗に逢うことができずに、このような長い滞在になったらしいけれども最終的には粛宗との謁見が叶った元度は、最大の目的である特進秘書監として唐朝に仕える藤原清河の帰国を願いでたが、粛宗は清河を帰国させようと思うが、まだ兵乱がおさまっていないこともあって道路は困難が多いことから、先に元度に南路をとって帰国し復命するように命じた。また帰国の際には、兵器の見本として甲冑一具・伐刀一口・槍一竿・矢二隻を授けている。これは兵乱のための武器不足の補充を日本に要請したものであった。

粛宗は謝時和に命じて、元度らを率いて蘇州に向かわせ、時和は刺史（州の長官）である李岵と相談して船を一隻造り、押水手官（水手の監督者）に越州浦陽府の武官である沈惟岳ら九人と、水手として陸張什ら三〇人を元度の送使としたのである。

政府では来日した沈惟岳らを大宰府に安置するとともに、粛宗の安禄山の乱離によって多くの兵器が失われ、弓を作るに必要な牛の角が不足しているから送って欲しいとの願いをうけて、二カ月後の同五年十月には、牛角七八〇〇隻の貢上と安芸国に遣唐使船四隻の造作を命じ、遣唐大使に仲石伴（なかのいわとも）、副使に石上宅嗣を任じて遣唐使の派遣を決定している。

天平宝字六年正月に仲麻呂は、息子の真先（まさき）を大宰府に派遣して沈惟岳らを饗せしめ、その帰国送使のための遣唐使派遣を急いでいたが、四月になって安芸から難波の江口（淀川河口）に回送してきた遣唐使船一隻が座礁し柂も壊れて、また波に揺られて船尾も破損してしまった。そこで二隻分に減員し、判官中臣鷹主（なかとみのたかぬし）に従五位下を授けて遣唐大使に、副使に高麗大山を任じた。

その後、五月になって大宰府に安置されていた沈惟岳を除く唐客副使の紀喬容ら三八人が、大使である沈惟岳が不正な品物を得たなどとする贓汚を理由に解任することを願い、代りの使節代表の押領を紀喬容か司兵の晏子欽（あんしきん）に代えるべきことを申し出た。大宰府では尤もなこととして、この紀喬容らの願いを政府に言上した。しかし、仲麻呂は大使・副使の任命は勅使謝時和と蘇州刺史李岵の決めたことであるとして、沈惟岳の解任を認めなかった。

同六年七月に送唐人使である中臣鷹主は渡海することになったが、船出に都合のよい風波に恵まれずに渡海はままならなかった。八月になると、この送唐人使の派遣の中止が決定され、つづいて沈惟岳ら唐人に対して大宰府に安置して衣食を支給することと、中臣鷹主ら送唐人使らの帰京と水手らの帰郷が命じられた。この時には新羅征討の準備が急を要していたから、そちらが優先されたのかもしれない。

その後、遣唐使は宝亀六（七七五）年六月まで任命されることがなかったから、沈惟岳らは帰国することができなかった。そして宝亀六年の遣唐使でも帰国することもなく、沈惟岳は同十一年十二月には清海宿禰を賜い左京に編付されている。『新撰姓氏録』の左京諸蕃には、晏子欽は栄山忌寸を賜姓するなど、残る人びとも長国忌寸・清川忌寸・嵩山忌寸（すせやまのいみき）などの姓を賜り、帰化したことが知られる。

第七章　仲麻呂政権の動揺——淳仁天皇の帝権分離

1　孝謙太上天皇の帝権分離宣言

藤原仲麻呂と彼の政権が崩壊へと向かうターニングポイントとなったのは、仲麻呂が擁立した淳仁天皇（じゅんにんてんのう）の天皇大権、つまり帝権が天平宝字六（七六二）年六月に、孝謙太上天皇によって奪取された事件であるといわれる。

孝謙太上天皇復権の意志

そこで、この第七章では孝謙太上天皇によるこの事件、つまり帝権の分離宣言とは、どのようなものであったのか、その政治的影響とのちの政権の動静についても述べてゆこう。

孝謙太上天皇による帝権分離宣言については、『続日本紀（しょくにほんぎ）』天平宝字六年六月庚戌（三日）条に以下のように記されている。少し長いが、淳仁天皇・仲麻呂と孝謙太上天皇の権力闘争を考える場合の重要なポイントとなるので、その主要な部分を引用してみる。まず孝謙太上天皇は、今の帝と立ててすまひくる間に、うやうやしく相従ふ事は无くして、とひとの仇の在る言のごとく、言ふましじき辞も言ひぬ、為ましじき行も為ぬ。凡そかくいはるべき朕には在らず。別宮に御坐坐さむ時、しかえ言はめや。此は朕が劣きに依りてし、かく言ふらしと念し召せば、愧しみいとほしみなも念す。また一つには朕が菩提心発すべき縁に在るらしとなも念す。是を以て出家して仏の弟子と成りぬ。

と、「今の帝である淳仁天皇が恭しく従うこともなく、それどころか仇敵でもあるかのように言ってはならないことも言い、為してはならないこともしてきた。およそこのようなことを言われる私ではない。このように言われるのも自分が愚かであるからと思うと愧しくなる。しかし、このことは自分に菩提心を起こさせる仏縁とも思い、出家することにした」と表明したのである。

法華寺で出家した孝謙太上天皇は、法基尼と名のったというが（『扶桑略記』天平宝字六年六月条）、注目されることは、孝謙太上天皇がさらにつづけて、

但し政事は、常の祀小事は今の帝行ひ給へ。国家の大事賞罰二つの柄は朕行はむ。

と、国家の大事賞罰の二つのことは自分が行い、淳仁天皇は通常の祭祀・小事を行えばよいと宣言したことである。

「国家の大事賞罰二つの柄」とは、「国家の大事である賞と罰の二つ」（青木他、一九九二）とも、「国家の大事と賞罰の二つ」（古市、二〇〇五）とも解釈できる。しかし、国家の大事とは皇位継承と軍事に関わる権限で、小事とは日常の政務儀式に関わる権限と理解される（水野、二〇〇四）から、ここでは皇位継承・軍事権などを指す国家の大事と、賞罰の二つということにしておく。

「言ふましじき辞」とは何か

この宣言の直接的な原因ともなった淳仁天皇のいった「言ってはならないこと」とは、具体的にはいったいどのようなことであったのだろうか。

それをうかがわせることが『続日本紀』宝亀三（七七二）年四月丁巳（六日）条に収める道鏡伝にみえている。それによると天平宝字五（七六一）年に保良宮に行幸したときに、道鏡が孝謙太上天皇の看病に侍ったことが契機となって、孝謙太上天皇が異常なまでに道鏡を寵愛するようになったことに、淳仁天皇が諫言したことを指しているらしい。この頃の孝謙太上天皇と道鏡には、仏の加護を求めようとする三昧経典の収集目的の過程で、仏縁を介してより強固な関係が醸成されていたとする説がある（山本、二〇〇四）。

帝権分離宣言の背景

しかし、孝謙太上天皇が淳仁天皇からの諫言に対して、このような過激な言動に出たのは、このことだけが理由ではなかろう。前述のように、孝謙太上天皇のこの宣言の背景には、自らが即位していた時には、母后である光明皇太后が国璽を保持し、かつ自分に代って詔勅をも渙発して、紫微中台を中心に、その長官である仲麻呂をもって国政を行うことが常態化していて、天皇としての大権をふるうこともなく、また光明皇太后によって譲位を強要されたという不満があったのである。その反発から光明皇太后の没後になると、孝謙太上天皇のなかには政治への意欲がますます増大してきていたのである。

また孝謙太上天皇は、この宣言の前段で、

岡宮に御宇しし天皇の日継は、かくて絶えなむとす。女子の継には在れども嗣がしめむと宣りたまひて、

といっていることからもわかるように、傍系である舎人親王系の出身である淳仁天皇に対抗して、天武天皇・持統天皇直系の「岡宮に御宇しし天皇の日継」、つまり草壁親王皇統としての自分に強い正統性意識をもっていた（瀧浪、一九九一ii）。このような複合的な感情が、孝謙太上天皇の宣言の背景にあったものと思われる。この孝謙太上天皇の帝権分離宣言について、角田文衛氏は非律令的な家長権を行使した越権行為であり、自ら皇権を蔑にした愚かしい態度であったと述べ、手厳しい評価をしている（角田、一九六一ii）。

2　帝権分離宣言の実態

さて、この宣言は、太上天皇と天皇、そして専権貴族の仲麻呂との三者の政治的関係を考えるうえにも重要視されるが、まずは宣言のこれ以降の実態について、従来の学説を参考にしながら考えてみよう。

帝権分離宣言についての学説

従来の学説を整理すると、この宣言によって皇権は分裂、淳仁天皇の地位はまったく有名無実なものと化し、天皇権力が孝謙太上天皇に帰し（笹山、一九九二）、出家した孝謙太上天皇の方が国政の重要事項を掌握したことは、これまた中国の先例を継承した当時の太上天皇として当然のことであったと理解されてきた（岸、一九六九）。そして、これ以後の政策は孝謙太上天皇の意志によって出されたものとして大過なく、皇権の発動が専制に近い状態で行われるようになって（鈴木、一九七六）、仲麻呂政権を根底からゆすぶったとも考えられてきた（野村、一九七六）。

また瀧浪貞子氏は、仲麻呂が都督四畿内三関（さんげん）近江丹波播磨等国兵事使への就任を孝謙太上天皇に申し出て任命された（天平宝字八年九月二日）ことから判断して、孝謙太上天皇が国政の主導権を握っていたとされるし（瀧浪、一九九一ⅱ）、加藤麻子氏のように孝謙太上天皇と淳仁天皇がともに鈴印運用権を有していたが、仲麻呂謀反のような「国家大事」には孝謙太上天皇の運用権が優先されて「宝字六年詔」（帝権分離宣言）の有効性が認められる（加藤、二〇〇一）とする論もみられる。

また渡辺晃宏氏のように天皇大権を象徴する鈴印が淳仁天皇のもとにあることからして、天皇と太上天皇が共治してきた政務を内容によって分担しようと提案したものにすぎず、それはけっして淳仁天皇の権能を奪う意図からではない、ただ太上天皇である孝謙が天皇淳仁とは異なる行動をとることがあり得ることを宣言したものであるとの理解もある（渡辺、二〇〇一）。

けれども、このような見解は著者からすると、上記の『続日本紀』の記述をただ鵜呑みに信じて、史学的な検証を欠いたものであって実証性に乏しいようにみえる。ただ岸俊男氏が、造東大寺司の官人の異動をおって、天平宝字七（七六三）年正月頃から藤原仲麻呂派の官人が追放され、反仲麻呂派の官人によって占有される事実を論証され（岸、一九五六-i）、また仏事面からも同様のことを山本幸男氏が主張されたこと（山本、二〇〇四）は注視しなければならない。

しかしながら、著者には、まずこのような宣言をしなければならなかったところに、孝謙太上天皇の政治的立場をおしはかるべきであって、そう簡単に天皇権力が淳仁天皇から孝謙太上天皇のもとに移ったとも思えない。そこで、この孝謙太上天皇の宣言によって、先学がいってきたように、本当に天皇権力が淳仁天皇から孝謙太上天皇に移り、それにともなって仲麻呂が政治権力を失ったのかどうかをみてゆきたい。

皇権と御璽のゆくえ

まず天皇権力の象徴といえば、これは御璽つまり内印ということになろう。

内印は、「養老公式令」に規定されているように、五位以上の位記や諸国に下す公文に捺すものであり、正倉院に残る「国家珍宝帳」や仲麻呂自筆の「東大寺封戸処分勅書」にも捺されていることで知っておられる方も多かろう。

また御璽とともに、天皇権力とのかねあいで重視されるものに、公卿官人が地方を往還する時に駅使であることを証明する駅鈴がある。この駅鈴と御璽を併せて鈴印と称しているが、この鈴印をおってゆくことで天皇権力の所在を確認することができると思う。

そこで、注目されるのが『続日本紀』天平宝字元（七五七）年七月庚戌（四日）条にある橘奈良麻呂らのクーデター計画で、「次に、光明皇太后を傾けて鈴・璽を取ること」と、同八年九月乙巳（十一日）条の「高野天皇（孝謙）が少納言山村王を遣して中宮院にいる淳仁天皇の保持する鈴印を奪った」との記事である。

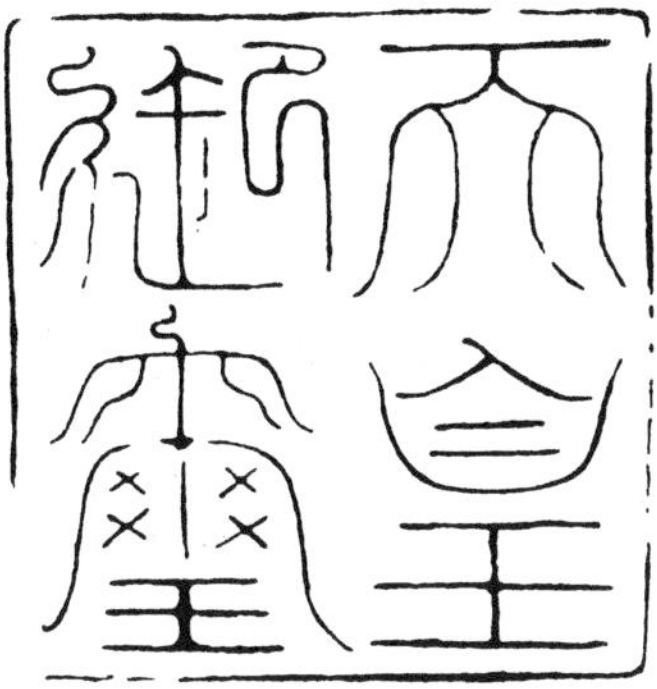

内印の印影

この両条を検討すると、鈴印は天平勝宝元（七四九）年七月の孝謙天皇即位後も聖武太上天皇のもとにあり、聖武太上天皇の没後は光明皇太后の管理するところとなっていたように推察される。それが天平宝字八年九月には中宮院にいた淳仁天皇の手許にあったということになると、それは淳仁天皇の即位した同二年八月か、光明皇太后が没した同四年六月に光明皇太后から淳仁天皇のもとにわたった可能性が高い。

同三年六月庚戌（十六日）条に、光明皇太后が淳仁天皇に、「今では天皇として天下を治めることに日月が重なってきた」

と語ったことがみえ、また淳仁天皇も光明皇太后に自ら「聖武天皇の皇太子と定めていただき、天皇の位に昇らせていただいた」といっていることを思慮すると、どうも鈴印は淳仁天皇の即位と同時に光明皇太后から淳仁天皇に伝授されたものと思われる（近藤、一九九七）。

しかし、このような理解と違う論説もある。光明皇太后の鈴印の保持は、平城宮の改作による一時的な管理である可能性もあり（吉川、二〇〇〇）、また保管権と運用権を区別する必要性を説いたうえで、保管権は天皇、運用権は天皇・太上天皇双方にあるという前提にたち、天平宝字元～同二年中の大宮改修の期間、孝謙太上天皇は内裏を出て、皇太后宮において、おそらく紫微中台政庁で日常政務を執っていたために、紫微中台が「居中奉勅」的職掌をもち、鈴印も皇太后宮に安置されていたとし、鈴印の保管・運用権はやはり太上天皇である孝謙にあったとする反論もでている（加藤、二〇〇二）。

ただ、基本的には運用権も天皇にのみ帰すべきものであり、太上天皇が天皇の父親であったり、先帝であったりしたことから、天皇に準拠して太上天皇も運用に関わることがあったのであろう。このようなことが考慮されるからといって、淳仁天皇とともに、孝謙太上天皇にも既成の事実として鈴印の運用権が存在したと解釈するのには問題がある。

また、大宮改修の期間に、孝謙太上天皇が皇太后宮の紫微中台政庁に移って日常政務を執っていたという確たる証拠もない。さらに前掲の『続日本紀』記事にも、「皇太后宮を傾けて鈴印を取る」とあるが、ここでいう「皇太后宮」とは場所ではなく、光明皇太后個人を指し、光明皇太后の所持する鈴印を奪取するという意味である。これにつづく一体となった記事に、皇太后宮から鈴印を奪取して拘禁した後に、「帝を廃して」とあることからすると、「皇太后宮という場所に移居していた孝謙天皇の保持する鈴印の奪取を謀った」ものとは、どうみても読解することはできない。

そして紫微中台に関しても、瀧川政次郎氏の研究（瀧川、一九五四）以降明らかにされてきているように、あくまでも光明皇太后のための機関であり、光明皇太后をさしおいて孝謙太上天皇がこれに拠って執政したとは考えられない。それは光明皇太后の執政機関としての論拠が正倉院文書などに散見されるのに対して、孝謙太上天皇のそのことの確たる証拠をあげることができないことからも論定することができる。

よって、孝謙太上天皇は在位中においても、その大権を掌中にすることができず、それは光明皇太后が紫微中台を通して発動していたものと考えてよい。

第三章で述べたように、早川庄八氏が天平十年（七三八）十月七日付の太政官符以後、仲麻呂が没落する天平宝字八年九月までの間に発給された太政官符のうち、宣者を記した五例は、すべて紫微令の仲麻呂が宣者となって、太政官符の作成・発給を命じている実例をあげて実証されたことは（早川、一九八四）、光明皇太后に大権が存在し、その意図をうけて仲麻呂が政治を行う「光明・仲麻呂政治体制」が成立していた（中川、一九七二）ことの重要な論拠となる。

また、「居中奉勅」的職掌や鈴印が皇太后宮にあったとされる期間が、大宮改修の天平宝字二年八月一日までと考えられることは、じつは大宮改修とは関係なく、早川氏もいうように同期に淳仁天皇が即位したのを契機に、仲麻呂が紫微中台から離れて、右大臣に就任して太政官（乾政官）の首班として、これに拠って施政を行う政治体制に変えていったからである（早川、一九八四）。

上述のような事実もあるが、何よりも橘奈良麻呂の事件に関する『続日本紀』の記事が、この件の真実を示唆しているように思う。前述したが、橘奈良麻呂・大伴古麻呂ら反対派勢力のクーデター計画は、まず仲麻呂を殺害、皇太子大炊王を退け、次に光明皇太后を傾けて鈴印を奪ったうえで、右大臣の藤原豊成に号令させて事態を収拾し、その後に天皇の孝謙を廃して、塩焼・道祖・安宿・黄文の四人の諸王から選んで新天皇を擁立するということであった。

事態が終息してから後に廃位される計画であった孝謙天皇に政治的実権があったとは思えない。孝謙天皇が仲麻呂とともに権力を専断にしていたら、当然のごとく橘奈良麻呂らの攻撃対象は仲麻呂と孝謙天皇になったはずである。この奈良麻呂らの計画にこそ、この時の権力構造が現出している。

よって、鈴印の所在については著者の主張するように理解してよいと思うし、また鈴印の所在が皇権の掌握者を示すという通説は、十分にその正当性を保って有効的であり、故に孝謙天皇の在位中には、母親の光明皇太后が紫微中台に依拠し、仲麻呂を通して大権を行使しており、また淳仁天皇が即位すると、光明皇太后は鈴印を新帝に譲渡したのを契機として政治の表舞台から去り、天皇権力は淳仁天皇のもとに移り、右大臣となった仲麻呂によって太政官（乾政官）に行使され、太上天皇の孝謙はこの埒外におかれていたのである。

このような政治体制を演出したのは、もちろん光明皇太后であり、その意図とするところは、孝謙

	天平宝字六年六月	天平宝字六年十二月
大師	藤原仲麻呂	藤原仲麻呂
御史大夫	石川年足（没）	―
〃	文室浄三	文室浄三
中納言	藤原永手	藤原永手
〃	―	氷上塩焼
〃	―	白壁王
〃	―	藤原真楯
参議	藤原真楯	―
〃	藤原御楯	藤原御楯
〃	藤原巨勢麻呂	藤原巨勢麻呂
〃	氷上塩焼	―
〃	―	藤原弟貞
〃	藤原真先	藤原真先
〃	藤原清河	藤原清河（在唐）
〃		藤原訓儒麻呂
〃		藤原朝狩
〃		中臣清麻呂
〃		石川豊成

太政官構成員表

天皇で絶えることがはっきりしている草壁親王直系皇統に代えて、淳仁天皇を擁立することによって舎人親王の傍系とはいえ天武天皇皇統の存続を願い、生家藤原氏の発展を仲麻呂に期待するものであったことは第三・四章でも詳述したところである。

太政官構成からみた権力のゆくえ

次に権力のゆくえを太政官の構成からみてゆこう。帝権分離宣言がなされた天平宝字六（七六二）年六月の時点と、それ以後（同六年十二月）の太政官メンバーを摘記すると、太政官構成員表のようになる。同六年十二月以後、このメンバーは不動で仲麻呂の事件が起こるまでつづくことになる。

確かに仲麻呂政権を支える両輪である紀(きの)飯麻呂(いいまろ)が同六年七月に、石川年足(いしかわのとしたり)が同年九月に相ついで没して政権が弱体化したようにみえる。だが、実弟の巨勢麻呂、息子の真先、娘婿で長男に准ずる待遇と信任があったとされる御楯（藺田、一九六六）らが参議としており、また親仲麻呂派で後にともに敗死する氷上塩焼が参議から中納言に昇格、さらに息子の訓儒麻呂・朝狩兄弟と橘奈良麻呂の変を密告するなど親仲麻呂派の藤原弟貞（山背王）が新たに参議に登用されている。

同じく参議に補任された中臣清麻呂・石川豊成も、仲麻呂とはとくに相容れないという関係でもなく、この二人の人事が孝謙太上天皇の意志によるものとも思えない。中臣清麻呂は、天平宝字元年五月に正五位下、同三年六月に正五位上、同六年正月には従四位下と順調に昇っており、仲麻呂政権下で疎外されていたようにもみえない。同元年頃には仲麻呂に従っており、帝権分離宣言直後の同六年八月に文部（式部）大輔の重任を帯びつつ、淳仁天皇の住いする中宮院に侍って勅旨を宣伝する任に命じられており、仲麻呂の信任をうけていたことは確かなことであろう（西山、一九五八）。

石川豊成は、石川年足の実弟であり、年足の死によって石川氏の氏長となったのにともなう欠員補充の人事である。仲麻呂の側近第一であった兄の影響であろう、天平宝字二年八月に従五位上に叙せられ、順調に四階の昇叙を重ねて同八年正月には従四位上にいたっている。中臣清麻呂と石川豊成は、ともにこの時左大弁・右大弁という枢職にあったことから、参議に登用されたのは当然であったともいえようが、その意味でこの二人が孝謙太上天皇の人事によって仲麻呂の政治力を抑制するために議政官として登用されたということではないことがわかる。

ただ留意されるのは、藤原真楯が参議から中納言に昇任していることである。『続日本紀』天平神護二（七六六）年三月丁卯（十二日）条にみえる薨伝に、仲麻呂が才能を妬んでいることを知った真楯は、病気と称して家にひきこもり、ひたすら書籍を読みふける生活をおくったとあることから、二人は犬猿の仲と考えられてきている。

しかし、天平二十（七四八）年三月に真楯が参議になるのにも仲麻呂の意図が反映されていたようで、仲麻呂政権下での官歴などから仲麻呂政権の一翼を担う存在であったと考えるべきである（前田、一九九六・一九九七）。天平宝字二年八月に八束から真楯に改名しているが、同時に弟の千尋も御楯に、仲麻呂の息子浄弁が訓儒麻呂に、執弓が真先（真前）に改名している。この四人を含めて、この期の改名者たちは、吉川敏子氏の研究によれば、仲麻呂派の官人であったと理解してよく（吉川、一九九五）、淳仁天皇即位にともなって藩屛となることを期待されてのことであった。

それでは、薨伝記事のことはいったいどうなるのかであるが、吉川氏は（反仲麻呂の）藤原永手のものが混入した可能性を示唆されている。そのようなこともあったかもしれない。しかし、著者は真楯薨伝に永手の所伝が混入しているのではなく、『続日本紀』薨伝の参考とした真楯親族の提出した資料である「功臣家伝」が、真楯の名誉を考慮して反乱者となった仲麻呂との関係を払拭するために捏造したものであった可能性を考えている（木本、二〇〇五）。

文室浄三は、石川年足の没後は仲麻呂につぐ地位の御史大夫（大納言）という重大な職責にあった。しかし、浄三は仲麻呂事件の直前になると致仕（辞職）する。これは孝謙太上天皇と仲麻呂に武力衝突の危機が迫ったのをみて、慎重な性格の浄三は一身を全うするには、どちらかの側に立って動くこ

とができずに致仕を選んだのであり、このような態度がのちの称徳天皇（孝謙）没後の吉備真備によ
る皇太子への擁立をも固辞させることにつながるのであって（西山、一九五九）、文室浄三は太政官に
あってはどちらかの勢力に属するという存在ではなかった。

残るのは白壁王と藤原永手である。白壁王は、参議を経ないでいきなり中納言に登用されているが、
この人事はどのような意図によるものであったかはわからない。しかし、白壁王は天平宝字元年五月
に正四位下、同二年八月に正四位上、同三年六月に従三位というようにきわめて短いあいだに昇叙を
重ねてきており、仲麻呂と不和であったようにも思えない。

藤原永手は早く天平勝宝六（七五四）年に従三位となっていたこともあるが、仲麻呂政権下では一
度も昇叙せず、天平宝字元年に中納言に昇任した以後は昇任していない。また同二年八月二十五日に
仲麻呂の行った官号の改易にも議政官のうち、ただ一人関与していないらしいことや、仲麻呂の推す
大炊王（淳仁天皇）に対抗して、藤原豊成とともに塩焼王を擁立しようと図ったことなどを考慮する
と、仲麻呂との関係は良好ではなかった（瀧浪、一九九一 i・吉川、一九九五）。

帝権分離宣言後の天平宝字六年十二月に行われた異動後の太政官メンバーを通観すると、藤原真先、
そして新たに参議に加わった藤原訓儒麻呂・朝狩の息子兄弟をはじめ、参議から中納言に昇任した氷
上塩焼らは親仲麻呂派、中納言に任じられた白壁王や昇任した藤原真楯、参議に新任の石川豊成など
は仲麻呂に近い存在であった。文室浄三と中臣清麻呂は、なんともいえないが、仲麻呂は信任してい
たのであろう。残る参議の藤原御楯・藤原巨勢麻呂・藤原弟貞は、仲麻呂の親族で最も信頼する存在

であった。

結局、太政官のなかで仲麻呂に批判的なのは、藤原永手一人となる。その永手も官号改易のことでもわかるとおり、仲麻呂によって政治的な活動を掣肘されており、どれだけの発言力を有していたか疑問である。これらのことを考慮すると、太政官は帝権分離宣言以後も、その影響をうけることなく仲麻呂の主導下にあったことが確認できる。

叙位・人事からみた権力のゆくえ

次に叙位から帝権分離宣言の実態について考えてみよう。これに関しては斎藤融氏の論考がある。斎藤氏は、五位への叙位、つまり内位への昇叙という他の官位とは異なる叙爵という重要な事柄に焦点をあわせて検討されている。

その結果、①親仲麻呂派官人の叙爵は全体の三割を超えているのに比べて、②反仲麻呂的傾向にあると考えられる官人は二割程度で、③天平宝字元（七五七）年から仲麻呂政権が崩壊する同八年までのあいだに人数的変化はなく、④八年間を通計すると親仲麻呂派官人は五五人（三三％）、反仲麻呂派官人は一九人（一二％）になるとし、このデータによれば「皇権の分裂は叙位には余り関連性は窺えないのだが、そうであるならば、この宣命をめぐっての評価は検討されるべきであろう。ひいては淳仁朝における孝謙太上天皇の政治的地位についても再考されるべきであろう」（斎藤、一九八五）と、著者と同様の結論を導きだされている。

四位以上への昇叙についても、上記の斎藤氏の検討結果を覆すものは指摘できないし、六位以下については、原則として記述しないという『続日本紀』の性格上、記事が少なく総合的な判断はできないが、五位への昇叙がこのような結果であることは重要な指摘である。

しかしながら、やはり天平宝字六年六月の宣言は仲麻呂政権に重大な影響を及ぼしたという説もある。例えば、野村忠夫氏は同七年正月の異動で、反仲麻呂派であった佐伯今毛人と石上宅嗣が、それぞれ造東大寺司長官と文部大輔（式部大輔）という主要ポストに就任するなどの反仲麻呂的な色彩をみるにつけ、意外にも仲麻呂派官人の主要ポストへの就任がみられないこと、同七年九月に仲麻呂と近い慈訓が少僧都を解任されて、後任に道鏡が任命されたことなどを指摘される（野村、一九五八）。

また、岸氏も造東大寺司に大異動が起こり、長官坂上犬養、判官上毛野真人、主典阿刀酒主・安都雄足らの親仲麻呂派は追放され、反仲麻呂派の佐伯今毛人・吉備真備らの手中におちたといわれる（岸、一九五六ⅰ）。確かにこの指摘以外にも仲麻呂と不仲であった藤原永手が武部卿（兵部卿）に任じられたことも注目される。

けれども、同七年正月の人事でも、仲麻呂は中臣清麻呂を左大弁に、乱後に官位を剝奪される三人、大原今城を左少弁に、粟田人成を右中弁に、紀牛養を右少弁に任じるなどしているから、一概に野村・岸氏のいうことを信じることはできない。人事について詳細に検証する必要性がある。

まず八省からみてゆこう。重要官司の文部卿（式部卿）には、同六年九月に没するまで石川年足が任じていたが、同八年四月には氷上塩焼が就任し、仁部卿（民部卿）に同八年七月に藤原朝狩が、武部卿には同六年十一月には藤原巨勢麻呂が、同七年正月に武部少輔には大伴小薩（古薩）が、礼部卿（治部卿）には同七年十月に藤原弟貞が任じており、これらは仲麻呂の乱において運命をともにして殺害される人達である。

同八年正月に仁部大輔であった紀伊保(きのいほ)、同八年八月に武部少輔に任じた中臣鷹主(なかとみのたかぬし)、同七年正月に信部少輔（中務少輔）に補された忌部鳥麻呂(いんべのとりまろ)らも、乱に縁坐して官位剝奪となった親仲麻呂派の官人である。省下の重要な官司である主計頭の多治比木人(たじひのきひと)や主税頭の甘南備伊香(かんなびのいかご)も同様に乱に坐して官位剝奪となっている仲麻呂派官人である。また、同八年正月に礼部少輔に補された大伴潔足(おおとものきよたり)なども、同二年に仲麻呂によって山陰道問民苦使に任じられるなどした親仲麻呂派である。

これらの貴族官人以外では、同六年十二月に信部卿となった藤原真楯も先に考察したように仲麻呂とは疎隔ある関係ではなかったらしいし、文部大輔に任じられた布勢人主(ふせのひとぬし)は同三年五月から同四年にかけて右少弁を経験しており、人主の後任であろう同八年四月に補された多治比土作(たじひのはにつくり)は天平勝宝元（七四九）年の紫微中台創設時に紫微大忠を命じられており、ともに仲麻呂に信任されていた。天平宝字七年四月に信部大輔となった石川人成(いしかわのひとなり)は年足・豊成と兄弟であり、武部大輔となった阿倍御縣(あべのみあがた)らもとくに仲麻呂と乖離していた孝謙派の官人とは思えない。全体的なことからいえば、帝権分離宣言後も淳仁天皇の皇権のもとで仲麻呂による人事が行われていたといってもよい。

軍事職である衛府(えふ)についても、仲麻呂自身がいちばん精強で知られる中衛府（鎮国衛）の大将を兼任しているとともに、同八年九月には都督四畿内三関近江丹波播磨等兵事使にも任じている。前述のように瀧浪氏は、仲麻呂が孝謙太上天皇に申しでて任命されているから、孝謙太上天皇に天皇大権

（人事権）があったと解しておられる。

しかし、後述するように『続日本紀』の記事に留意すると、仲麻呂は孝謙太上天皇に「諷して」都督使となり、つまり任命されたわけではなく、ただ「告げた」だけで、正式には淳仁天皇に「奏聞」したと記してあるから、仲麻呂の意図に基づいて淳仁天皇が任命したのであって、大権が淳仁天皇にあったことは明らかである。

のちにともに乱で斬殺される仲石伴が、同八年正月に左勇士率（左衛士督）、息子の薩雄も同期から右虎賁率（右兵衛督）、また仲麻呂の信任あつかった藤原田麻呂が同六年三月には左虎賁督（左兵衛督）、坐して官位剥奪となる大原宿奈麻呂も同八年正月から左虎賁翼（左兵衛佐）、同六年八月には仲麻呂派で橘奈良麻呂の謀反を密告した上道正道（上道斐太都）が右勇士率に、授刀督には同五年正月頃から同八年六月まで藤原御楯が在任しているなど、衛府の枢職も仲麻呂派官人が占めている。

地方官についても、藤原氏の基盤国である近江の国守を仲麻呂自身が長く兼帯し、大宰帥に真先、美濃守には同八年正月から執棹、越前守には同三年十一月から薩雄、同八年正月からは辛加知、丹波守に同七年四月から訓儒麻呂といずれも息子を、三関国を含む枢要国の国守に任じている。またなかでも三関国は重視し、美濃介には池原禾守、越前介には知家事でもある村国虫麻呂（武志麻呂）ら親仲麻呂派官人を配し、息子たち国守を補佐させている。

これ以外にも、同七年正月から大和守に坂上犬養、河内守に阿倍毛人、伊勢守には石川年足の子である名足、そして能登守に村国子老、三河守に大伴田麻呂、相模守に粟田人成、甲斐守に山口沙弥麻呂、上野守に大原今城など事件後に官位を剝奪された者をふくむ仲麻呂派の官人を配している。ただ全体的な国守の動向については、史料に制限もあってはっきりさせることはできないが、河合ミツ氏の研究成果（河合、一九七八）がこのことの明証となる。河合氏の論によると、仲麻呂の乱後、同八年中に行われた国守・介の遷替は、三六カ国（大宰府をふくむ）五〇人にのぼるという。そのうち、仲麻呂派官人として解任されたことがはっきりしているのは、半数の二五人であるが、実数はさらに多いものと思われる。

つまり、それだけ仲麻呂の支配体制が強固であったということになる。それを如実に示すのが、乱直後の天平宝字八年十月二十日の国守補任である。ほとんどが仲麻呂の乱鎮圧に功績のあった武官が兼任している。例えば、式部大輔・勅旨員外大輔・授刀中将の粟田道麻呂が因幡守を、中衛少将坂上苅田麻呂が甲斐守を兼任している。これなどは仲麻呂派国守の解任によって国守に任ずべき官人が不足していたためである。

また仲麻呂は、同五年五月には真先を美濃飛驒信濃按察使に、御楯を伊賀近江若狭按察使に任命しているが、これは伝統的基盤国である近江国と新勢力圏越前国を結ぶ紐帯的地域、畿内東接地域一体の把握を目的としたものであり（野村、一九五八）、この体制は御楯の没する同八年六月頃までは維持されていた。

以上みてきたように、叙位・人事については仲麻呂派が優位であり、太政官・八省・衛府、そして国司などの律令行政機構についても、仲麻呂派が各官司において勢力を占有していることが指摘できると思う。

賞・罰権からみた権力のゆくえ

次に孝謙太上天皇の「賞罰二つの柄は朕行はむ」との宣言をめぐって、本当にこの宣言どおり賞罰は孝謙太上天皇の専権事項であったのかどうかを検証してみる。

そこで帝権分離宣言のあった天平宝字六（七六二）年六月以後の賞罰についてみてみると、藤原宿奈麻呂（良継）を中心に、佐伯今毛人・石上宅嗣・大伴家持らによる仲麻呂暗殺未遂事件と同七年十二月の礼部少輔（治部少輔）中臣伊加麻呂・造東大寺司判官葛井根道らの事件のあったことが知られるから、このふたつの事件をとりあげてみよう。

藤原宿奈麻呂らの事件というのは、『続日本紀』宝亀八（七七七）年九月丙寅（十八日）条の藤原良継薨伝に、

> 時に、押勝が男三人、並に参議に任せらる。良継、位、子姪の下に在りて、益忿怨を懐けり。乃ち、従四位下佐伯宿禰今毛人、従五位上石上朝臣宅嗣・大伴宿禰家持らと、同じく謀りて太師を害さむとす。是に、右大舎人弓削宿禰男広、計を知りて太師に告げき。即ち皆その身を捕へ、吏に下して験ぶるに、良継対へて曰はく、良継独り謀主と為り。他人は曾て預り知らずといへり。是に、強ひて大不敬なりと劾めて、姓を除き位を奪ひき。居ること二歳にして、仲満謀反して近江に走れり。

とみえていることをいう。

これについては夙に中川収氏の詳細なる研究がある（中川、一九六〇・i）。中川氏は、事件後二年を経て仲麻呂の争乱が起きたとの記載のあることに注視して、『続日本紀』は数え年で記すことからして天平宝字七年中の出来事であると見当をつけられた。

そのうえで、宿奈麻呂が同七年正月九日に上野守兼造宮大輔に補任されたものの、同年四月十四日には上野守と造宮大輔、大伴家持帯任の信部大輔（中務大輔）、佐伯今毛人の造東大寺司長官、石上宅嗣の文部大輔（式部大輔）と上総守が、それぞれ別人をもって補任されていることを証として、これは仲麻呂の暗殺計画が露呈したことによる解任の結果ととらえ、事件は同七年正月九日から四月十四日のあいだに起こったものと推断した。首肯できるものと思われる。

この事件は、仲麻呂の殺害を謀ったとして藤原宿奈麻呂らが弓削男広の密告によって拘禁され、喚問の結果、宿奈麻呂は自分一人が謀首だと主張、「大不敬」としてカバネを剝奪され、除名という処分をうけ、残る家持・今毛人・宅嗣らは罪科を免れたものの見任（現職）を解任されたものである。家持らは一年間弱の謹慎処分後の同八年正月に任官したが、宅嗣が大宰少弐、今毛人が営城監（えいじょうのげん）、家持が薩摩守に、ともに九州に左遷になっている。

中川氏は、密告人が弓削男広であったことから、道鏡が自分に向けられている仲麻呂の攻撃の鉾先をかわす目的で、一族の男広に宿奈麻呂らのことを密告させて味方を装ったのであろうと考えられている。しかし、男広のこれ以降の動向が知られないことや道鏡との接点が確認できないこと、そして道鏡がなぜこの計画を事前に察知していたかということなどにも疑問が残る。反仲麻呂派と誼を通じていて、道鏡が誘われていたとも考えられなくもないが、その可能性は低い。たぶん、男広が右大舎人であったことから、大舎人を管掌する信部省（中務省）の大輔である家持とも直接・間接に接する機会があって、男広への情報はこのようなところから漏れていたのではないかと想像する。

男広が暗殺計画を知って、仲麻呂に告げたと『続日本紀』条文にあるように、男広が直接に仲麻呂に密告したのは、宿奈麻呂らの鉾先が仲麻呂に向けられたものであったことからでもあろうが、「養老獄令」に、「密告する人は、まずは所属する官司の長官に告げ、もし長官に事があれば次官に告げる」との規定があるように、所管の信部省の大輔である家持が関わっていることもあって法令どおりの手続きがとれなかったからかもしれない。そして、この密告が同条に、

> 実有りと言はば、即ち身を禁して、状に拠りて検校せよ。若し掩捕すべくは、即ち掩捕せよ。……事謀叛以上に当れらば、検校すと雖も……奏聞せよ。乗輿を指斥せむ、……検校し訖つて摠べて奏せよ。

とあるように、仲麻呂を経て上奏されたことによって断獄手続きが開始されて、勅断によって大不敬という処分がとられたのである（宮川、一九九二）。

ただ、この仲麻呂暗殺の未遂事件がどうして大不敬と判断されたかである。大不敬とは、「名例

律」八虐のうちの六項目にあげられ、大社を毀つ、大祀の神御の物・乗輿の服御の物を盗む、神璽・内印を盗み偽造するなどの罪が該当するが、この件はそのうちの「乗輿指斥」に適用されたのではないかと考えられる（青木他、一九九二）。「乗輿指斥」の詳細は、「職制律」に規定されていて、天皇を名指しで非難すること過激であれば斬刑、過激でなければ徒二年。政事の是非を論議していて、こと天皇に論及した場合には、天皇の判断を仰ぐとある。

いずれにしても「朝臣」姓と、除名すなわち官位・勲位の剥奪で済んだことは軽微なものであったといえるが、「乗輿指斥」であるならば、これは単なる仲麻呂の暗殺未遂事件とは別に、天皇もしくはその政事に関わる誹謗・中傷と判断されたわけで、淳仁天皇は仲麻呂に向けられた敵意を「天皇」である自分にも向けられたものとしてとらえていたものと考えることもできる。これらのことからも、この事件の結末は、淳仁天皇・藤原仲麻呂によって処断されたものと認識して大過ないであろう。

また、この年同七年十二月に露見した中臣伊加麻呂の事件とは、『続日本紀』同七年十二月丁酉（二十九日）条に、

> 礼部少輔従五位下中臣朝臣伊加麻呂、造東大寺判官正六位上葛井連根道、伊加麻呂が男真助の三人、酒を飲みて言語ふこと時の忌諱に渉れるに坐せられて、伊加麻呂は大隅守に左遷せられ、根道は隠岐に、真助は土佐に流さる。その告人酒波長歳に従八位下を授け、近江の史生に任く。中臣真麻伎に従七位下、但馬の員外の史生。

とみえているものであって、これについてもすでに中川氏の研究（中川、一九五九）と岸俊男氏の関連論文（岸、一九五六 i）がある。

中川氏は、「事件関係者が伊加麻呂父子と根道であるところからして、葛井根道が伊加麻呂宅を訪問、歓談の末に…仲麻呂の専横のはげしさに、根道は直接の上司であった今毛人を、亦、伊加麻呂は…同僚らを同情、弁護する如き発言となり」と具体的に述べ、この事件は仲麻呂に向けられたもので、その配流もまた仲麻呂による処分と考えておられる。一方、岸氏は根道が仲麻呂政権下の造東大寺司で活躍したことを考えて、孝謙太上天皇・道鏡側が仲麻呂派の根道らを追放したものと解しておられる。

中臣伊加麻呂父子については、史料が乏しく詳しいことはわからないが、根道は岸氏のいわれるごとく長く仲麻呂政権下の造東大寺司で主典（『大日古』一一巻四五一頁）、判官（『大日古』四巻五二六頁）、造東大寺司木工所別当（『大日古』五巻一二六頁）、造瓦所別当（『大日古』五巻一二七頁）、造上山寺菩薩所別当（『大日古』五巻三七五頁）を歴任し、親仲麻呂派ともいえそうである。しかし、同七年三月になると、道鏡の命によって『最勝王経』など七三二巻を写経させたり（『大日古』五巻四〇二頁）、同年七月にも道鏡の宣によって写経させており（『大日古』五巻四五〇頁）、さらに年月はわからないが「法師道鏡牒」に司判を加えたりしている（『大日古』二五巻三四七頁）。これもこの頃のことであろう。同七年に入って、根道と道鏡との頻繁なる接触が史料に確かめられる。

しかし、これは道鏡の台頭とともに写経に関しての単なる判官、実務者としての関係にとどまり、道鏡との個人的な関係にまでは及んでいなかったという考え方もあろうし、「仲麻呂の事件」後の復帰も遅く宝亀十（七七九）年であるということも考慮しなければならない。だが、密告した酒波長歳が行賞として、仲麻呂が長年にわたって国守として支配し、最も信頼する阿倍子路（あべのこみち）を介に任命するなどしている基盤国である近江国の史生に補任されていることなどを併考すると、やはりここは中川氏の説に拠るのが順当ではないかと思う。

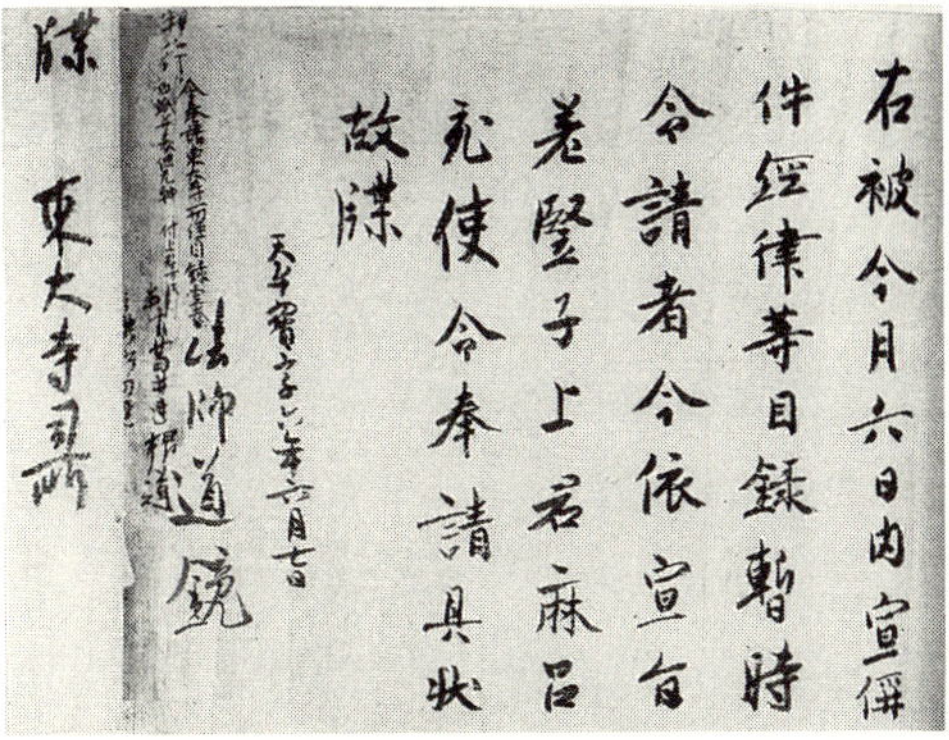
右被今月六日内宣偁
件経律等目録暫時
令請者今依宣旨
差賢子上君麻呂
充使令奉請具状
故牒
天平宝字七年六月七日　法師道鏡
牒　東大寺三綱所

道鏡自筆・法師道鏡牒

この同七年に起きたふたつの事件を通して考えられることは、そのどちらも反仲麻呂的事件であり、姓・官位の剥奪、配流などの処分は仲麻呂側によって行われているということである。つまり弓削男広、そして酒波長歳の密告によって断獄の手続きが開始され、仲麻呂の意向をうけて、その処分は淳仁天皇の勅断によったものと考えられる。

このような反仲麻呂的行動に対して、淳仁天皇の勅断によって官位剥奪・流罪という処分がとられたことは、ここに孝謙太上天皇の介入がなかったか、あったとしても功を奏さなかったものとみてよい。やはり天皇大権の「罰権」を執るとはいっても、淳仁天皇が鈴印をおさえ、仲麻呂が太政官・弁官以下、八省などの行政機構を支配していたため、それを行使することは難しかったのではなかろうか。

かつて、このような論旨を主張したことがあったが（木本、一九九三ii）、中野渡俊治氏は「賞罰権に関しては木本好信氏の分析に見るように、即掌握したとは考えられない。宣命は淳仁天皇に対する孝謙太上天皇の感情が現れたものであり、…ある程度は淳仁天皇を無視した行動に出る根拠ともなったが、『国家大事』のすべてを掌握したものではなく、そこに太上天皇としての限界が示されている」としている（中野渡、二〇〇四）。

賞についても、その具体的な内容を明確にできないが、例えば同八年三月に土師嶋村が窮弊者を資養したことを哀むべきものとして位一階を授けて、これを契機に制度化しているのは、仲麻呂の問民苦使や平準署・常平倉の創設と通じるものがあり、仲麻呂の儒教主義に基づくものが施策となって具現化したものといってよいであろう。

詔・勅の発給からみた権力のゆくえ

最後に孝謙太上天皇の帝権分離宣言の実態について、詔勅の発給状況から考えてみよう。宣言どおりに孝謙太上天皇が淳仁天皇から天皇大権を奪って国政を領導し、実権をふるっていたか否かを検証するには、なんといっても詔勅がいずれの方によって発給されていたかを確認するのがいちばん有効な手段である。

そこで帝権分離宣言後の詔勅の発給状況を『続日本紀』などにみてみると、詔八件、勅八件の都合一六件である。そのうち孝謙太上天皇の発意と考えられるものに、まず天平宝字七（七六三）年九月四日の慈訓少僧都解任の（その後任に道鏡を任じる）詔がある。つづいて同七年十二月十日と同八年七月十二日以前の勅、同八年七月十二日の口勅、同八年七月十三日の詔の一詔三勅（口勅をふくむ）の四件は、紀寺の奴である益人（ますひと）の従良（賤民から良民に身分を変更する）に関するものであるが、従来は孝謙太上天皇によるものと考えられてきた。ただ、七月十三日の詔は淳仁天皇のものと考えられるから実質は三件である。『続日本紀』が紀寺の奴の件を集中的に取りあげたことから関係する三件が特に掲載されているのであって、これ以外にも多くの詔勅が発給されたものの、孝謙太上天皇によるものは意外と少ないものと推察される。

淳仁天皇が発給したものと思われるのには、文室浄三への優遇、石川年足への弔賻、公私負債の減免、渤海使への賜物、紀寺の奴の従良、御長（みなが）真人の賜姓、文室浄三の致仕など詔七件、唐人沈惟岳（しんいがく）の安置供給、田租の免除、悪政国司の交替、窮弊資養者への叙位など勅五件がみえているが、それ以外の明記されなかった詔勅の大半は淳仁天皇によるものと推察して間違いないと思う。

これを天平宝字四年六月の光明皇太后の没後に遡ってみて検討しても、孝謙太上天皇の意図によるものと看取できるのは、先の帝権分離宣言と紀寺の奴の従良・慈訓解任に関わる事柄だけである。しかも、紀寺の奴の従良については、孝謙太上天皇の勅に対して、紀氏の氏上である紀伊保が承服せず、七月十三日の淳仁天皇の裁可を得てやっと解決したことから、仁藤（仁藤、二〇〇〇）・中野渡（中野渡、二〇〇二）両氏のいわれるように、孝謙太上天皇の政治力については疑わしい。

孝謙に大権なし

上述してきたように、孝謙太上天皇の帝権分離宣言はあくまでも宣言にとどまるのであって、依然として淳仁天皇に天皇大権があったということについては、かつて拙著（木本、一九九三ⅱ、論文の初出は一九八七）で論じたことがある。

その後、中川収氏は、拙著をひきつつ、「『国家大事、賞罰二柄』を分離したといっても、常の政治は相変わらず仲麻呂の政府が行っていたのである」（中川、一九九一）とされ、倉本一宏氏も拙著を注記したうえで、「実際のところは、鈴印が押勝の乱の勃発まで一貫して淳仁の許に保持されていたことからもわかるように、淳仁が『国家大事』から疎外されたとは考えられず、むしろ淳仁と押勝側が政治的優位を保っていたと見るべきであろう」（倉本、一九九八）と同様の認識を提示されている。

このような自説をさらに敷衍したのは、一九九二年に公刊された新日本古典文学大系『続日本紀』三における同条の「政柄の分担」に関する「補注24―一九」の解説である。ここでは「なによりも押勝の乱勃発にいたるまで鈴印が一貫して淳仁の御所である中宮院にあったことを考えれば、孝謙が淳仁を排除して国政を運営していくような体制は、ほとんど整えられていなかった可能性が強い」と記述している。

また、これ以前の天平宝字四（七六〇）年正月には高野天皇（孝謙）・淳仁天皇の二人が閤門に出御して、渤海使節への叙位・賜宴などを行っているのに対して、帝権分離宣言以後の同七年正月以降では「淳仁が単独で同様のことを行っているのに注目するならば、淳仁が『国家大事』から疎外されているとは到底考えられず、むしろ王権の分裂という状況のなかで、国政の主導権は制度的にも実態的にも淳仁側のもとにおかれるようになっていったという見方さえできるのではなかろうか」とされ、この宣言は「淳仁との不和が頂点に達したなかで、孝謙の激した感情がそのまま表現されたものであるが、その実効力をあまり高く評価することはできないのである」と結論づけている。

では、孝謙太上天皇による帝権分離宣言後も、現実に淳仁天皇・仲麻呂が政治的に優位を保ってゆくことができたのはなぜであろうか。このことを考えたとき、それは仲麻呂が天平宝字年間を中心に長く政権というものを担当し、律令体制による行政機構を掌握してきた既存の政治体制ができあがっていたこと、天皇大権の象徴であり、文書主義の令制官司にあって、その大権の発令に欠くことのできない内印と駅鈴を光明皇太后から淳仁天皇が受けつぎ、保持していたこと、また太政官印も仲麻呂の掌中にあって「律令体制形式をふまえて専制を行使」(中川、一九六〇iii)していたからであろう。

それ故に孝謙太上天皇は詔勅の発給などを意図したとき、太政官・信部省を経る正式な手続きをふむことができず、紀寺の奴に関する勅にみられるように、律令制から外れた太上天皇という皇権を背景とした「口勅」でもって行うことしかできなかったのである。このことが紀寺の奴の件で紀伊保らによる「非勅」、「勅に非ぬことを疑ふ」ということでの命令拒否をうけた理由とも考えられるのである。帝権分離宣言自体も同様に口勅で、先述のように正式な詔の形式で発給されていない。

これについて国語学の方から小谷博泰氏は、孝謙太上天皇の宣命には漢文訓読語の特徴があり、少数の者の手によって成ったものであって、信部省を通したものではなく、「まるで直接、太上天皇が宣命を読み上げているかのように聞こえる」と述べ、口頭語的性格が著しいとされる(小谷、一九七七)。このことは山崎馨氏も指摘されている(山崎、一九七五)。これは前述のことを裏づけているといえよう。

だからこそ、孝謙太上天皇は内印の必要性を思い、淳仁天皇からの奪取を企てたのであるが、なぜこの時期かということが問題となる。直接的には、保良宮での道鏡との出会いと寵愛、そして淳仁天皇の諫言を起因とする関係の悪化が、この時期であったということになるが、一方で後述するように同六年六月には仲麻呂の妻で、尚蔵と尚侍を兼任して後宮をまとめていた藤原袁比良（宇比良古）が亡くなったことや仲麻呂政権の中心であった紀飯麻呂が同六年七月に、石川年足が同六年九月にあいついで没するなど、仲麻呂政権自体が老齢・弱体化していて、孝謙太上天皇にとって好機であったということがあろう。

では、なぜこのような律令支配体制をしいていた淳仁・仲麻呂政権が孝謙太上天皇によって打倒されてしまったのか。

それは孝謙太上天皇の帝権分離宣言にもみられる文言である、

岡宮に御宇しし天皇の日継は、かくて絶えなむとす。女子の継には在れども嗣がしめむと宣りたまひて、此の政行ひ給ひき。

という、天武天皇・持統天皇唯一の親王草壁の直系皇統、文武・元正・聖武天皇へと続いてきた野村忠夫氏のいう「伝統的支配の権威」（野村、一九五八）、中川収氏のいう「血の直系」（中川、一九六〇ⅲ）意識を貴族官人たちは孝謙太上天皇の存在に感じとっており、光明皇太后による舎人親王系皇統の創造は、まだ彼らの意識に定着していなかったからであろう。

ただ鈴印の争奪が、孝謙太上天皇と仲麻呂の武力闘争の端緒となったことは、律令制が文書行政をしき、それが浸透して（沢野、一九九九）、淳仁天皇の新皇権のもと仲麻呂の律令官僚制による政治機構と官人支配が行われていたことをも示していると考えられる。鈴印の争奪戦に敗れ、これが争乱へと拡大された時点で、律令機構上も反逆者となった仲麻呂は、孝謙太上天皇の「伝統的支配の権威」「血の直系」という旧皇権の前に脆くも潰えることとなったのである。

その意味では、帝権分離宣言における孝謙太上天皇の「岡宮に御宇しし天皇の日継は…」という文言は、律令官僚制下に沈殿しつつあった貴族官人の「伝統的支配の権威」意識惹起への契機ともなり、その精神的効果は意外と大きかったといえるが、一方では大宝律令施行後から半世紀以上を経た奈良時代中期にあっても、なお貴族官人らの精神構造には「伝統的支配の権威」が大きく存在し、律令官人としての意識がいまだ定着していなかったことも示唆しているのではなかろうか。

3　藤原仲麻呂政権の崩壊過程

信任公卿らの死没

天平宝字六（七六二）年六月以降、仲麻呂は孝謙太上天皇との権力闘争の過程で、律令制行政機構を支配して政治的には優位に立っていたが、この一見して強固な政権もその底流から流動化していて、政権崩壊の兆しがみえてきていた。

そのひとつが仲麻呂政権を支えていた親仲麻呂派の公卿官人らのあいつぐ死没である。まず仲麻呂にとって最も痛手となったのは妻室の藤原袁比良（宇比良古）が同年六月に亡くなったことである。袁比良は、尚蔵と尚侍を兼任する後宮の実力者であった。尚蔵は蔵司の長官で神璽・関契（三関国の割符）などを管理し、尚侍は勅を要請し、宣伝する重大な職掌であって、仲麻呂政権を裏から支えること甚大であったと推測される。

ことに孝謙太上天皇という女性の太上天皇がいることから、後宮の存在は大きいものがあったと思われる。この袁比良の死没によって後宮から仲麻呂の勢力は減退して、孝謙太上天皇の意図が反映するようになったとも類推することができる。江戸時代の大奥にうけの悪い老中は務まらないということと同じであって、後宮の後援を失った仲麻呂政権の崩壊理由のひとつはここにもみられる。

また翌月の同六年七月には致仕していたとはいえ紀飯麻呂が没したことであろう。仲麻呂政権の成立に飯麻呂が果たした役割は看過できないものがあったし、十一月には義父の大伴犬養（おおとものいぬかい）も亡くなっている。そして、なんといっても九月に石川年足が亡くなったことは仲麻呂政権にとって致命的であった。年足は、仲麻呂の側近中の側近ともいえる公卿であって、同二年八月に仲麻呂が大保（だいほう）（右大臣）に任じて太政官の首班となって以来、ずっと大納言（御史大夫）職にあってナンバー2として政権を支えてきていた。年足の父石足（いわたり）は、仲麻呂の父である武智麻呂（むちまろ）が長屋王の変によって王を倒して政権を掌握した時には最も協力した官人であったことから、父子二代にわたって親密な関係にあった。

このような袁比良や飯麻呂・年足の他界は、間違いなく仲麻呂と彼の政権を弱体化させたのであって、孝謙太上天皇の帝権分離宣言もこのような政情を考慮して行われたことは前述したとおりである。宣言自体は政権にとって直接影響をもたらすものではなかったが、袁比良の死によって尚侍宣伝が不可能になったことは問題であった。

天皇の勅旨宣伝を掌るのは、大納言・中納言・少納言、中務省の大輔・少輔と侍従であるが、「後宮職員令」には内侍司（ないしのつかさ）の尚侍・典侍（ないしのすけ）も奏請・宣伝に供奉（ぐぶ）できることが規定されている。

仲麻呂は帝権分離宣言の影響を考慮しつつ（岸、一九六九）、この尚侍宣伝が不可能になったことを補うために同六年八月になって、『続日本紀』天平宝字六年八月丁巳（十一日）条に、

> 左右京尹従四位下藤原恵美朝臣訓儒麻呂、文部大輔従四位下中臣朝臣清麻呂、右勇士率従四位下上道朝臣正道、授刀大尉従五位下佐味朝臣伊与麻呂（さみのあそんいよまろ）等をして、中宮院に侍らしめて、勅旨を宣べ伝へしむ。

と、淳仁天皇のもとに訓儒麻呂・中臣清麻呂・上道正道・佐味伊与麻呂ら信頼できる四人を侍らせて、その勅旨を乾政官（太政官）や信部省（中務省）など八省に伝えることにしている。これによって淳仁天皇の勅旨宣伝のための態勢が強化された（青木他、一九九二）ものと考えられる。

この当時は淳仁天皇には中務省の官人が近侍していたが、孝謙太上天皇には奉仕していなかった（春名、一九九〇）。その点で、太上天皇である孝謙にも大権は認められていたが、制度的には対応し

ていなかったことが指摘される。ただ、このことを克服するために孝謙太上天皇は勅旨省を新設したとする見解もあるが、この初見は仲麻呂敗死後のことであって、この時にすでに設置されていたという確たる証拠がないことから疑問である。

太政官の強化とその反発

仲麻呂は飯麻呂・年足らの欠員を補充し、より政権を強固とするために天平宝字六（七六二）年十二月になって、新たに乾政官（太政官）の人事を行っている。前述したように、正月に参議に任じたばかりの氷上塩焼を中納言に、息子の訓儒麻呂と朝狩の二人と、坤宮（紫微）大弼を歴任するなどしている藤原弟貞、石川年足の弟である豊成らの信任する官人を参議に登用している。

仲麻呂にとっては、信頼する官人の死没は権力の維持にとって大きな危機であって、その弱体化した太政官組織を整備する必要があったわけであるが、この補充人事を一望すると、すでに正月に弟の巨勢麻呂と息子真先を参議に任用しているのに加えて、今回もさらに息子二人を同時に登用するなど、専断的な行為は多くの官人の反発をかったことは推測に難くない。

翌七年四月には式家の宿奈麻呂（良継）が、仲麻呂の息子である真先・朝狩・訓儒麻呂らが参議に任じているのに、自分はその下におかれていることに忿怨を懐いて、佐伯今毛人・石上宅嗣・大伴家持らと謀って仲麻呂の暗殺を企んだという事件が起きたことは先述した。このような人事への不満は、なにも宿奈麻呂だけのことではなく、政界に広くあって、かえって反仲麻呂派の醸成につながったのである。つまり政権を強化しようとすればするほど、さらなる反発を生んだのである。

またこの前後には凶作がつづいて社会不安も増大していた。天平宝字七年正月には、五年以上前の公出挙の負債を返済できない貧窮者には元利ともに全免、私出挙も利息を免除し、八月には前年の飢饉や疫病の影響から全国の田租を免除している。出羽・壱岐・陸奥・伊賀・河内・尾張・越前・能登・美濃・摂津・山背・備前・阿波・近江・備中・備後・丹波・伊予・讃岐・淡路・播磨など多くの国々で飢饉・疫病のために食料などを支給する賑給が行われている。

そのためであろう「神火」の名のもとに官物を強奪し、収蔵する倉庫を焼払う事件も頻発している。『続日本紀』天平宝字七年九月庚子（一日）条には、

疫死数多く、水旱時ならず。神火屢至りて、徒に官物を損ふ。此は、国郡司等の国神に恭しからぬ咎なり。……若しこの色有らば、目より已上、悉く遷替すべし。

とある。神火はこれを初見として神護景雲年間（七六七〜七七〇）より宝亀五（七七四）年くらいまで集中的にみえるが、上総・下総・武蔵・常陸などいずれも関東諸国に多い。この神火の背景には、国司による虚納の隠蔽と、郡司の地位をめぐる争いがある。

これら神火の起こる不動倉の管理は、各国の諸郡で郡司が守り、その鉤匙は国司が管掌していた。しかし、この年の三月に国司交替時に煩うことが多いとして、太政官が鉤匙を管理する措置をとっている。この仲麻呂の国司・郡司らによる虚納の隠蔽などへの厳しい対応が、かえって神火に名を借り

た放火へとつながったものと思われる（木本、一九八二）。

仲麻呂は悪政の国司を交替させるなど対策をとっているが、もとは天災に発するものであるだけに有効な手段をとることはできなかった。この社会的不安と専断的な政治があいまって仲麻呂政権への公卿官人の反発は一挙に増大していった。

授刀衛の離反

最終的に仲麻呂が敗北する要因となったのが授刀衛（たちはきのえ）の離反であった。天平宝字三（七五九）年十二月に仲麻呂によって、鎮国衛（中衛府）と双璧をなす精強な軍事機構として整備されて授刀衛として成立した。

この授刀衛の長官授刀督には、天平宝字五年にはすでに仲麻呂の婿である藤原御楯が、授刀大尉には親仲麻呂派の佐味伊与麻呂が就任しており、鎮国衛とともに仲麻呂の軍事基盤となっていた。しかし、天平宝字八年六月に御楯が没し、伊与麻呂が転出すると、すでに授刀少志であった弓削浄人（ゆげのきよひと）らの工作によって一気に孝謙太上天皇側へと体勢を転じている。

次章で詳述するが、次官の授刀佐には百済足人（くだらのたるひと）、大尉には粟田道麻呂らの反仲麻呂派が就き、仲麻呂が敗死する原因となった鈴印の争奪においても、授刀少尉坂上苅田麻呂・授刀将曹牡鹿嶋足（おしかのしまたり）が仲麻呂の息子訓儒麻呂を殺害して鈴印を奪取することに成功、奪回にきた者を射殺したのも授刀舎人（たちはきのとねり）の紀船守（きのふなもり）であったし、物部広成（もののべのひろなり）や物部礒浪（もののべのいそなみ）らも戦闘で活躍している。

このように授刀衛が仲麻呂から離反して孝謙側の軍事基盤に転向した理由としては、もともと皇太子時代の孝謙太上天皇の地位を擁護するためのものであったから、御楯死後は孝謙太上天皇の請託をうけいれるのには容易であったとの指摘がある（矢野、一九九七）。

また創設間もなく藤原氏・仲麻呂と私的な関係が希薄であったことや、構成する授刀舎人には地方豪族出身者が多くて掌握しきれなかったことがあげられるが（木本、一九九三ⅱ）、いずれにしても授刀衛の軍事力がなければ孝謙太上天皇の勝利はなかったことは確かなことであろう。

このような授刀衛離反の事態をうけて、仲麻呂が軍事強化を目的に同八年九月に創設したのが、都督四畿内三関近江丹波播磨等国兵事使であった。都督使とは中外の諸軍事を統率することを指し、唐代でも重要な諸州には都督府がおかれていたから、仲麻呂はこれを念頭にして創設したものと思われる。その創設について、『続日本紀』天平宝字八年九月壬子（十八日）条には、

乃ち高野天皇に諷して都督使と為り、兵を掌りて自ら衛る。諸国の試兵の法に準拠して、管内の兵士国毎に廿人、五日を番とし、都督衙に集めて武芸を簡閲す。奏聞し畢りて後、私にその数を益し、太政官の印を用ゐて行下す。

とみえている。

仲麻呂は兵士を掌握して自衛し、管内の兵士を国毎に二〇人、五日を一交替として都督衙に集めて武芸を検閲することにしたのである。四畿内とはいっても、大和・河内・和泉・摂津・山背の五国と三関国（美濃・伊勢・越前）、近江・丹波・播磨国の一一カ国、一時に二二〇人の兵を京中の都督衙に

集めるということになる。

授刀衛は中衛府と同じ四〇〇人の舎人を擁していたから（『続日本紀』天平勝宝八歳七月己巳条）、これで対抗できるかどうかわからないが、「兵士を掌握して、自ら衛る」とあるから、藤原宿奈麻呂らによる暗殺未遂事件もあったことでもあり、仲麻呂には自らに対する危害の認識があったのであろう。また孝謙側の蠢動にも危機を感じていたはずである。

だからこそ、「高野天皇（孝謙）に諷して」ということになったのであろう。「諷する」とは、『大漢和辞典』によると、「ほのめかす」「告げる」との意である。それとなく言ったというところであろう。そして淳仁天皇に奏聞した後に、兵士数を増やし太政官印（外印）を捺して諸国に通達したのである。これは仲麻呂が中衛府を中心に五衛府をも抑えていたが、いざとなった場合を考慮して、なお一層の兵力の増強を欲した結果だろう。

この兵士数増員の改竄の事実を、奏文の作成・詔勅の勘正など大外記という職掌から知った高丘(たかおかの)比良麻呂(ひらまろ)は、禍が自分に及ぶのを恐れて密告したという。これを知った孝謙側でも仲麻呂の武力的脅威を実感して、早急な対応が吉備真備らをふくめて検討されたに違いない。

このように仲麻呂は中衛府を中心に、さらに都督兵事使として兵力の増強を背景に孝謙太上天皇を抑圧し、また孝謙側も授刀衛を中心にこれに対抗しようとする険悪化した政治的関係は、もう互いに武力行使をも視野にいれた一触即発の状況になっていたのである。

第八章　藤原仲麻呂の乱——乱の経緯と意味

既存の像からの脱却

既述のような政争は、ついに天平宝字八（七六四）年九月に軍事的な衝突へと発展した。戦前の皇国史観の残影もあって、動乱の評価、特に天皇と臣下が敵対したものは、どうしても真実とは別のところで臣下の反乱という評価がなされてきた。後醍醐天皇と足利尊氏などは、その最たるものだろう。「藤原仲麻呂の乱」も、ずっと同じように認識されてきたのである。

また、この「藤原仲麻呂の乱」を知ることができる唯一の史料といってもよい『続日本紀（しょくにほんぎ）』も、編纂時は、聖武天皇・孝謙天皇（称徳天皇）から皇統をついだという認識をもっていた桓武天皇の時代であったから、敗者である藤原仲麻呂を反乱者として意識する記事になっている。それが正史というものである。

しかし、その記事を客観的に論究してゆくと、私達が教えられてきたことは、じつは捏造されたものであって、必ずしも真実ではなかったことに気づく。この最終章では、このようなことを念頭にして、既存の「藤原仲麻呂の乱」像から脱却して、新たな真相に迫ることにしよう。

1　乱の仕掛け人は孝謙太上天皇

御璽・駅鈴の争奪

藤原仲麻呂の乱は、天平宝字八（七六四）年九月十一日、孝謙太上天皇による鈴（駅鈴）と印（内印・御璽）の強奪行為から始まった。『続日本紀』には以下のようにみえている。

> 高野天皇（孝謙太上天皇）、少納言山村王を遣して中宮院の（淳仁天皇の手許にある）鈴・印を収めしむ。押勝これを聞きて、その男訓儒麻呂らをして邀へて（山村王から鈴・印を）奪はしむ。（高野）天皇、（更に）授刀少尉坂上苅田麻呂・将曹牡鹿嶋足らを遣して、（訓儒麻呂から奪ひ取り、これを）射て殺さしむ。押勝また中衛将監矢田部老を遣して、（老は）甲を被り馬に騎り、また詔使（山村王から再度奪ひ返へさうとして、これ）を劫さしむ。（そこで）授刀紀船守、亦（矢田部老を）射殺す。
>
> （　）は著者補注

この記事の読み方については諸説あるが（角田、一九六一ii・鈴木、佐々木、一九七七）、直木説（直木、一九七七）をふまえて補注を施し、このように解釈するのが『続日本紀』の本意と理解される。

さて、記事で注視されるのが、「高野天皇…鈴・印を収めしむ」「押勝…奪はしむ」との表記で、藤原仲麻呂を反乱者として意識している部分である。つまり御璽と駅鈴（鈴印）は、もともと天平宝字二年八月に淳仁天皇（じゅんにんてんのう）が即位した時、孝謙天皇に代って保持していた光明皇太后から直接に譲渡されたものであったから、孝謙太上天皇が「収める」のではなく「奪う」のであり、藤原仲麻呂は「奪う」のではなく、淳仁天皇に代って「取り戻す」というのが事実に基づいた表現ではないかと思う。山村王がこの役割を負ったのは、御璽・駅鈴の出納を職掌とする少納言であったからだが、この直後に左兵衛督（さひょうえのかみ）に抜擢されているから武人タイプの官人であったらしい。孝謙太上天皇らは鈴印の奪取を念頭に、事前に山村王を籠絡していたのではないか。

隠岐国の駅鈴（田名網，1969より）

奪われかかった御璽・駅鈴は訓儒麻呂が一旦は取り戻した。訓儒麻呂は勅旨を宣伝する役目を負って淳仁天皇に近侍していたのである。しかし、授刀の物部磯浪（もののべのいそなみ）からの急報で駆けつけた授刀少尉坂上苅田麻呂・授刀将曹牡鹿嶋足らが訓儒麻呂を射殺し、再び御璽・駅鈴を奪取した。山村王は収奪にあたって、磯浪ら授刀衛の兵士を帯同していたものとみえる。

仲麻呂は中衛将監の矢田部老を完全武装させ、再度奪いかえそうとしたが、また授刀の紀船守によって射殺され、ついに御璽と駅鈴を失ってしまったのである。授刀衛は、中衛府と双璧をなす精強な軍隊であったが、仲麻呂の娘婿で長官の藤原御楯が六月に没してより、仲麻呂の支配下から離れて、孝謙太上天皇の武力基盤となっていた。

このような状況を考えると、孝謙太上天皇が淳仁天皇から鈴印を奪おうとした時、仲麻呂との武力衝突を想定していなかったとは到底思えない。授刀衛のなかでも勇武の人として知られる苅田麻呂らを即応させて、訓儒麻呂や矢田部老をただちに射殺させているのは、そのことを十二分に想定していたことの証である。

孝謙太上天皇による仲麻呂追討計画は、吉備真備が九州より帰京したこの年の正月頃より孝謙太上天皇の意図をうけて考えられはじめ、御楯が没したことによって授刀衛を孝謙派の勢力下におくことの画策から具体的になって、その後の三カ月のあいだに真備が中心になって計画を練ったものと思われる。

また、この緒戦において孝謙側に立った行動で知られる官司が造東大寺司である。親仲麻呂派の長官坂上犬養、判官上毛野真人、主典阿刀酒主、そして特に仲麻呂の家産組織に参加して私的な結合を結ぶ安都雄足（山本、一九八五・関根、一九九六）らはすでに除かれていた。造東大寺司で写経にあたっていた科野虫麻呂ら官人一六人が孝謙太上天皇のもとの内裏に駆けつけている（『大日古』一七巻四〜六頁）。その管理下の正倉院からも安寛法師の宣によって大刀四八口、黒作大刀四〇口、梓・檀・蘇芳などの弓一〇三枝、挂甲・短甲一〇〇領、矢二四〇隻を納めた靫三具、矢五〇隻を納めた背琴漆靫、同じく矢を納めた胡禄（簶）九六具などの武器・武具類が借り出されている（『大日古』四巻一九四頁）。

乱後の十月十三日には、その「検定文」一巻が右衛士督百済足人によって内裏に進められているが、この足人は乱当時には授刀佐であったから、これらの武具は授刀衛に用いられたに違いない。造東大寺司だけでなく、東大寺僧の実忠なども軍馬の蒭を弁備して与力したという（『東大寺要録』巻七）。

このような造東大寺司や東大寺の離反は、仲麻呂と乖離していた吉備真備が長官であったことや前述の「東大寺封戸処分勅書」による仲麻呂の東大寺への経済的圧迫に対する不満が原因であろう。真備は、「孝謙側の中心として、仲麻呂が必ず近江国に脱出することを計って、兵士を分けてこれを遮断、この指揮や部隊の区分はすぐれた軍略であって、仲麻呂らはこの術中に陥り、短い間に鎮圧した」と『続日本紀』（宝亀六年十月壬戌条）にみえるように、綿密な作戦計画を立てて、その勝利に貢献している。これらの事実をもってしても、この乱の仕掛け人が孝謙太上天皇であったことがわかるのである。

孝謙太上天皇は、第七章で検討したように「国家の大事賞罰二つの柄は朕行はむ」とは宣言しても、依然として政治権力は仲麻呂の手中にあり、主導権は握れなかったのである。その要因は、なんといっても天皇の象徴である御璽・駅鈴を淳仁天皇が保持していたことから、その意図を律令官司に反映することができなかったからである。

そこで孝謙側のとった方策が、その奪取であったわけである。宣言などという抽象的なことではなく、実力行使にでたのである。仲麻呂の乱は、こうした御璽・駅鈴の争奪という、仲麻呂にとっては予想外の孝謙側の行動をきっかけにして起こった（瀧浪、一九九八）。中央・地方の官司を中心に、行政とともに軍事面をも統轄して、確固たる政権を保持していた仲麻呂が、この闘争に敗れた原因のひとつは、このような意表をつく孝謙側による先制行動にあったといえよう。

緒戦に敗れた仲麻呂は、夜になって左京四条二坊の邸宅を捨てて、平城京から近江国に脱出する。授刀衛は孝謙側に属いていたが、中衛府や令制五衛府（えふ）などの軍隊はまだ仲麻呂の統制下にあったと思われる。この間に、孝謙側が檜前（ひのくま）氏二三六人に内裏を、秦（はだ）氏三一人に北門を守衛させ、また造東大寺司下の科野虫麻呂ら写経生や木工の衣縫大市（きぬぬいのおおいち）までも動員しているのは、このような事情があったからだろう。

にもかかわらず、仲麻呂がなぜ京内での戦闘を避けて近江国へと脱出したのかがよくわからない。角田文衛氏は、この争乱を詳細に分析して、京内で戦っていたら、その後の展開は仲麻呂側に有利になっていた可能性が高いとされ、近江国への脱出が大きな敗因だとしている（角田、一九六一ii）。

もうひとつの敗因と思われるのが、なぜ淳仁天皇を同道しなかったのかということであろう。時間的な余裕がなかったのかもしれないが、氷上塩焼（ひかみのしおやき）や他の公卿官人らも仲麻呂と行動をともにして、中衛府を中心とするのであろう、多数の兵士をも率いていることを考えれば、同行することはできたはずである。淳仁天皇が自ら進んで同行しなかったとも考えられるが、中宮院にいた淳仁天皇の保持する鈴印などを孝謙側の坂上苅田麻呂らが奪いとって、訓儒麻呂や矢田部老を殺害していることを思うと、すでに淳仁天皇は中宮院を囲まれて、彼らによって自由な行動を制約されていたのかもしれない。故に仲麻呂は連絡をとることができずに、近江国への脱出も淳仁天皇は知らなかったということもある。

仲麻呂が淳仁天皇を同行できなかったことは、この争乱の性格が、太上天皇と天皇との戦いから、太上天皇と臣下との争いになって、この結末を大きく左右したのである。ここに孝謙側の主眼があったといえる。

謀反人仲麻呂

しかし、まだこの段階では孝謙太上天皇と淳仁天皇の御璽・駅鈴の争奪戦であって、仲麻呂が謀反人であるとの認識は広がっていなかったと思う。孝謙太上天皇は御璽を手に入れたことによって、淳仁天皇に代って正統なる皇権者として復活したのであった。

押勝……兵を起して逆（さかしま）を作す。仍て官位を解免（げめん）し、幷せて藤原の姓字を除くこと已に畢（おわ）りぬ。

さっそく孝謙太上天皇は、仲麻呂の反逆を布告し、官位を奪い、藤原の姓を除くことを宣言する。この勅によって仲麻呂は謀反人とされた。このことによって多くの公卿官人層は孝謙側へと雪崩をうったように傾いた。いずれの世も官人というものは面従腹背を旨としていて、時勢によってその行動を判断する。

これをみても緒戦での御璽・駅鈴争奪が、この戦いの勝敗を決したといってもよいのである。その一方で、孝謙太上天皇は公卿らの与同を目的に昇叙を行う懐柔策をとっている（持田、一九九〇）。これより以降、孝謙太上天皇が重祚してからの称徳天皇時代は、ほかの時代に比べて官位・勲位が乱発されたことがよく知られているが（渡辺、一九七二）、その嚆矢となったのが、この九月十一日の昇叙である。

仲麻呂の排除後に太政官を主導する藤原永手や、作戦面で大きな功績をあげた吉備真備は一階、坂上苅田麻呂は五階、牡鹿嶋足などは一一階も進階し、加えて苅田麻呂は忌寸から大忌寸姓を、嶋足は連姓から宿禰姓を賜っている。

ほかに密告した大津大浦・高丘比良麻呂、矢田部老を斬った紀船守、授刀衛の大尉粟田道麻呂・授刀少志弓削浄人、勢多橋を焼き落とした日下部子麻呂ら九人が昇叙されている。ともに孝謙太上天皇の側近で知られる人達である。二階昇叙して従四位下に叙された藤原縄麻呂は、翌天平神護元（七六五）年二月に、先述の造東大寺司から内裏に駆けつけた官人の行動に関わるなどしているから、真備とともに積極的に孝謙側に立って行動したのかもしれない。

翌日の十二日には、仲麻呂の追討への恩賞のことが強調され、前日につづいて前大納言の文室浄三の雑物支給を倍額にする処分をとり、また白壁王や藤原真楯・中臣清麻呂らの残る太政官メンバし、仲麻呂暗殺を企んだこともある藤原宿奈麻呂ら一三人、十三日には真立王ら七人に昇叙している。このような十一日から十三日にかけての三段階の昇叙は、昇叙された公卿官人と孝謙太上天皇との政治的な距離を表している。永手や苅田麻呂・嶋足らは最初から孝謙側にあった者で、十二日以降の者は、緒戦後の動向をみて孝謙太上天皇に与同したものであったと推察できる。

　このことからすると、孝謙とともに仲麻呂との対決を練っていたのは永手・真備と、その実行者である授刀佐足人・大尉道麻呂・少尉苅田麻呂らであって、思いのほか少ない。よって、与同者を得るための早い昇叙が求められたのである。そして十四日には、仲麻呂によって橘奈良麻呂の変に関わったとして大宰員外帥に貶されていた藤原豊成を右大臣に復任させている。

2　乱の経緯

近江から越前への脱出

　九月十一日の夜、党与を集めた仲麻呂は、宇治より相坂を越えて近江国を目指すことにした。近江国は仲麻呂にとって父祖からの基盤国であり、また天平十七（七四五）年から二〇年の長きにわたっての国守でもあることから、この不利な形勢の立て直しを図ることができると判断したのだろう。近江国府は他国には例がない豪壮な堂宇であったが、これは仲麻呂によって一斉に建設されたことが発掘の成果でわかっている（平井、二〇一〇）。仲麻呂にとっては特別な思いがあったのだろう。仲麻呂が時間はかかるが平坦な宇治道をとったのは妻子を連

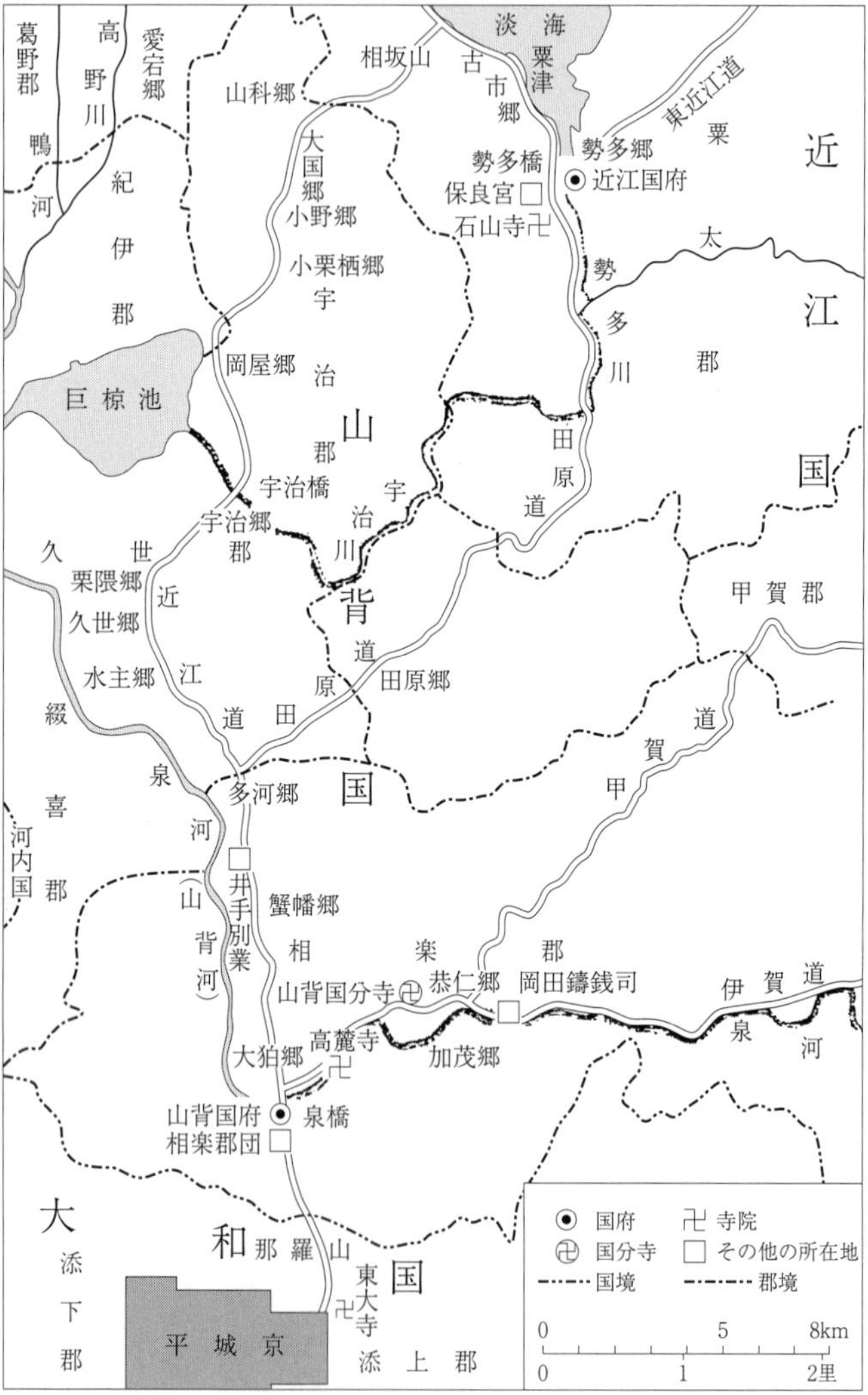

仲麻呂の近江国への逃避行程図（角田，1961 ii より）

れていたからだろうが、この決断がさらに仲麻呂を追いこむことになった。

孝謙太上天皇は、真備の作戦によって、仲麻呂に先んじて田原道より山背守日下部子麻呂と衛門少尉佐伯伊多智ら数百騎を急派させて、勢多橋を焼き落とさせたのである。仲麻呂は使者を先に派遣し、近江国で兵馬を徴発しようとしていたが、この使者も造池使として近江国で陂・池の修造に判官の佐伯三野とともにあたっていた淡海三船らによって捕らえられた（『続日本紀』延暦四年七月庚戌条）。三船は天平勝宝八（七五六）歳五月に朝廷誹謗の罪で禁固に処されたことがあり、三野は父の今毛人が前年四月に仲麻呂の暗殺未遂事件に関わって九州に左降されていたから、ともに仲麻呂には恨みがあった。

この二人が近江国にいたのが偶然なのか、必然なのかは理解の分かれるところであるが、仲麻呂が平城京を脱出するに先だって派遣した騎馬であったであろう使者を捕捉していることからすると、その指令が事前に伝えられていた蓋然性が高く、孝謙側の計略の用意周到さを物語る。

近江国庁を目前にしながら瀬田川の渡河もならず、国庁内の仲麻呂派も捕縛されたことから、近江国庁での大勢の立て直しが不可能となった。仲麻呂は壬申の乱を意識してのことであろうか、不破関から東国へ脱出しての反転攻勢も考えていたらしい。すくなくとも孝謙側がそのような危機感をもっていたことは、手下を美濃国に遣わし、壬申の乱の功臣で知られる村国男依の孫で、仲麻呂に仕えた美濃少掾の村国嶋主をいち早く誅殺している（『続日本紀』天平神護二年十一月壬戌条）ことからも理解できる。

このような現実に直面して、仲麻呂は驚愕する。そこで計画を急遽変更して、息子の辛加知（からかち）が国守としている越前国府（武生市）を目指して北上することにした。仲麻呂は予てより高橋氏を通じても越前・若狭国へ影響力を及ぼしていたらしい（浅野、一九九七）。けれども、この仲麻呂の思惑は見透かされていて、孝謙側は美濃国だけでなく、越前国にも伊多智を急派させて、辛加知を斬殺して越前国衙を抑え、新たに藤原継縄（ふじわらのつぐただ）を国守に任じている。そのことを知らない仲麻呂は、その途中の琵琶湖西岸の高島郡で、前少領の角家足（つののいえたり）の宅に泊まることになったが、のちの運命を暗示するかのように、その臥屋の上に甕ほどの大きさの星が落ちたという。

ここで仲麻呂は同行していた天武天皇の孫で、新田部親王（にいたべのしんのう）の王子である氷上塩焼を「今帝」として天皇に擁立する。塩焼はもと塩焼王と称していたこともあり、孝謙太上天皇の異母妹不破内親王の夫でもある。天平宝字元（七五七）年四月に皇太子道祖王（ふなとのおう）が廃されたあと、孝謙太上天皇が誰を皇太子に立てるかを群臣に諮った時に、藤原豊成と藤原永手が推したのが塩焼王であった。また塩焼王は、橘奈良麻呂らがクーデター成功後に擁立を考慮していた有力な皇位継承者四人のうちの一人でもあったから、仲麻呂が天皇に立てようとしても不思議ではない人物であったのである。このことは仲麻呂が律令制度に生きる官僚として正確な認識をもっていたことを示すものとの理解もある（沢野、一九九九）。

そして、塩焼の即位を告知する太政官印を捺した文書を諸国に散擲し、先の孝謙太上天皇の勅を用いず、太政官印を捺したこの勅に従うように通達して、三関（さんげん）にも使者を派遣したうえで一・二の国から兵士を徴発しようとした。御璽・駅鈴を奪取されたが、太政官印は持ちだすことができたようである。これには孝謙太上天皇も困惑したようで、この後には太政官印は内裏に納めるようにしている（『続日本紀』宝亀八年五月己巳条）。

しかし、劣勢を覆すまでにはいたらなかった。やはり淳仁天皇を帯同できなかったことや御璽を失ったことがここでも大きく影響しており、太政官印だけでは越前国府への道程で郡司・富豪らの協力を得るのも難しかった。越前国敦賀郡の豪族（大領）である敦賀嶋麻呂が孝謙側に助勢し（『続日本紀』天平神護元年五月丁酉条）、また近江国内ですら錦部寺（大津市錦織）・藁園寺（高島市新旭町藁園）などの寺院やその僧や沙弥・施主も仲麻呂に反旗を翻したという（『続日本紀』天平神護二年九月己未条）。

仲麻呂は、塩焼の擁立とともに、真先・朝狩を三品にしている。つまり息子を親王としたのである。仲麻呂は、天平宝字二年八月に「藤原朝臣」から「藤原恵美朝臣」と改姓して、自らの一家を天皇家に近く尊い存在としたが、この行為はまさにこれを具現化しようとしたものであった。しかし、塩焼の「今帝」はこの現状を考えればありうることだが、真先・朝狩の親王処遇は逆境の打開にはつながらなかったのではないか。これ以外の同行の官人にも同様の厚遇処分を行っているが、これは士気を高めるためと離反と脱落をとどめるためのものであった。仲麻呂の追いつめられた状況を反映している。

辛加知が殺害されたことを知らない仲麻呂は、越前国を目指して北陸道に道をとり、まず精兵数十人を先行させて愛発関の突破を図った。愛発関は、今の敦賀市南部の旧愛発村と高島郡マキノ町の福井・滋賀県境の有乳山付近にあったとされる関で、不破（東山道）・鈴鹿（東海道）とともに三関と呼ばれて、謀反人の東国への逃亡と東国からの反撃を防ぐためのものであって、天智天皇の頃に設けられたらしい。しかし、愛発関は十一日に派遣された固関使によって固守されていた。精兵らは授刀の物部広成の防備に、関を制圧する目的を達することができずに退却を余儀なくされたのである。

愛発関を通りぬけることができなくなった仲麻呂一行は、陸路での越前行きを諦めて、琵琶湖を船で湖北の浅井郡塩津に向かった。塩津は、今にも塩津浜の地名が残るように北陸と畿内を結ぶ湖上交通の要衝であった。深坂越えを通る塩津山道から疋田・松原へと到るつもりであったと思われる。けれども仲麻呂の一行は、逆風にあって船が漂流して沈みかかり塩津へのルートも断念して、直接今津から北上して三国山を越える山道をとって愛発関を目指した。このルートはいまでも山中を通る嶮しい山道である（門野、一九九六）。ところが、勢多橋を焼き落とし、越前国府に辛加知を討って南下してきた佐伯伊多智らにここでも阻まれ、八・九人が射殺されてしまった。

仲麻呂が越前国を目指したのは、勢多橋が渡れずに湖西を北上する方途しかなく、また息子の辛加知が国守としていたことが主なる理由であろうが、越前に辿りついたとして、ここまで劣勢になった仲麻呂に反攻による勝算があったのであろうか。近江国での反攻が不可能になった時点で、仲麻呂の行動は反攻から逃亡になったとみてよい。しかし越前に逃亡し、そこから北上してもしきれるものではないことは明らかである。

著者は想像をたくましくして、仲麻呂は渤海に逃亡することも考えないわけではなかったと思っている。仲麻呂は新羅征討をめぐって渤海とは友好な外交関係を結んでいたことは前述した。天平宝字三年正月には渤海大使楊承慶ら、同七年正月には渤海大使王新福ら使節を自邸である田村第で饗するなどしているから、彼らを頼って仲麻呂が渤海への逃亡を企てていたことの可能性は否定できない。

楊承慶らや王新福らも来日した時には越前国加賀郡に安置されているなど、越前国加賀郡の津は渤海国との交流の玄関口であり、犀川河口近辺の畝田・寺中遺跡からは「天平二年」「津司」などの墨書土器が出土しており、対岸アジア交流のなかで重要な位置をしめていた（藤井、二〇一〇）。仲麻呂

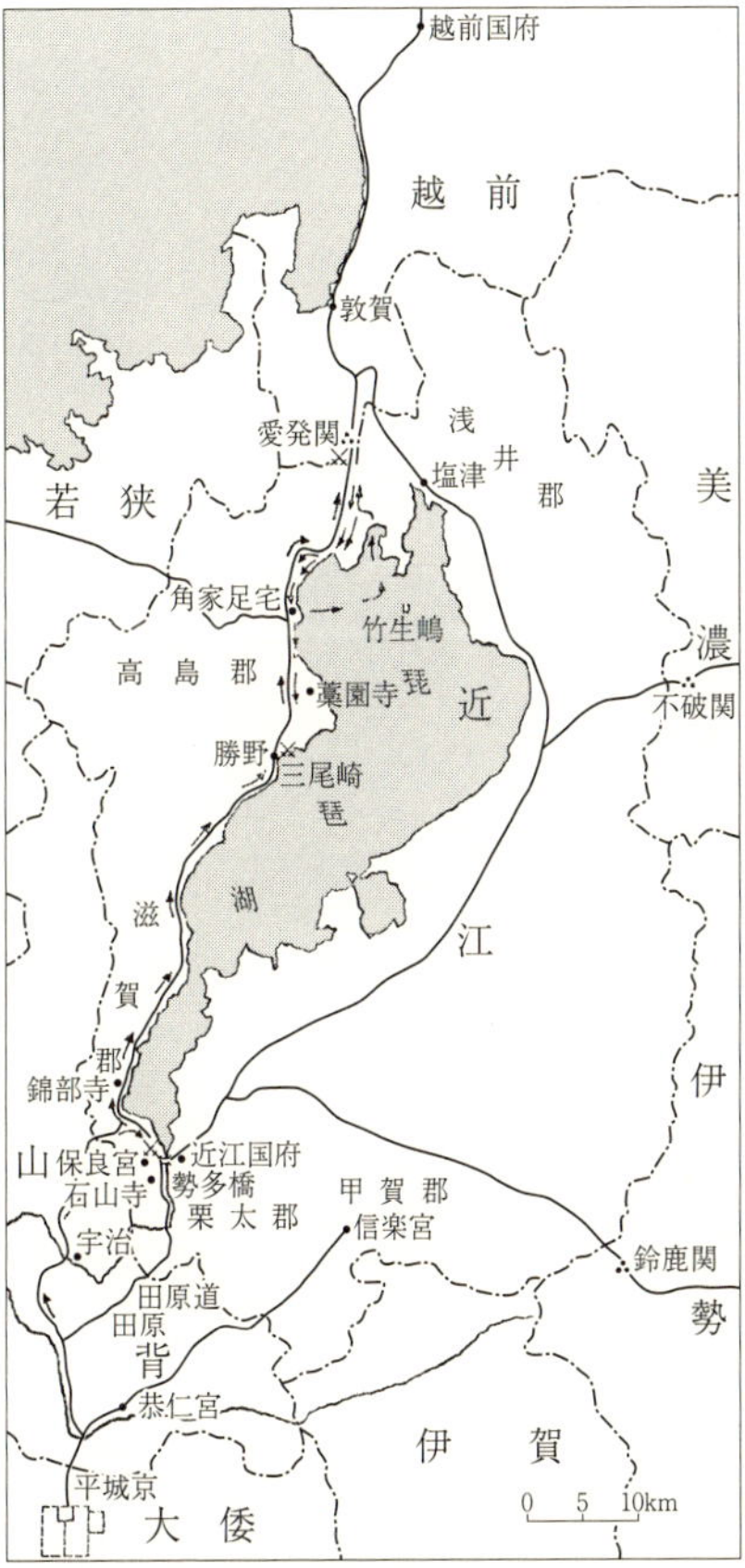

藤原仲麻呂の乱戦闘図（岸，1969より）

が越前国府で準備を整え、北上して加賀郡の津から渤海を目指すこともありえたと思う。天平十二年に大宰府で決起した藤原広嗣が敗れて、知賀島より耽羅島（韓国済州島）に逃亡したことはよく知られたことである。

上皇軍との決戦

さて伊多智に行く手を塞がれた仲麻呂一行は、来た道をとってかえしたが、高島郡三尾埼（高島市明神崎か）まで南下してきたところで、追撃してきた佐伯三野と大野真本の率いる孝謙軍の本隊とぶつかり決戦になった。仲麻呂軍と孝謙軍の規模ははっきりしていない。

仲麻呂の直轄する中衛府の舎人は四〇〇人、官給とはいえ本主との個人的なつながりの強い資人は五〇〇人、仲麻呂と同行している氷上塩焼や実弟巨勢麻呂、仲石伴・石川氏人・大伴古薩・阿倍少路らの資人を合わせると、令制五衛府の兵士を除いても一〇〇〇人を越える人数になる。それに私的な従者もいたであろう。

そのうち平城京をともに脱出したのは何人だったのか、もちろん敗走をつづけるなかで多くの脱落者がでて、最後まで生死をともにする資人・従者のうち戦力になったのは帯刀資人をふくめてそう多くはなかったであろうが、戦いは壮絶なものとなったようで、死闘は午剋（正午前後）より申剋まで四時間に及んだ。

仲麻呂軍は奮闘し、孝謙軍は疲れが激しく劣勢になったが、そこに「討賊将軍」藤原蔵下麻呂（倉下麻呂）の率いる援軍が駆けつけると、戦況は一変した。蔵下麻呂軍が仲麻呂軍の主鋒であった真先を討ったのに乗じて、三野らも反撃に転じて仲麻呂軍は総崩れとなって勝敗は決した。

蔵下麻呂が任じられた「討賊将軍」とはどのようなものであったのか、任じられた理由もよくわからないが、孝謙軍の真備が近国の軍団と衛府の兵力で急遽編成した軍であったらしい（角田、一九六一ii）。この蔵下麻呂軍がどれくらいの規模であったのか、勢多橋を焼き落とした日下部子麻呂も将軍であったが率いた兵数は数百騎とあり、同じく功績のあった藤原宿奈麻呂の率いた兵士も数百との記事（『続日本紀』宝亀八年九月丙寅条）があるから、蔵下麻呂の軍もほぼ同様であったと思う。臨時に数百人前後の兵士を率いて戦闘に加わることを命じられた幾人かの官人が、この時に「将軍」とよばれたのだろう。

仲麻呂の最期

自軍が敗走状態になったことをみて、船で逃亡を図る仲麻呂に、なおも孝謙軍は水陸両方から攻撃を加えた。仲麻呂軍は勝野（かちの）の鬼江（おにえ）（高島市勝野の乙女ヶ池）で死力を尽くして最後の防戦を試みたが、孝謙軍の攻撃により仲麻呂軍はちりぢりとなって壊滅したのである。

石楯獲て斬り、及その妻子徒党卌四人皆江の頭（ほとり）に斬る。

仲麻呂は妻子らと鬼江の湖上にあったが、石村石楯（いわれのいわたて）によって惨殺された。仲麻呂敗死の報はいち早く安倍弥夫人（あべのみふと）によって孝謙太上天皇のもとに告げられたという。弥夫人は無位であったが、これによって一挙に従四位下を授けられている。孝謙太上天皇にとっていかに待たれた勝報であったかがわかる。正一位・大師という官位・官職ともに人臣を極めた仲麻呂が、三河国出身の一軍士によってあっけなく討たれたことは、栄枯盛衰が世の常とはいえ、権力闘争の過酷さと凄惨さを私達に教えてくれる。

現在の勝野の鬼江

また妻子や同行していた氷上塩焼、弟の藤原巨勢麻呂をはじめ、猶子の仲石伴（薗田、一九六六）・石川氏人・大伴古薩・阿倍少路ら主だった官人三四人が斬られた。ただ、そのようなかで六男の刷雄(よしお)のみは若い時より仏道を修行していたことを理由に隠岐への流罪で許されているが（『続日本紀』天平宝字八年九月壬子条）、最終的には斬刑にあたるとされたのは三七五人に及んだという（『日本後紀』延暦十八年二月乙未条）。また遅れて十二月には一三人が処刑されたらしいから、余波は随分と後まで続いたことがわかる（『日本霊異記』下）。

斬刑がこれだけの人数にのぼっていることを思えば、配流・徒刑をはじめ除名などを含めると多数の官人が仲麻呂派やその与党と断じられて処罰をうけたものと思われる。岸氏は、『続日本紀』の争乱後の任官叙位の記事を子細に検討されて、位階を剝奪されたものの、後に復位された官人の名前を明らかにされている（岸、一九六九）。これによれば正五位下仁部大輔の紀伊保(きのいほ)、従五位上信部少輔の忌部鳥麻呂(いんべのとりまろ)ら八省の次官クラスなど従五位下・外従五位下以上に限っても二三人もいる。そして、地方国司でも上野守大原今城（おおはらのいまき）・相模守粟田人成（あわたのひとなり）・参河守大伴田麻呂らが解任、位階が剝奪されるなど大半の国で異動が行われて、多くの官人が更迭されている。河合ミツ氏は乱後わずかのあいだに五〇名を越える国守・介の遷替があったとしており（河合、一九七八）、この争乱の影響の大きさがわかろうというものである。

仲麻呂の首級は十八日になって平城京の孝謙太上天皇のもとにもたらされたが、この従兄の死をどのように自分のなかで消化したのだろうか。孝謙太上天皇は二十日の詔では「道理に反したよこしまな仲麻呂は、詐りねじけた心で、…以前に奏上したことは事毎に偽りと諂いであった」のだといっている。天平勝宝四（七五二）年四月、東大寺大仏開眼の斎会の夜、仲麻呂邸に還御してより、しばらくここを御在所とするなど蜜月時代もあった。

3　はたして仲麻呂の「乱」か

仲麻呂の反乱ではない

この争乱については、先述のように戦前から仲麻呂の反乱とされてきた。しかし、このことを専論とする主な研究をみてゆくと、異なる見解もある。まず角田文衛氏が、仲麻呂は孝謙太上天皇や道鏡を放逐する計画を徐々に進めていたが、孝謙方が先手を打ち、機先を制したと理解している（角田、一九六一 ii）。また中川収氏は、孝謙太上天皇が恐らくは挙兵の意向のなかった仲麻呂が何らかの行動に出る可能性が濃厚になったと判断、その挙動に正当性を与えないために淳仁天皇のもとにあった鈴印の回収を命じ、この鈴印争奪が鎮国衛と授刀衛との武力衝突に展開し、仲麻呂は反逆と断じられてしまったと考えている（中川、一九九一）。

そして松尾光氏はより詳細に分析して、密告を受けていた孝謙側が漫然と時を過していたとは思えず、仲麻呂派の軍事的な行動を予想して早くから武装を固めていたと推測されることや仲麻呂が近江国に走ったその日のうちに近江国府を襲撃する軍を送り、さらに一部を長駆させて越前国に送り込むなど、仲麻呂の動静に対応した動きが速いこと、最初に軍事行動に訴えて鈴印を奪い取ったのは孝謙太上天皇であり、仲麻呂はあくまで乱の勃発に対して受け身だったと思われることの三点をあげて、「この乱は仲麻呂の積極的な意志によるものではなかったと思う。たしかに仲麻呂は、軍事的な圧力を加えて政権を維持・継続させようとしていた。これに対して、孝謙上皇側がむしろ仲麻呂の乗り切り策の前に不利になりそうだった。孝謙上皇側が仕掛けた乾坤一擲の「反乱」―それこそが、仲麻呂の乱だったのではないだろうか」と結論づけている（松尾、一九九五）。

つづいて中西康裕氏は、「太上天皇が戦いを仕掛け、天皇を廃位して権力者を倒した、皇位を簒奪したという史実」（中西、二〇〇二）ともいわれて、遠山美都男氏も同様に理解する（遠山、二〇〇七）。松尾・中西説はいままでの大方の理解に反しているが、著者は首肯できる見解であると思う。

いずれにしても、仲麻呂の乱は孝謙側からの鈴印奪取を起因として、動乱に発展したのであって、その原因が孝謙太上天皇にあることは間違いのない事実である。仲麻呂が都督衙に兵士を集めるなどして孝謙太上天皇に軍事的圧力を加えていたことは確かなことで、このようなことは大津大浦や高丘比良麻呂らの密告によって知っていた孝謙側が何の対処も講じずに座視していたとも思えない。

そのような一触即発の状況下で、孝謙太上天皇が仲麻呂の政治権力の拠りどころである淳仁天皇の保持する鈴印を奪取する行動にでたことは、仲麻呂の反攻を見越したうえで、それなりの対処策を考慮していたことは当然であろう。密告をうけての咄嗟の判断での用兵を否定するつもりはないがあまりにも用意周到であって、以前から練ってきた計画ができていたと理解することは尤もなことであろう。

仲麻呂は軍事的な衝突を想定していなかったとはいえないが、具体的な方策はまだとってはいなかったのではないか。一方、孝謙側はこのような仲麻呂らに対抗してそれなりの準備は進めていたものと考えられ、仲麻呂もこれへの対抗上さらに軍事力でその勢力を抑圧しようとしていたのでないかと思う。

『続日本紀』には、仲麻呂が九月五日に船親王（ふねのしんのう）とともに「孝謙太上天皇の咎」を書状にして朝廷に訴え出ようとしたことがみえているが（『続日本紀』天平宝字八年十月壬申条）、この「孝謙太上天皇の咎」というのも、このような孝謙太上天皇の不穏な動向であった可能性があり、これらのことを併考すれば、「藤原仲麻呂の乱」は必ずしも仲麻呂による反乱とはいえないのである。

乱の意味すること

前述のような経過を辿って仲麻呂の乱は鎮圧されたが、この戦いを単純に「仲麻呂の孝謙太上天皇への反逆」と理解してよいのであろうか。戦いにいたる過程とその端緒となった内印・駅鈴の争奪の実態をみるとき、これは孝謙太上天皇と仲麻呂との権力闘争以外のなにものでもないようにも思われる。

奈良時代史を研究するにあたっての目的のひとつに、天皇権力と貴族勢力との関係の解明がある。かつて関晃氏は、律令国家は専制君主制を指向する皇権と、自己の権力をより拡大化しようとする特定の貴族層との二極のうえに成りたち、皇権の強さはそのときどきの政情と貴族群勢力との相関関係によって決定されるのであり、そこに天皇の専制君主化と専権貴族の出現への契機が胚胎するといわれたことがあった（関、一九五二）。

淳仁天皇の孝謙太上天皇への諫言に端を発したとはいえ、孝謙太上天皇の国家大事賞罰二柄の収奪宣言は、天武天皇・持統天皇直系の草壁皇統としての正統性（瀧浪、一九九一ii）を強く意識したものであったといってよいであろう。

一方、仲麻呂は淳仁天皇という天皇権威をよりどころとはしながらも、政治権力を専断化、太政官に息子三人を加え、衛府を統率し、八省に自派官人を配し、また畿内・三関国など重要な地方組織をも支配するなど、律令国家の行政組織を掌握して専権をふるっている。これは仲麻呂が専権貴族の方向に進みつつあったものと理解される。

貴族層にとって、その支配を維持するうえにも、世襲王権の存在は不可欠なものであって、それに密着しようとはするが、それはあくまでも貴族層内での政治闘争に勝利するための一手段にすぎない。貴族政権の確立化にともない、その貴族政権は専権化し、やがては天皇権力との対立化に向かう危険性を孕んでいることは推測されることではあった。

その点でいえば、「藤原仲麻呂の乱」は、古代天皇権力と専権貴族との闘争という一面をも併せもっていることが注目されると思われるのである。

4　乱後のこと

道鏡大臣禅師となる

九月二十日、藤原蔵下麻呂らが平城京に凱旋した。この時、孝謙太上天皇は詔して、仲麻呂は詐りねじけた心で挙兵して朝廷を転覆させようと御璽と駅鈴を奪ったこと、以前に皇太子から退けた道祖王の兄の塩焼を皇位に定めたとして太政官印を捺した文書を天下の諸国にばらまいたこと、また朝廷の権力を握って欲望のままに行おうと兄の豊成を陥れ追放したことなどの罪状をあげて、仲麻呂討伐の正当性を主張している。つづいて『続日本紀』には、

然るに之(し)が奏(もう)ししく、此の禅師の昼夜朝庭を護り仕へ奉るを見るに、先祖の大臣として仕へ奉りし位名を継がむと念ひて在る人なりと云ひて、退け賜へと奏ししかども、此の禅師の行ひを見るに至りて浄し。仏の御法を継ぎ隆(ひろ)めむと念行(おもほ)しまし朕をも導き護ります己が師をやたやすく退けまつらむと念ひて在りつ。

とあるように、仲麻呂は禅師、つまり道鏡を退けるようにといっていたが、その行為は清浄で、仏法

を継ぎ広めようとするだけでなく自分を導き護ろうとする、そのような師である道鏡を退けることはできないと思っていたという。

帝の出家していいます世には、出家して在る大臣も在るべし。

そして、天皇が出家している時代には、出家している大臣もあってよいとして、道鏡を大臣禅師に任じて、職分の封戸（ふこ）を大臣に准じて二〇〇〇戸支給（「養老禄令」）するように命令している。

しかし、九月二十八日になって道鏡は辞退を上表した。直ちに孝謙太上天皇は、「仏教を盛んにし、僧侶を勧奨するには高い位と顕栄の地位になければ難しい」として、再び大臣禅師への就任を要請している。そして『続日本紀』天平宝字八（七六四）年九月甲寅（二十日）条と九月壬戌（二十八日）条には、重ねて諸官司に道鏡の任大臣禅師のことを命じているのがみえている。この僧侶の大臣禅師という想定外の人事に、公卿官人らの戸惑いというか、抵抗があったものと想像される。

この大臣禅師の実態は、前述のように「仏教を盛んにし、僧侶を勧奨する」というのが職掌だったようで、「大臣禅師の位」とあるように地位、つまり僧位であって官職ではなかったが、職分封戸が大臣と同じであったから、その影響力は僧界にとどまらずに政界にも及んだことは間違いない。

この道鏡の大臣禅師任命であるが、『続日本紀』には九月二十日であったと記されているが、これより早い任命であったとする見解もある。それは天平宝字八年二月から天平神護三（七六七）年正月までの請経文四〇枚以上を貼り継いだ「奉写御執経所等奉請経継文」のなかの天平宝字八年九月十六日付の「賀陽田主請経状」（『大日古』一六巻四五七頁）に、道鏡が十六日の時点ですでに「大臣禅師」と記述されていることによる。

この「賀陽田主請経状」に記す事実は、『続日本紀』の記事と齟齬をきたすが、『七大寺年表』が九月十二日、『公卿補任』が十三日のこととしていることを併考すると、二十日以前とする点では矛盾はない。そうなると、『続日本紀』にみえる二十日の大臣禅師の任命、道鏡の二十八日の辞退と再度の任命は、白々しく感じられる。乱の起きた直後にすでにこの任命があったことになる。

もし、そうだとすると孝謙太上天皇が仲麻呂打倒を策した理由は、自らの重祚とともに、道鏡をただの禅師としてではなく大臣禅師として、政界での施政を前提としたものであったのではないかという想像だにしなかった可能性が考えられる。ただ、この一連の文書はのちに継いで、整理する時に改めて奉請文を作成したかもしれないという理解もあり、さらなる検証が必要ではある。

そして十月七日になって、親王・大臣の後胤と、仲麻呂の追討に参加した諸氏の人等に位階を加え賜うとして論功行賞の叙位が行われている。この叙位は仲麻呂との戦闘がはじまった九月十一日最初の叙位からすると、一〇回目の叙位である。翌八日にも叙位が行われている。ただ、七日の叙位が最大の七七人であったことからすると、仲麻呂との戦闘の終結をうけての最終的評価を考慮しての叙位であったといえよう。この一一回の叙位をまとめると、以下の叙位一覧表のようになる。

この表を一覧すると理解できるように、この一一回の叙位で一番重要であった叙位は、早い段階で

日時	昇叙官位	氏名（　）は昇叙階数
九月十一日	正三位	藤原永手(一)
	従三位	吉備真備(二)
	従四位上	大津大浦(一〇)
	従四位下	日下部子麻呂(一)、藤原縄麻呂(二)、坂上苅田麻呂(五)、粟田道麻呂(五)、高丘比良麻呂(五)、伊勢老人(八)、牡鹿嶋足(一一)、弓削浄人(一五)
	従五位下	紀船守(八)
	外従五位下	民総麻呂(五)
九月十二日	正三位	白壁王・藤原真楯(一)
	正四位下	中臣清麻呂(一)
	従四位下	田中多太麻呂(二)、藤原宿奈麻呂(三)、藤原楓麻呂(四)
	正五位上	淡海三船(三)
	正五位下	豊野尾張(二)
	従五位上	佐伯三野(二)
	従五位下	佐伯国益・佐伯伊多智・田口牛養・大野真本(一)、平群虫麻呂(二)、下毛野足麻呂(四)
	外従五位下	刑部息麻呂(一)
九月十三日	正四位下	石川豊成(一)
	正五位上	安倍息道(三)
	従五位上	津秋主(一)、石川垣守(二)
	従五位下	真立王(無位)
	外従五位下	船腰佩・社吉酒人(一)
九月十七日	従五位下	佐伯助(一)
九月二十日	従一位	藤原豊成(一)
	従三位	和気王(三)、山村王(六)
	正五位下	藤原浜足(一)、津秋主(一)

	従三位	池上女王(二)、藤原百能(五)
	従五位下	藤原玄信(無位)
九月二十一日	従三位	藤原蔵下麻呂(八)
九月二十三日	正五位上	稲蜂間仲村女(二)、吉備由利(三)
	従五位下	阿倍浄目・美和土生(一)
九月二十六日	外従五位下	上毛野石瀧(一)
十月三日	正四位上	藤原宿奈麻呂(三)
	正五位上	石上宅嗣(二)
十月七日	従四位下	藤原浜足(二)
	正五位下	県犬養古麻呂・小野竹良(一)
	従五位上	佐伯伊太智(一)
	従五位下	葛井立足・漆部伊波(二)、守山綿麻呂・海上浄水・岸田継手・大伴形見・八多百嶋・宇治宇治麻呂・忌部比良夫・三野馬甘・安曇三国・紀鯖麻呂・久米子虫・百済益人・山田三井広人・笠道行・佐伯久良麻呂・巨勢津麻呂・多治比小耳・高向家主・中臣常・佐伯真守・阿倍浄成・賀茂大川・石上家成・紀広庭・豊野奄智・文室水通・国見阿曇・藤原乙縄・藤原少黒麻呂・石川永年・若桜部上麻呂・弓削薩摩・当麻得足・阿倍東人(二)、雀部道奥・大伴浄麻呂(三)、賀茂田守(四)、佐伯家継(八)、石村石楯(一四)、山部王・矢口王・三開王・大宅王・若江王・当麻王・坂上王(無位)
	外従五位下	張禄満・漆部道麻呂・道守多祁留・土師樽・弓削耳高・田部男足・秦智麻呂・靫負嶋麻呂・内蔵若人・美努奥麻呂・中臣片岡五百千麻呂・矢集大唐・秦伊波太気・大原家主・津真麻呂・尾張東人・雀部兄子・丈部不破麻呂・高志若子麻呂・建部人上・桑原足床(一)、掃守広足(四)
	従三位	広瀬女王・円方女王・神社女王(一)
十月八日	従五位上	高橋広人(一)
	従五位下	百済王武鏡(三)
	外正五位下	日置蓑麻呂(二)
	従五位下	弓削美努久女・弓削乙美久女・弓削刀自女(無位)

の九月十一日と十二日の叙位であった。

特に九月十一日の昇叙者は、仲麻呂の行動を密告した者や鈴印の争奪に関わった者、八階昇叙の伊勢老人、一五階の弓削浄人の二人の動向は明確ではなく、孝謙の側近としての存在を史料に確認できないが、争乱初期段階のこの時までに、大きな働きを果たしていたものと推察される。ことに浄人は道鏡の実弟であることから、早い段階から孝謙太上天皇に近く、武力基盤として争乱の勝利に多大な貢献をした授刀衛のなかにあって、授刀少志として衛府内を纏めるなどの功績があったのかもしれない。老人も称徳朝に中衛中将・外衛中将など武官を歴任するので武功によるものであろう。

さらに検証すると、十一日と十二日の叙位は大きく相違する。十一日の昇叙者は昇叙階が大きく、それに比べると十二日の者は平均して昇叙幅が小さい。これは鈴印奪取による緒戦に活躍し、この計画に当初から参画していたであろう十一日叙位の孝謙太上天皇側近の者たちと、仲麻呂が近江に逃亡したあとから孝謙側に立った十二日の昇叙者たち(白壁王・藤原真楯・中臣清麻呂らの太政官メンバーと仲麻呂との戦闘に活躍した淡海三船や佐伯三野・佐伯伊多智・大野真本らに大別される)とが、孝謙太上天皇のなかで評価が厳然と区別されていたことを物語っていると思う。

それだけに、再三述べているように、この争乱勝敗の分け目となったのは、鈴と印の争奪にあったといえよう。孝謙太上天皇はそのことをよくわかっていたのである。藤原蔵下麻呂と石村石楯の昇叙が九月二十一日・十月七日と遅れたのは、不思議なような気もするが、蔵下麻呂が凱旋して戦利品などを献上したのが二十日であったから少し遅れたのであろうし、石楯の場合も一四階の昇叙ではあるが、坂上苅田麻呂や牡鹿嶋足のように孝謙太上天皇の意図を体してのものではなく、あくまでも朝廷軍の一軍士としての謀反人に対する働きの結果以外の何ものでもなかったからであろう。

淳仁天皇の廃位

仲麻呂追討の功労者への叙位が行われて、この争乱の決着がついた直後の十月九日、孝謙太上天皇は淳仁天皇の廃位への行動を起こした。孝謙の命をうけた兵部卿和気王（わけのおう）・左兵衛督山村王・外衛大将百済王敬福（くだらのこにきしきょうふく）らは数百の兵士を率いて、淳仁天皇の居所である中宮院（次頁地図中央部）を囲んだ。これに驚いた警護の者は四散してしまった。突然のことで予想だにしていなかった淳仁天皇は、衣服や履物をも整える間もなく、和気王ら使者にせきたてられて図書寮西北まで拘引された。仕える者もおらず、同行したのは母の当麻山背（たいまのやましろ）と当麻家の者の二・三人であった。

図書寮西北に到った淳仁天皇に対して、山村王は次に掲げるような孝謙による廃位の詔を伝宣したのである。まず、自分は父の聖武天皇から即位の際に、

王を奴と成すとも、奴を王と云ふとも、汝の為（せ）むままに、

といわれ、また後に帝になった者でも、自分に対して無礼で従わない道理にあわない者は帝の位におくことはないといわれたとしている。

太上天皇が天皇を廃するという、いままでなかったことであるだけに、孝謙太上天皇にとっても政

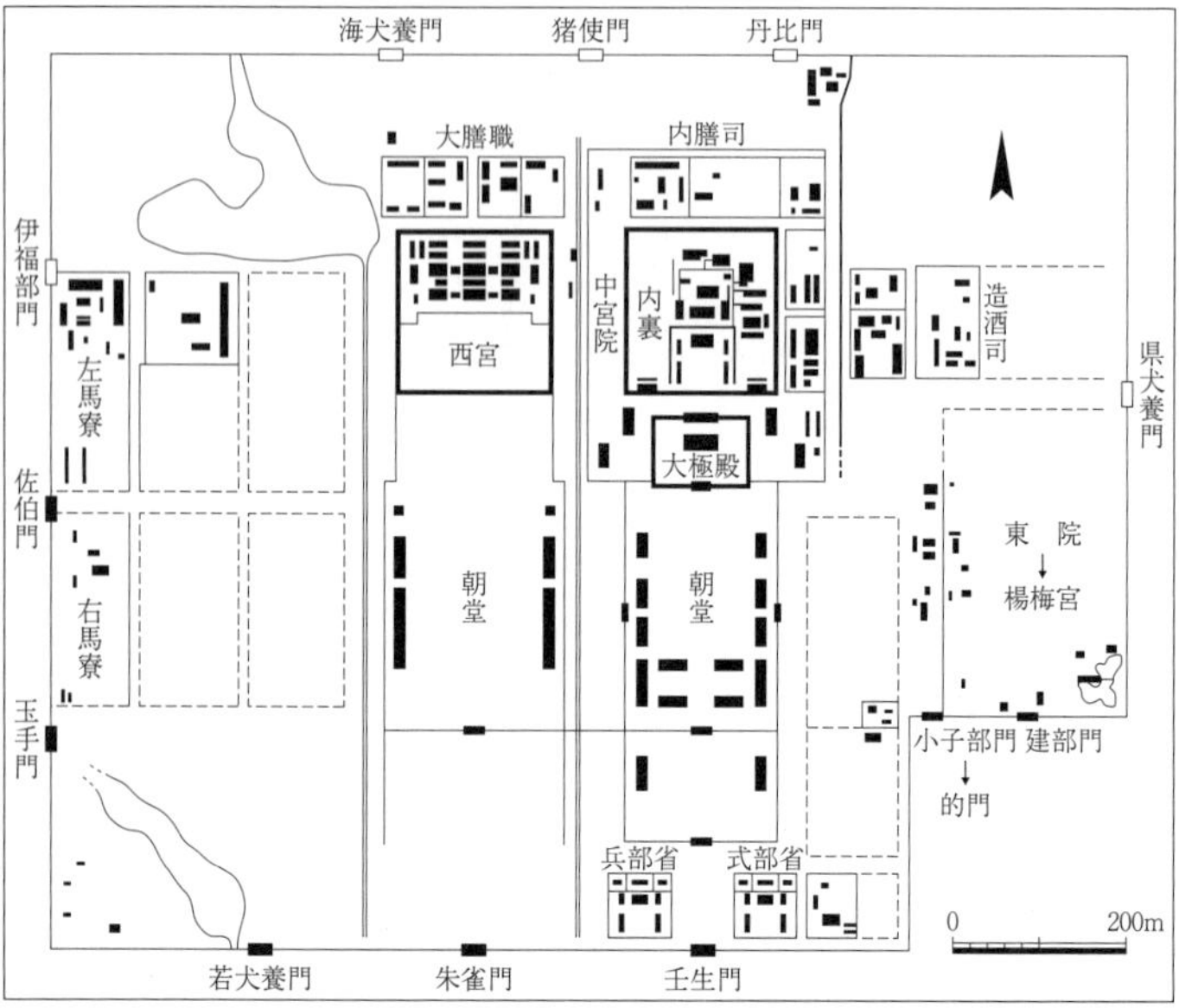

平城宮域復元図（小沢，2003より）

治的には難しかったはずで、まず太上天皇にこのような権限があるはずもない。正当化するというよりも、公卿官人らに納得させる必要があって、持ち出してきたのが亡き父聖武天皇の言葉であったというわけである。

ただ、このことが真実であったかどうかはわからない。自分のみではなく「一二の竪子（わらわ）」とともに聞いたことであると付記するのは、このような事情を背景にして、その疑いを拭うためであろう。それは孝謙太上天皇にとってはまことに都合のよい内容であったといわねばならない（古市、二〇〇五）。

そして、仲麻呂と心を同じくして朕を除こうと謀り、またひそかに六〇〇〇の兵士を徴発しようとしたこと、加えて精

兵をもって押し入り、朕らを討ち滅ぼそうとした罪状をあげて、

> 帝の位をば退け賜ひて、親王の位賜ひて淡路国の公と退け賜ふと勅りたまふ。

と、淳仁天皇を廃位にして淡路国に幽閉する処断をとったのである。

その後、淳仁廃帝は母とともに小子（部）門（地図右下）を経て、二条大路から馬に乗せられて直ちに淡路に送られた。淡路へは平城京を南下して、紀伊国から紀淡海峡を渡る南海道の道程である。この護送は、討賊将軍として活躍した藤原蔵下麻呂があたった。『淡路国正税帳』には、担夫は平城京からの還日数が七日と記されているから、そこから類推すると淳仁廃帝が淡路国府に到ったのは十月十五日前後のことであろう。

淡路国府に着いた淳仁廃帝は、すぐさま一院に幽閉されたが、その淳仁廃帝に蔵下麻呂は孝謙太上天皇の以下のような勅を下している。

> 淡路国を大炊親王に賜ふ。国内に有てる官物調庸等の類はその用ゐる所に任す。但し出挙の官稲は一ら常の例に依れとのたまふ。

淳仁廃帝は親王に貶され、淡路国内の調・庸などは使ってよいということになったが、幽閉されて

いる身では、それも自由に裁量できたかどうか疑わしい。また、この日には淳仁廃帝の兄の船親王が、仲麻呂と共謀して孝謙太上天皇のあやまちを書状に作って天皇の淳仁廃帝に上奏しようと謀り、仲麻呂の家のなかからも二人の陰謀を示す手紙がみつかったという理由で隠岐国に、同じく兄の池田親王も夏から馬を多く貯えるなど反逆を企んでいたとして土佐国に、ともに諸王に落とされたうえで配流に処せられている。

淳仁廃位は十月九日か

しかし、この十月九日である『続日本紀』の天平宝字八(七六四)年十月壬申(九日)条に記述される淳仁廃位のことは、じつは十月九日の出来事ではなく、九月十一日の仲麻呂の乱開始早々のことであって、太上天皇の孝謙が戦いを仕掛け、天皇を廃して、皇位を簒奪したという史実をカムフラージュするための改竄であるとの中西康裕説がある(中西、二〇〇二)。

中西氏は、①淳仁天皇が在位しているのに、なぜ仲麻呂は氷上塩焼を天皇に立てたのかという疑問から発して、それは九月十一日にすでに淳仁天皇が軟禁・廃位され、仲麻呂も知っていたということで、この疑問が氷解する。また、仲麻呂が滅亡して二十日も経った十月九日に、②兵部卿和気王・左兵衛督山村王・外衛大将百済王敬福らが数百という多数の兵士で淳仁天皇のいる中宮院を囲んだことや、③淳仁天皇の侍衛兵士数人が奔散したこと、④服装や履物も調わないうちに図書寮まで拘引されたことは不合理であり、九月十一日だと納得できるとされるのである。

この中西説には興味をひかれるが、賛同はできない。まず①については、前述のような理由で淳仁天皇を同道できなかったために、孝謙太上天皇に対抗するうえからも皇権を必要として帯同していた塩焼を擁立して、不利な状況を打開しようとしたのかもしれないし、乱の以前から仲麻呂は新たに天皇を即位させ、淳仁天皇を太上天皇にすることで孝謙太上天皇に対して優位に立つことを画策していたとの説（小林、二〇〇六）もあるくらいである。

②の仲麻呂滅亡後に、淳仁天皇を追放するのに多数の兵士を動員する必要があったのかということであるが、これが九月十一日であることの証明にはならない。仲麻呂滅亡後でも十分にありうることである。本来、衛府には一〇〇〇人をこえる衛士・兵衛などの兵士がおり、数百の兵数はけっして不自然ではない（吉川、二〇〇四）。

③④についても、十月九日のことではなく、九月十一日の出来事でなくてはならないという確実な論拠とはならない。中宮院が孝謙側に包囲されていたとしても、天皇である淳仁を侍衛する兵士が数人くらいいたとしてもおかしくはない。かえって乱後の閑散たる淳仁天皇の身辺の様子を示しているとも思われる。衣服や履物を満足に身にすることができなかったというのも、同様の状況になれば九月十一日以後でもありえないことではない。

さらに中西説を検討する。九月乙巳（十一日）条には山村王は少納言とあるが、十月壬申（九日）条には左兵衛督とある。これはこの争乱で功績をあげたため、この間に遷任したのであり、十月壬申（九日）条がじつは九月乙巳（十一日）条の改竄であったならば、山村王の官職は少納言でなければならないという疑問が残る。中西氏は改竄時に辻褄あわせの追記をしたのであるとされて、この疑問の解決を図っている。

だが、九月十一日とすると、山村王が少納言、和気王は節部卿（大蔵卿）か伊予守、百済王敬福は讃岐守であった可能性が高い。伊予守和気王・少納言山村王・讃岐守百済王敬福では、兵数百を率いて淳仁天皇を拘引する官職としては軽輩すぎてそぐわない。例えば法王道鏡の下野薬師寺への追放令旨を宣したのは、左大弁佐伯今毛人・弾正尹右大弁藤原楓麻呂である。兵部卿・左兵衛督・外衛大将こそふさわしい。

また淳仁廃帝の淡路への護送は、前述のように、その任に藤原蔵下麻呂があたった。蔵下麻呂は、仲麻呂軍との勝敗を分けた高島郡三尾埼の決戦において、孝謙軍が劣勢になったときに援軍として駆けつけ、孝謙軍を勝利に導き、二十日には討賊将軍として凱旋していることは前述した。九月十一日に淳仁廃帝護送の任を帯びて淡路に行った蔵下麻呂が、平城京にとってかえし、九月十六日頃に数百の兵士をまとめ率いて、十七日に三尾埼の決戦に参戦できたか、淡路への往復行程は一四日ほどであったから、どう考えても十一日に平城京を発ち、十六日には戻れない。

もう一点、淳仁廃帝の淡路での行動を監視する任務を与えられたのが佐伯助であるが、助が淡路守に補任されたのは十月九日その日であって、九月十一日ではない。淳仁廃帝と同日に配流となった船王の流罪地である隠岐の国守が補任されたのも十月九日である。この日には摂津大夫・亮、播磨守・介、翌日には和泉守、翌々日には阿波守が新しく補任されている。これは孝謙太上天皇が、淳仁廃帝を淡路に追放したものの油断することなく、淡路周辺の国守に自派の官人を任じて、佐伯助と同様にその行動を監視し、淡路からの脱出に備えさせるためのものであったと思われる（直木他、一九九〇）。

以上の諸点からして、やはり『続日本紀』十月壬申（九日）条の記事は九月乙巳（十一日）条の改竄とはいえないのである（木本、二〇〇八ⅱ）。

淳仁廃帝の殺害

淳仁廃帝を淡路に追放、幽閉したことによって、称徳・道鏡政権が成立したといえよう。すでに九月二十日の勅で孝謙太上天皇は、「髪を剃って袈裟を着ているけれども、国家の政を行わないことはありえない」と政事への意欲を明確に示している。ただ、いつ重祚して称徳天皇となったかははっきりしない（以下、称徳天皇と表記する）。そして、政権が安定するのは、翌天平神護元（七六五）年十月に淳仁廃帝を殺害して、道鏡が太政大臣禅師に昇格するのを待たなければならない。

この独身で老女帝の再登場は、廷臣たちの皇嗣問題を中心とする政争の再燃を予期させ、かえって政情が不安定ともなった。称徳天皇もそのことを考慮したのであろう、「人人が自分の贔屓によって、この人を立てて自分の功績にしようと思って、君の位を狙う謀りごとをし、ひそかに他人と心を通わして人を誘い勧めるようなことをしてはならない」（『続日本紀』天平宝字八年十月丁丑条）と、各人が思う人を擁して自らの功績にしようと皇位をねらう謀りごとをひそかに人に誘い勧めることを戒める勅を発している。

そして皇太子をおかないことを宣言している。これは立太子をめぐっての公卿官人間の思惑を調整することの難しさとともに、皇太子をおくことによって皇権が分散して、称徳天皇の皇権力自体が弱体化することを危惧したからであろう。

また称徳・道鏡政権の不安定な要因として、淳仁廃帝の存在があった。淡路に幽閉したとはいえ、六年間にわたって皇位にあった淳仁廃帝の政治的存在は無視できなかった。『続日本紀』天平神護元年二月乙亥（十四日）条には、

> 淡路国守従五位下佐伯宿禰助に勅したまはく、風に聞かく、彼の国に配流せる罪人、稍く逃亡を致せりときく。事、如し実有らば、何を以てか奏せぬ。汝、朕が心に簡ひて、往きて彼の事の動静を監て、必ず早に奏すべし。また聞かく、諸人等、詐りて商人と称りて、多く彼の部に向ふ。国司察らずして、遂に群を成すときく。今より以後、一切に禁断せよとのたまふ。

とみえている。

称徳天皇からの命令をうけて、淳仁廃帝の動静を監視するために、配流の即日に淡路守に任じられた佐伯助は、それでも淳仁廃帝の逃亡を見逃し、その事実を称徳天皇に報告しなかったばかりか、商人と偽って淳仁廃帝のもとにやってくる諸人ら、たぶん官人らであろう、「多く」とあるから頻繁でもあったことにも、黙認して一向に禁止しなかった。よって、さらに「群れ」となるような状況にまでなったのである。

このような状況を風聞した称徳天皇は、佐伯助に厳しい対応と処断をせまったのである。しかし、なおも淳仁廃帝の復位を願う官人があったようで、危機感を抱いた称徳天皇は翌三月五日には、これを厳しく咎める、

復有る人は、淡路に侍り坐す人を率て来て、さらに帝と立てて天下を治めしめむと念ひて在る人も在るらしとなも念す。……何そ此の人を復立てむと念はむ。今より以後には如此く念ひて謀ること止めよと詔りたまふ大命を聞きたまへと宣るとのたまふ。

との詔を発している。

二月十四日の条文とあわせて考えると、淳仁廃帝の復位を願うのは、一部の仲麻呂残存勢力だけでなく、諸司官人を中心にかなりの政治勢力になっていたように思える。擁立者であった仲麻呂の敗死後に淡路に追放されて皇権を失った淳仁廃帝ではあったが、天皇としての権威はそうたやすく霧散するようなものではなかったのである。

称徳天皇から「往きて彼の事の動静を監て」と命じられながらも、佐伯助らの淳仁廃帝への緩慢な対応は、このような淳仁廃帝の復位勢力の存在を考慮し、また反映したものであったといえそうである。また周辺の国守も同様であった。しかしながら、二月・三月とつづけて称徳天皇から淳仁廃帝への厳しい対応を迫られた佐伯助は、淳仁廃帝の逃亡に際して、遂に意を決して強硬手段をとらざるを

えなくなった。

半年たった同元年十月二十二日、『続日本紀』天平神護元年十月庚辰（二十二日）条には、

淡路公、幽憤に勝へず、垣を踰えて逃ぐ。守佐伯宿禰助、掾高屋連並木ら兵を率ゐてこれを邀る。公還りて明くる日に院中に薨しぬ。

とある。逃亡を図った淳仁廃帝に対して、兵を率いた佐伯助は重傷を負わせ、その翌日に淳仁廃帝は院中で没したのである。

このように佐伯助に厳しい対応を命じた称徳天皇には、はっきりとした淳仁廃帝殺害の意図があった。はじめは厳格ではなかった佐伯助が、豹変して強硬な手段に転じたのも称徳天皇の意中をはかったものと考えれば理解できる。それでは、称徳天皇が淳仁廃帝を幽閉するだけにとどまらず、さらに厳しい処断を迫ったのにはどうような事情があるのだろうか。

淳仁廃帝を淡路に追放し、重祚した称徳天皇は、淳仁廃帝の兄である船親王・池田親王をそれぞれ隠岐・土佐国への配流に処し、一応の政治の安定化を図った。しかし、独身でその直系皇嗣をもたないこともあって、その皇位をめぐって前述したように公卿官人たちが公然と自分が期待する諸王をそれぞれ皇太子に立てようとする謀りごとを廻らすようになり、政情は一層流動化したのである。

八月になると、参議兵部卿であった和気王が、参議・近衛員外中将・勅旨員外大輔・式部大輔を兼

任する粟田道麻呂や兵部大輔の大津大浦ら政権の中枢にある者と謀って、称徳天皇と道鏡を殺害しようとする計画が発覚した。和気王は舎人親王の孫で、淳仁廃帝の甥になる。その点で有力な皇位継承候補者であったともいえる。称徳天皇は、和気王を伊豆国への遠流に処したが、その護送途次の山背国相楽郡で絞殺させている。

そのような情勢下で、淡路の淳仁廃帝のもとに通う人びとが「遂に群れを成し」、京師でもその復位を策する官人の動向が表面化してきた時の、称徳天皇の危機感は察するにあまりある。淳仁の廃帝理由は、六〇〇〇の兵士を発して、三関の攪乱などを策謀したというものであるが、これは捏造もしくは誇張されたものであった可能性が高いが、淳仁廃帝をめぐる京師や淡路での官人らの動向を考えると、復位を目的にひそかにそのような策謀が立てられていたのかもしれない。

当麻山背墓と淳仁陵

皇嗣をめぐる官人の不穏な蠢動に加えて、淳仁廃帝の復位を策する官人動向の高揚、そして和気王の謀反事件、仲麻呂の動乱直後でもあり、重祚したものの称徳天皇にとっては大いなる危機意識と焦燥感を抱かせるものであったに相違ない。和気王のみならず、和気王に巫鬼をもって事を勧めた紀益女（きのますめ）までも配流の途中で絞殺せしめるなどのヒステリックともいえる残酷な手段をとったのも、このような称徳天皇の危機意識のなかでこそ理解されるし、反称徳勢力の言動をうけて復位を図る淳仁廃帝を事実上殺害したのも同じような理由のもとでこそ納得される。

称徳・道鏡政権の確立

淳仁廃帝が亡くなって三日後の天平神護元（七六五）年十月二十六日、称徳天皇は紀伊国への行幸の帰途、和泉国日根郡深日行宮（ひねぐんふけいのかりみや）に到ったのであるが、その時の奇異な現象を『続日本紀』天平神護元年十月甲申（二十六日）条は、以下のように記している。

時に西の方暗瞑（くら）くして、常に異なりて風ふき雨ふる。

深日行宮は、現在の大阪府泉南郡岬町深日あたりにあったと思われる。二十三日の淳仁廃帝の死の報が国守佐伯助によって称徳天皇のもとにもたらされたとすると二十六日頃になろう。

今はなくなってしまったが、以前は深日港（ふけこう）と淡路洲本・津名港間に航路があって、官道（南海道）ではないが、淡路国府のあった三原郡国衙（南あわじ市）からは平城京には最短の距離にあった。深日行宮の西の方というと、まさにそこは紀淡海峡を挟んで淡路国である。

称徳天皇の行幸に随行している公卿官人たちも、もちろん淳仁廃帝の死を知った。淡路の方に暗雲がたちこめ、「普段とは異なった風雨があった」とあるのは、単なる気象事象ではなく、そこには淳仁廃帝の殺害という陰惨な歴史的事実を仮託する『続日本紀』編纂者の意図があった、また想像をたくましくすれば淳仁廃帝の怨霊をも意識した記述を推測させるが、それはそこに居合わせ従行していた官人たちのひとしく抱いた感情でもあったろう（木本、二〇一〇）。

淳仁廃帝の死んだことによって称徳天皇の政治的不安は払拭された。深日行宮から新治行宮（貝塚市新井）・河内国丹比郡（堺市美原区）を経て、十月二十九日に弓削行宮（東大阪市東弓削）に到った称徳天皇は、翌日には道鏡の出身氏族である弓削連氏の氏寺であろう弓削寺に礼仏した。そして翌々日の閏十月一日になって、道鏡を太政大臣禅師に任命し、同行していた文武官人に道鏡を礼拝させ、平城京に戻った閏十月八日にはすべての官人に道鏡を拝賀させている。これによって称徳・道鏡政権が確立したといえよう。

ところで称徳・道鏡政権について、政治の潮流は太政官によって推進されていて、道鏡の手によったものではなく（江川、一九五九）、称徳との関係のみで結実した、組織的にはまったく弱体な政権であり（中川、一九六五）、登用した弟の弓削浄人ら同族も貴族社会のなかで有力ではなかった（佐藤、二〇〇二）などの評価がある半面、藤原永手を筆頭に貴族・皇親らが支えて、貴族官人社会のなかにその支持基盤を有していたとする説もある（瀧浪、一九九一ｉ）。

しかしながら学界の大勢は、称徳・道鏡政権は、称徳天皇の個人的親任に負うところが大きく、中央貴族らの反発から、それに代えて新たに官僚への進出を望んでいた地方豪族に期待する傾向が強かった（中川、一九六四）が、思惑どおりに弓削一族や河内の諸氏族などの諸勢力を結集することに成功しなかった（栄原、一九九二）との理解が一般的である。

称徳天皇を高野山陵に葬ることを記す『続日本紀』宝亀元（七七〇）年八月丙午（十七日）条には、称徳・道鏡政権の評価についての記事がみえる。

> 天皇、尤も仏道を崇めて、務めて刑獄を恤みたまふ。勝宝の際、政、倹約を称ふ。太師誅せられてより、道鏡、権を擅にし、軽しく力役を興し、務めて伽藍を繕ふ。公私に彫喪して、国用足らず。政刑日に峻しくして、殺戮妄に加へき。故に後の事を言ふ者、頗るその冤を称ふ。

孝謙天皇が最初に帝位にあった当初は、政治はつづまやかであった。しかし大師の仲麻呂が誅殺されたのち、称徳天皇として重祚してからは道鏡が権力をほしいままにする政治が行われ、官民ともに疲弊し、国の費用は不足がちになり、政治と刑罰は日増しに峻厳になって、妄りに殺戮を加えるまでになった。後にこの時代のことをいう者は、たいそう無実の罪が多かったといった、というものである。仲麻呂政権に代って成立した称徳・道鏡政権というのは、三〇年後の『続日本紀』編纂の時にはこのようにも総括される政権であった。

参考文献

青木和夫他『続日本紀』二、岩波書店、一九九〇
青木和夫他『続日本紀』三、岩波書店、一九九二
青木和夫他『続日本紀』四、岩波書店、一九九五
黒板勝美『類聚三代格』前、吉川弘文館、一九七二
黒板勝美『公卿補任』吉川弘文館、一九七四
佐藤　信他『藤氏家伝』吉川弘文館、一九九九
東野治之他『萬葉集』4、小学館、一九九六
森田　悌他『日本後紀』集英社、二〇〇三
楊　家駱『唐大詔令集』鼎文書局、一九七二

浅野啓介「木簡が語る長屋王の変」『季刊考古学』一一二、二〇一〇
浅野真一郎「藤原仲麻呂の乱前後の高橋氏の動向」『高円史学』一三、一九九七
阿部　猛『新訂版　平安前期政治史の研究』高科書店、一九九〇
安藤更生『鑑真』吉川弘文館、一九六七
池田　温「唐朝氏族志の一考察」『北海道大学文学部紀要』一三―二、一九六五

石井英雄「恵美刷雄・恵美薩雄考」『白山史学』一三、一九六七
石井正敏『日本渤海関係史の研究』吉川弘文館、二〇〇一
石田瑞麿「鑑真における布薩の意義」『南都仏教』二一、一九六八
石附敏幸「藤原仲麻呂政権と勅旨田」『続日本紀研究』三〇七、一九九七
石母田正『日本の古代国家』岩波書店、一九七一
泉谷康夫「再び藤原仲麻呂の養老律令加筆について」『高円史学』一三、一九九七
市村宏「諸兄父子と家持と万葉集」『万葉集と万葉びと』明治書院、一九八一
伊藤千浪「律令制下の渡来人賜姓」『日本歴史』四四二、一九八五
伊藤博『万葉集釈注』一〇、集英社、一九九八
井上薫『奈良朝仏教史の研究』吉川弘文館、一九六六
伊野部重一郎「藤原仲麻呂の仏教政策」『政治経済史学』一一八、一九七六
茨木一成「式部卿の研究」『続日本紀研究』一〇—一〇・一一、一九六三
岩橋小弥太「仁正皇太后と藤原仲麻呂」『歴史教育』二—五、一九五四
植垣節也「家伝上（大織冠伝）覚え書」『親和国文』一・二、一九六九
上野利三「名例律及び断獄律の条文復元について」『皇学館大学史料編纂所報』二二七、二〇一〇
江川潔「道鏡政権の歴史的評価」『史流』二、一九五九
江草宣友「藤原仲麻呂政権下の銭貨発行と新羅征討計画」『国史学』一八二、二〇〇四
榎本淳一「藤原仲麻呂と女楽」『古代国家と天皇』同成社、二〇一〇
遠藤慶太「『大織冠伝』の研究・下」『皇学館論叢』七〇—五、一九九七
大坪秀敏「百済王氏と藤原仲麻呂」『日本古代の宗教と伝承』勉誠出版、二〇〇九

大平　聡「正倉院文書の五つの『絵』——佐伯里足ノート」『奈良古代史論集』二、一九九一
大山誠一「武蔵国入間郡の神火をめぐる諸問題」『日本古代の社会と経済』下、吉川弘文館、一九七八
沖森卓也「『家伝』の述作」『藤氏家伝——注釈と研究』吉川弘文館、一九九九
小口雅史「律令制下寺院経済の管理統制機構」『史学論叢』九、一九八〇
小沢　毅『日本古代宮都構造の研究』青木書店、二〇〇三
小野寺静子「宴歌小論」『坂上郎女と家持』翰林書房、二〇〇二
尾畑光郎「称徳・道鏡政権形成過程についての覚書」『日本社会史研究』七、一九六〇
筧　敏生「藤原仲麻呂政権期の尊号について」『名古屋大学文学部研究論集』一二五、一九九六
梶原千恵「保良宮と藤原仲麻呂政権」『福岡大学大学院論集』三〇—二、一九九九
加藤麻子「鈴印の保管・運用と皇権」『史林』八四—六、二〇〇一
門野晃子「藤原仲麻呂の乱と北陸道」『交通史研究』三七、一九九六
鐘江宏之「大伴古麻呂と藤原仲麻呂」『学習院大学文学部研究年報』五一、二〇〇四
河合ミツ「天平宝字五年十月己卯条の詔と勅」『続日本紀研究』一九三、一九七七
河合ミツ「仲麻呂の乱後における国司の異動」『続日本紀研究』一九九、一九七八
川口常孝「越中以後の家持」『人麿・憶良と家持の論』桜楓社、一九九一
川崎庸之「長屋王時代」『記紀万葉の世界』東京大学出版会、一九八二
元興寺文化財研究所『平城京左京四条二坊九坪（田村第跡）』元興寺文化財研究所、二〇〇九
岸　俊男「越前国東大寺領庄園をめぐる政治的動向」『古代学』一—四、一九五二
岸　俊男「東大寺をめぐる政治的情勢」『ヒストリア』一五、一九五六 i
岸　俊男「藤原仲麻呂の田村第」『続日本紀研究』三—六、一九五六 ii

岸　俊男「郷里制廃止の前後」『日本歴史』一〇六・一〇七、一九五七
岸　俊男「元明太上天皇の崩御」『日本古代政治史研究』塙書房、一九六六
岸　俊男『藤原仲麻呂』吉川弘文館、一九六九
　戦後の古代史研究の成果をふまえて、藤原仲麻呂のみならず、政治経済社会的背景を述べつつ、仲麻呂とその政治施策の実態を解明する。内容の詳細さに関わらず叙述は平易。中川氏の業績とともに藤原仲麻呂の基本的成果。
北山茂夫「天平末葉に於ける橘奈良麻呂の変」『立命館法学』二、一九五二
北山茂夫「藤原恵美押勝の乱」『立命館大学人文科学研究所紀要』一、一九五三
北山茂夫『女帝と道鏡』中公新書、一九六九
北山茂夫『大伴家持』平凡社、一九七一
北山茂夫『万葉集とその世紀』下、新潮社、一九八五
木下正史「雷丘東方遺跡」『あすか古京』七五、二〇〇九
木村　晟「『唐大和上東征伝』の解読本文」『駒澤大学文学部研究紀要』四二、一九八四
木本好信「『大日本古文書』所収「越前国司公験」側注について」『続日本紀研究』一八六、一九七六
木本好信「藤原仲麻呂の地方政策」『古代文化』三三―七、一九八二
木本好信「『続日本紀』天平神護元年十月甲申条をめぐって」『日本歴史』四九七、一九八九
木本好信『大伴旅人・家持とその時代』桜楓社、一九九三ｉ
木本好信『藤原仲麻呂政権の基礎的考察』高科書店、一九九三ii
　藤原仲麻呂と光明皇太后・孝謙太上天皇との政治的関係、民政として問民苦使・左右京尹・平準署の創設という唐風政策や地方政策、仏教政策として鑒真・法進や写経のこと、神祇政策として宇佐八幡宮や大神神社

との関係など、仲麻呂の政治施策を多角的に論述する。

木本好信『奈良朝政治と皇位継承』高科書店、一九九五
木本好信「多賀城碑文について」『米沢史学』一二、一九九六
木本好信『藤原式家官人の考察』高科書店、一九九八
木本好信『律令貴族と政争』塙書房、二〇〇一
木本好信『奈良時代の人びとと政争』おうふう、二〇〇三
木本好信「藤原仲麻呂による安積親王暗殺説の検討」『政治経済史学』四五二、二〇〇四ⅰ
木本好信『奈良時代の藤原氏と諸氏族』おうふう、二〇〇四ⅱ
木本好信「藤原真楯薨伝について」『古代文化』五七―三、二〇〇五
木本好信「称徳・道鏡政権の実態」『史聚』三九・四〇合併号、二〇〇七
木本好信『万葉時代の人びとと政争』おうふう、二〇〇八ⅰ
木本好信「『続日本紀』の『淳仁天皇廃位』条文」『日本歴史』七一九、二〇〇八ⅱ
木本好信『平城京左京三条五坊から』つばら、二〇〇九
木本好信『平城京時代の人びとと政争』つばら、二〇一〇
倉本一宏『奈良朝の政変劇』吉川弘文館、一九九八
河内祥輔『古代政治史における天皇制の論理』吉川弘文館、一九八六
河内春人「詔勅処分にみる新羅観と新羅征討政策」『駿台史学』一〇八、一九九九
小谷博康「宣命の作者について」『甲南大学紀要』一五、一九七七
小林茂文『天皇制創出期のイデオロギー』岩田書院、二〇〇六
近藤毅大「紫微中台と光明皇太后の『勅』」『ヒストリア』一五五、一九九七

近藤信義「橘諸兄と万葉集」『国学院雑誌』六九―一、一九六八
斎藤　融「仲麻呂政権について」『法政史論』一二、一九八五
佐伯有清『新撰姓氏録の研究』研究篇、吉川弘文館、一九六三
栄原永遠男「称徳・道鏡政権の政権構想」『追手門経済論集』二七―一、一九九二
栄原永遠男「藤原仲麻呂家における写経事業」『日本古代社会の史的展開』塙書房、一九九九
栄原永遠男『平城京の落日』清文堂出版、二〇〇五
　皇位継承・藤原氏の転生・仏教と学問の三章にわけて、藤原仲麻呂や関係深い孝謙太上天皇・淳仁天皇・道鏡・吉備真備・藤原豊成・藤原永手・鑑真・安都雄足などの生涯について、各自分担して執筆している。
坂本太郎「養老律令の施行に就いて」『史学雑誌』四七―八、一九三六
坂本太郎『日本全史』二、東京大学出版会、一九六〇
酒寄雅志「八世紀における日本の外交と東アジアの情勢」『国史学』一〇三、一九七七
佐久間龍「慈訓について」『仏教史学』六―四、一九五七 i
佐久間龍「慶俊の一考察」『続日本紀研究』四―一二、一九五七 ii
佐久間龍「戒師招請について」『南都仏教』八、一九六〇
佐々木博康「仲麻呂の乱の発端記事について」『続日本紀研究』一九三、一九七七
笹山晴生「中衛府の研究」『古代学』六―三、一九五七
笹山晴生「授刀舎人補考」『日本古代衛府制度の研究』東京大学出版会、一九八五
笹山晴生『奈良の都』吉川弘文館、一九九二
佐藤文子「淳仁朝の造宮計画」『史窓』五三、一九九六
佐藤　信「『家伝』と藤原仲麻呂」『藤氏家伝――注釈と研究』吉川弘文館、一九九九

佐藤　信「律令国家と天平文化」『律令国家と天平文化』吉川弘文館、二〇〇二
沢野直弥「藤原仲麻呂政権期の様相」『仏教大学大学院紀要』二七、一九九九
沢村　仁『奈良六大寺大観、唐招提寺一』岩波書店、一九六九
島　善高「『維城典訓』考」『古代文化』三二―七、一九八〇
島地大等「東大寺僧法進の教学について」『哲学雑誌』四四三、一九二四
鈴木靖民「高野天皇の称号について」『国学院雑誌』七七―九、一九七六
鈴木靖民「『続日本紀』天平宝字八年九月乙巳条について」『続日本紀研究』一八九、一九七七
鈴木靖民『古代対外関係史の研究』吉川弘文館、一九八五
関　晃「新撰氏姓録の撰修目的について」『史学雑誌』六〇―三、一九五一
関　晃「律令支配層の成立とその構造」『新日本史大系』二、朝倉書店、一九五二
関根　淳「藤原仲麻呂と安都雄足」『続日本紀研究』三〇四、一九九六
関根　淳「中西康裕著『続日本紀と奈良朝の政変』」『歴史評論』六五二、二〇〇四
関根真隆「献物帳の諸問題」『正倉院年報』一、一九七九
曽我部静雄『律令を中心とした日中関係史の研究』吉川弘文館、一九六八
薗田香融「恵美家子女伝考」『史泉』三二・三三、一九六六
薗田香融「小伝・藤原仲麻呂」『日本古代の貴族と地方豪族』塙書房、一九九二
瀧川政次郎「問民苦使考」『歴史学研究』三―三、一九三五
瀧川政次郎「紫微中台考」『法制史研究』四、一九五四
瀧川政次郎「保良京考」『史学雑誌』六四―四、一九五五
瀧浪貞子「藤原永手と藤原百川」『日本古代宮廷社会の研究』思文閣出版、一九九一 i

瀧浪貞子「孝謙女帝の皇統意識」『日本古代宮廷社会の研究』思文閣出版、一九九一ⅱ
瀧浪貞子『最後の女帝　孝謙天皇』吉川弘文館、一九九八
瀧浪貞子『帝王聖武』講談社、二〇〇〇
瀧浪貞子『女性天皇』集英社、二〇〇四
竹尾幸子「広嗣の乱と筑紫の軍制」『古代の日本、三、九州』角川書店、一九七〇
田名網宏『古代の交通』吉川弘文館、一九六九
塚本善隆「中国仏教史上に於ける鑒真和上」『南都仏教』一五、一九六四
築山治三郎『唐代政治制度の研究』創元社、一九六七
角田文衛「軍団と衛府」『日本古代史論叢』吉川弘文館、一九六〇
角田文衛「藤原袁比良」『古代文化』六―五、一九六一ⅰ
角田文衛「恵美押勝の乱」『古代文化』六―六、一九六一ⅱ
角田文衛「不比等の娘たち」『古代文化』一二―四・五、一九六四
鶴岡静夫「藤原仲麻呂と仏教」『日本古代仏教史の研究』文雅堂書店、一九六二
寺崎保広『長屋王』吉川弘文館、一九九九
寺崎保広『古代日本の都城と木簡』吉川弘文館、二〇〇六
東野治之『鑑真』岩波書店、二〇〇九
遠山美都男『彷徨の王権　聖武天皇』角川書店、一九九九
遠山美都男『古代日本の女帝とキサキ』角川書店、二〇〇五
遠山美都男『古代の皇位継承』吉川弘文館、二〇〇七
遠山美都男『検証平城京の政変と内乱』学研、二〇一〇

冨樫　進「藤原仲麻呂における維摩会」『日本思想史学』三七、二〇〇五
常盤大定「道璿律師の日本仏教史上に於ける位置」『日本仏教の研究』春秋社松柏館、一九四三
土橋　誠「淳仁天皇――ほんろうされた傀儡の帝」『平城京の落日』清文堂出版、二〇〇五
直木孝次郎「続労銭について」『続日本紀研究』六―九、一九五九
直木孝次郎「長屋王の変について」『奈良時代史の諸問題』塙書房、一九六八
直木孝次郎「天平十六年の難波遷都をめぐって」『難波宮址の研究』六、一九七〇
直木孝次郎「仲麻呂の乱の鈴印争奪記事の読みかた」『続日本紀研究』一九一、一九七七
直木孝次郎「橘諸兄と元正太上天皇」『国文学』二三―五、一九七八
直木孝次郎「淡路廃帝淳仁の死をめぐって」『東アジアの古代文化』五〇、一九八七
直木孝次郎「心を通わせる元正太上天皇と橘諸兄」『万葉集と古代史』吉川弘文館、二〇〇一
直木孝次郎他『続日本紀』二、平凡社、一九八八
直木孝次郎他『続日本紀』三、平凡社、一九九〇
中井真孝「奈良時代の僧綱」『日本古代の国家と宗教』上、吉川弘文館、一九八〇
中尾浩康「天平期の節度使に関する一考察」『続日本紀研究』三八八、二〇一〇
中川　収「続紀天平宝字七年十二月丁酉条について」『続日本紀研究』六―八、一九五九
中川　収「藤原良継の変」『続日本紀研究』七―二・三、一九六〇 i
中川　収「道鏡少僧都就任についての一考察」『日本社会史研究』九、一九六〇 ii
中川　収「藤原仲麻呂政権の崩壊過程」『日本歴史』一五〇、一九六〇 iii
中川　収「称徳・道鏡政権の形成過程」『日本歴史』一九六、一九六四
中川　収「称徳・道鏡政権の構造とその展開」『国学院雑誌』六六―七、一九六五

中川　収「孝謙朝前期における天皇の政治的役割」『北海道産業短期大学紀要』四、一九七〇
中川　収「光明・仲麻呂体制の形成」『国史学』八七、一九七二
中川　収「橘諸兄体制の成立と構成」『日本歴史』三〇八、一九七四
中川　収「長屋王首班体制の成立とその政治」『国史学』一〇三、一九七七
中川　収『奈良朝政争史』教育社、一九七九
中川　収『奈良朝政治史の研究』高科書店、一九九一
　橘諸兄首班体制の実態や聖武天皇の譲位、橘諸兄と藤原仲麻呂との政治的関係、そして仲麻呂政権の実態やその政権の政治基調・崩壊過程など詳細に論及する。藤原仲麻呂政権を研究するための基本的論文を収め、現在の到達点を示す。
長瀬一平「日本古代における『皇帝』称号について」『史学研究集録』一〇、一九八五
中西康裕『続日本紀と奈良朝の政変』吉川弘文館、二〇〇二
　橘奈良麻呂の変や道鏡事件とともに、恵美仲麻呂の乱について、『続日本紀』条文を逐一史料批判しながら詳細に検証する。厳密な条文検討から史実を解明する。
中西康裕「藤原仲麻呂――星は昇り、落つ」『平城京の落日』清文堂出版、二〇〇五
中野渡俊治「孝謙太上天皇と『皇帝』尊号」『日本歴史』六四九、二〇〇二
中野渡俊治「八世紀太上天皇の存在意義」『ヒストリア』一九一、二〇〇四
奈良国立文化財研究所『平城京左京四条二坊十五坪発掘報告』奈良国立文化財研究所、一九八五
新野直吉「雄勝城とその周辺」『秋田地方史の研究』今村教授退官記念会、一九七三
西山　徳「奈良時代に於ける神道思想の性格――大中臣清麻呂について」千家尊宣先生還暦記念神道論文集、一九五八

西山　徳「文室真人浄三について」『徳島大学学芸学部紀要（社会科学）』八、一九五九
仁藤敦史「蔭位授与制度の変遷について」『歴史学研究』五九二、一九八九
仁藤敦史「太上天皇制の展開」『古代王権と官僚制』臨川書店、二〇〇〇
根本誠二『天平期の僧侶と天皇』岩田書院、二〇〇三
野村忠夫「所謂『上階官人歴名』断簡補考」『続日本紀研究』三―七、一九五六
野村忠夫「律令官人社会構成と仲麻呂政権の成立」『古代学』六―一、一九五七
野村忠夫「仲麻呂政権の一考察」『岐阜大学学芸学部研究報告（人文科学）』六、一九五八
野村忠夫『律令政治の諸様相』塙書房、一九六八
野村忠夫「奈良時代の政治過程」『岩波講座・日本歴史』3、岩波書店、一九七六
長谷部将司「中西康裕『続日本紀と奈良朝の政変』」『史境』四六、二〇〇三
早川庄八「古代天皇制と太政官政治」『講座日本歴史』古代2、東京大学出版会、一九八四
林　陸朗「巡察使の研究」『国史学』六八、一九五七
林　陸朗『光明皇后』吉川弘文館、一九六一
林　陸朗「藤原仲麻呂政権と官人社会」『上代政治社会の研究』吉川弘文館、一九六九
春名宏昭「太上天皇制の成立」『史学雑誌』九九―二、一九九〇
平井美典『藤原仲麻呂がつくった壮麗な国庁』新泉社、二〇一〇
平川　南「碑文の語るもの」『多賀城碑』雄山閣出版、一九八九
福山敏男「奈良時代に於ける石山寺の造営」『日本建築史の研究』桑名文星堂、一九四三
福山敏男「石山寺・保良宮と良弁」『南都仏教』三一、一九七三
福山敏男「石山寺の創立」『寺院建築の研究』中、中央公論美術出版、一九八二ⅰ

福山敏男「栄山寺の創立と八角堂」『寺院建築の研究』中、中央公論美術出版、一九八二ⅱ
藤井一二『天平の渤海交流』塙書房、二〇一〇
藤本昌子「藤原仲麻呂と道鏡」『学習院史学』八、一九七一
藤原雅史「藤原仲麻呂と紫微中台」『明治大学大学院文学研究論集』二、一九九五
古市　晃「孝謙・称徳天皇」『平城京の落日』清文堂出版、二〇〇五
北条勝貴「鎌足の武をめぐる構築と忘却」『藤氏家伝を読む』吉川弘文館、二〇一一
細井浩志「中西康裕『続日本紀と奈良朝の政変』」『歴史学研究』七七九、二〇〇三
堀池春峰「鑑真を廻る貴族の動向」『大和文化研究』一〇―九、一九六五
前田晴人「藤原八束（真楯）の改名問題1・2」『東アジアの古代文化』八九・九一、一九九六・一九九七
増尾伸一郎「『藤氏家伝』の成立と『懐風藻』」『藤氏家伝を読む』吉川弘文館、二〇一一
松尾　光「藤原仲麻呂の乱」『天平の政治と争乱』笠間書院、一九九五
水谷千秋『女帝と譲位の古代史』文藝春秋社、二〇〇三
水野柳太郎「国家大事について」『続日本紀の諸相』塙書房、二〇〇四
宮川　久「獄令告密条と橘奈良麻呂の変」『立教日本史論集』五、一九九二
宮崎健司『日本古代の写経と社会』塙書房、二〇〇六
宮地直一「東大寺八幡宮の鎮座について」『寧楽』八、一九二七
目崎徳衛「論文評横田健一氏『藤原鎌足伝研究序説』」『日本上古史研究』一―七、一九五七
持田泰彦「称徳朝における大量叙位とその影響」『古代王権と祭儀』吉川弘文館、一九九〇
森　克己『遣唐使』至文堂、一九六六
森　公章「橘家と恵美太家」『海南史学』三三、一九九五

森　公章『奈良貴族の時代史』講談社、二〇〇九
森田　悌「越中守時代の大伴家持」『金沢大学教育学部教科教育研究』二五、一九八九ⅰ
森田　悌「藤原仲麻呂の息子」『金沢大学教育学部研究紀要』三八、一九八九ⅱ
矢島　泉「『家伝』の資料性」『藤氏家伝――注釈と研究』吉川弘文館、一九九九
柳　宏吉「高野天皇の称号」『日本歴史』三三三、一九七六
柳　雄太郎「献物帳と紫微中台」『書陵部紀要』三二、一九八一
矢野健一「『仲麻呂』以後の官人編成と軍事貴族」『専修人文論集』六〇、一九九七
山口　博「安積親王の死」『史聚』三九・四〇合併号、二〇〇七
山崎　馨「続日本紀宣命における助動詞について」『神戸大学教養部紀要』一五、一九七五
山田英雄「中宮省について」『続日本紀研究』八―九、一九六一
山本幸男「造東大寺司主典安都雄足の『私経済』」『史林』六八―二、一九八五
山本幸男『写経所文書の基礎的研究』吉川弘文館、二〇〇二
山本幸男「孝謙太上天皇と道鏡」『続日本紀研究』三五三、二〇〇四
横田健一「藤原鎌足伝研究序説」『関西大学文学論集』創立七〇周年記念号、一九五六
横田健一「安積親王の死とその前後」『南都仏教』六、一九五九ⅰ
横田健一『道鏡』吉川弘文館、一九五九ⅱ
吉川真司『聖武天皇と仏都平城京』講談社、二〇一一
吉川敏子「仲麻呂政権と藤原永手・八束（真楯）・千尋（御楯）」『続日本紀研究』二九四、一九九五
吉川敏子「紫微中台の『居中奉勅』についての考察」『ヒストリア』一六八、二〇〇〇
吉川敏子「中西康裕著『続日本紀と奈良朝の政変』」『日本史研究』四九八、二〇〇四

若井敏明「宇佐八幡宮神託事件と称徳天皇」『奈良・平安仏教の展開』吉川弘文館、二〇〇六
渡辺晃宏『平城京と木簡の世紀』講談社、二〇〇一
渡辺晃宏「平城京中枢部の構造」『古代中世の政治と権力』吉川弘文館、二〇〇六
渡部育子『元明天皇・元正天皇』ミネルヴァ書房、二〇一〇
渡辺直彦「藤原仲麻呂をめぐって」『歴史教育』一五―四、一九六七
渡辺直彦『日本古代官位制度の基礎的研究（増訂版）』吉川弘文館、一九七二

同一人物の著作を年毎に区別する便宜のために、論文集に所収されたものではなく大半は初出誌の発刊年を中心に掲出している。

おわりに

藤原仲麻呂、一般的には奈良時代中期に権勢を誇ったものの、太上天皇に反乱を起こして敗死した逆賊の人物として知られる。しかし、臣下が太上天皇（天皇）に反逆したという皇国史観的なベールを、客観的に史料批判という手法で検証して剝いてゆくと、その下に存在したものは、政治権力の埒外におかれて復権を目論む孝謙太上天皇と、淳仁天皇を擁して権勢をふるう専権貴族の仲麻呂との権力闘争という事実であった。

著者は、以前からこの両者の権力闘争が争乱へと拡大する契機となったのは、実権を掌握するためにも律令制度下で必須だった内印（御璽）と駅鈴の奪取を図った孝謙太上天皇による先制攻撃だったと思ってきた。それに対して仲麻呂は、授刀衛を中心に態勢を整えつつあった吉備真備ら孝謙太上天皇側近グループへの武力行使をともなう告発・捕縛を考慮していたが、孝謙太上天皇の殺害などは想定していなかったと思う。その点などからして、仲麻呂は反乱を企んではおらず、結果的なことと相違して、「藤原仲麻呂の乱」とよぶことは、少なくとも歴史的真実を理解するうえでは的確な表現とはいえないとも考えてきた。

このような予てからの考えを、昨年十月にＮＨＫ・ＢＳ２で放映した「追跡・平城京最大のクーデター――最新分析が明かす『仲麻呂の乱』」という番組の制作に関わり、一般の方々にも広く主張する機会を得たことは嬉しいことであった。そして、今回はミネルヴァ書房「日本評伝選」シリーズの一冊『藤原仲麻呂』に、再び永年の主張を叙述する機会を与えていただいたことは望外の幸せである。

この好機に、著者が本書で論証したかったのは、前述以外のことでは、天平十六（七四四）年の仲麻呂による安積親王暗殺説は失当であること、天平勝宝期（七四九〜七五七）の仲麻呂政権形成期は「光明・仲麻呂体制」と通称するのが最も適切であるが、その権力の拠所は紫微令とともに大納言の職にもあったこと、淳仁天皇の擁立は、天武皇統の存続を願った光明皇太后の政治判断であったこと、淳仁天皇・藤原仲麻呂政権の確立は、天平宝字三（七五九）年五月頃であること、そして、従来からいわれてきた天平宝字六年六月の孝謙太上天皇の帝権分離宣言によって、孝謙太上天皇が天皇大権を掌握することになったことと、反対に仲麻呂の擁する淳仁天皇は天皇大権を奪取され、権能を失ってしまったとのふたつの見解は正当性がないこと、また淳仁天皇を淡路に追放し、仲麻呂を葬りさることによって重祚した称徳天皇と道鏡の政治体制はじつは思うほど安定したものではなかったこと、淡路の淳仁廃帝を再度擁立しようとする政治勢力もあり、そのことによる孝謙太上天皇の焦燥が、淳仁廃帝の暗殺ともいえる強硬な手段を孝謙太上天皇にとらせたなどのことである。

仲麻呂の政治施策には、祖先の顕彰を目的に、自身を藤原鎌足―不比等―武智麻呂とつながってきた藤原氏嫡流の存在であることを示す意図のものもある。

しかし、一例をあげれば『続日本紀』天平宝字二年正月戊寅（五日）条に、「民を撫育するについて、神の心と仁慈の心を合せ、養育する慈しみが、天が覆うように物事にゆきわたるならば、疾病疫病は悉くなくなり、五穀は必ず豊かに稔り、民の家に寒さ貧しさの憂いがなく、国にはよい君にめぐりあって民が蘇生する楽しみが生じるであろう」（直木他、一九八八）とあるように、それは律令制度を順守し、唐国の政治制度を参考に、庶民のことを第一義に考えた、つとにいわれてきた儒教主義を主調とした仁政・徳治政策という評価の範囲から逸脱するものではないと思う。ただ、律令制官僚機構を基盤に絶対的であった藤原仲麻呂の政権が脆くも潰えた理由は何であったのか、著者の一応の理解を示しているが、さらなる検討の必要もあろうかと思っている。

藤原仲麻呂については、岸俊男氏の名著で知られる人物叢書『藤原仲麻呂』（吉川弘文館・一九六九）がある。著者は学部生のとき、これを参考にして卒業論文「藤原仲麻呂政権の研究」を書きあげた。改めて人物叢書本を読んでみると、内容は多彩であるにも関わらず、叙述は平易でわかりやすいものとなっている。著者が多彩というのは、仲麻呂に関することに限らずに、政治的・社会的背景など、時代動向にも詳細に論及されていることである。つまり奈良時代中期の時代動向のなかで藤原仲麻呂という人物を描きだしている。

いま「おわりに」を書くにあたって、これを越える内容のものを書くことができたという自信はまったくない。しかし、岸氏の『藤原仲麻呂』が刊行されてから四〇年余。その間に新出史料の木簡の成果や基本史料である『続日本紀』の校訂・注釈の充実が基盤となって、奈良時代史研究は長足の進歩を遂げてきている。なかでも新日本古典文学大系『続日本紀』は画期的であった。

これら四〇余年間の成果に立脚することによって、著者なりの日本評伝選としての『藤原仲麻呂』にも意義を見出せることもできると思う。その内容は、藤原仲麻呂とそれに関わることを中心に叙述するということを企図として、それに特化したものになっていて、そのことが本書の特徴でもある。

また参考文献の注記が多いことも特徴のひとつである。著者が卒業論文を書くに際しては、岸氏が末尾に挙げられた「主要参考文献」がとても参考になった。国立国会図書館に通って、そのすべてをコピーするところから、著者の藤原仲麻呂の研究ははじまり、そして視野が広がり、内容が深められた。参考文献にあげた論文は、四〇余年間の藤原仲麻呂に関する研究の進化そのものである。直木孝次郎・中川収両氏をはじめとするこれらの諸論文を参考にして、本書が成立したのと同様に、さらなる藤原仲麻呂研究の広がりと深まりの一助になればと思う。

最後に、本書『藤原仲麻呂』の公刊にあたっては、遠山美都男氏と編集を担当してくださった堀川健太郎氏にご高配を賜った。心よりお礼を申し上げたいと思う。

二〇一一年三月

木本好信

藤原仲麻呂略年譜

元号	西暦	齢	関係事項	一般事項
慶雲 三	七〇六	1	誕生	
養老 四	七二〇	15	この年まで阿倍少麻呂に算を学ぶ	1月阿倍少麻呂没、8月祖父不比等没
神亀 元	七二四	19		2月聖武天皇即位・長屋王左大臣となる
三	七二六	21	内舎人となる	
天平 元	七二九	24		2月武智麻呂ら長屋王を倒す。大納言に昇任し、政権を主導する
三	七三一	26	大学少允に任官か	8月宇合・麻呂参議となる
六	七三四	29	1月正六位下から従五位下	1月武智麻呂右大臣となり、政権を確立
九	七三七	32		7月武智麻呂没、9月橘諸兄大納言となる

一〇	七三八	33		1月阿倍内親王立太子・橘諸兄右大臣となる
一一	七三九	34	1月従五位上	3月石上乙麻呂配流事件
一二	七四〇	35	1月正五位下、10月前騎兵大将軍となる。11月正五位上	9月藤原広嗣の乱、12月恭仁京へ遷都
一三	七四一	36	閏3月従四位下、4月河内摂津の河堤検校、7月民部卿となる。9月恭仁京に宅地班給	3月国分寺建立の詔
一四	七四二	37	8月平城京留守、12月留守司	
一五	七四三	38	5月従四位上に昇り、参議となる。6月左京大夫を兼任	5月阿倍皇太子五節舞を舞う 10月大仏発願の詔
一六	七四四	39	閏1月恭仁京留守司	閏1月安積親王急死
一七	七四五	40	1月正四位上、9月近江守を兼任	5月平城京還都
一八	七四六	41	1月雪掃きに奉仕、3月式部卿、4月東山道鎮撫使を兼任、従三位に昇る	
二〇	七四八	43	3月正三位に昇る	
天平勝宝 元	七四九	44	7月大納言、8月紫微令を兼任、中衛大将兼任	7月聖武天皇譲位・孝謙天皇即位
二	七五〇	45	1月従二位に昇る	
四	七五二	47	4月孝謙天皇を田村第に迎える	閏3月刷雄従五位下・遣唐留学生、4月大仏開眼

六	七五四	49	2月鑒真を迎える。11月鑒真願経に助力	
八	七五六	51		2月橘諸兄辞任、5月聖武太上天皇没
天平宝字元	七五七	52	1月石津王を養子とす。5月紫微内相に任ず。11月内裏にて作歌	3月道祖王廃太子、4月大炊王立太子、5月養老律令施行、7月橘奈良麻呂の変鎮圧
二	七五八	53	8月大保、恵美押勝と称す。恵美家私印・鋳銭挙稲を許さる	1月問民苦使派遣、8月孝謙天皇譲位・淳仁天皇即位、官号改易、真先兵部大輔兼大和守、久須麻呂式部少輔
三	七五九	54	1月渤海使を招く。11月帯刀資人二〇人益し賜る	5月平準署設置、6月維城典訓と律令格式の必読、11月保良宮造営、12月授刀衛設置
四	七六〇	55	1月従一位、大師となる。随身契を賜う。淳仁天皇を田村第に迎える	3月新銭を発行、6月光明皇太后と弟乙麻呂没、7月東大寺封戸処分、僧位制度創設、9月新羅使来日
五	七六一	56	10月保良宮遷都のため稲一〇〇万束賜る	1月辛加知従五位下、真先按察使となる。2月左右京尹新設、10月朝狩仁部卿、辛加知左虎賁

				督、11月朝狩東海道節度使
六	七六二	57	2月正一位に昇り、近江国に鉄穴を賜う。5月帯刀資人六〇人を賜る	1月真先参議となる。6月帝権分離宣言、妻袁比良没、9月石川年足没、11月新羅征討のため諸社に奉幣、12月久須麻呂・朝狩参議となる
七	七六三	58	2月渤海使招き饗宴、4月藤原宿奈麻呂らの仲麻呂暗殺未遂事件	1月執棹従五位下、4月久須麻呂丹波守兼任、8月節度使停止、9月道鏡少僧都となる。12月中臣伊加麻呂ら配流
八	七六四	59	9月都督四畿内三関近江丹波播磨等国兵事使となる。御璽・駅鈴を奪取され、謀反人と断じられ、近江国に脱出。越前国への逃亡を図るも失敗。勝野の鬼江で敗死	1月薩雄右虎賁率、執棹美濃守、辛加知越前守となる。9月道鏡大臣禅師となる。10月淳仁天皇廃位、孝謙太上天皇重祚

人名索引

あ 行

か　行

さ　行

た　行

な　行

は　行

ま　行

や　行

ら　行

わ　行

《著者紹介》

木本好信（きもと・よしのぶ）

1950年　兵庫県生まれ。

1978年　駒澤大学大学院人文科学研究科日本史学専攻博士後期課程満期退学。

現　在　甲子園短期大学学長，博士（学術）。

著　書　『奈良朝典籍所載仏書解説索引』国書刊行会，1989年。

『大伴旅人・家持とその時代』桜楓社，1993年。

『藤原仲麻呂政権の基礎的考察』高科書店，1993年。

『奈良朝政治と皇位継承』高科書店，1995年。

『藤原式家官人の考察』高科書店，1998年。

『律令貴族と政争』塙書房，2001年。

『奈良時代の人びとと政争』おうふう，2003年。

『奈良時代の藤原氏と諸氏族』おうふう，2004年。

『万葉時代の人びとと政争』おうふう，2008年。

『平城京時代の人びとと政争』つばら，2010年ほか。

ミネルヴァ日本評伝選

藤原（ふじわらの）仲麻呂（なかまろ）

――率性は聡く敏くして――

2011年7月10日　初版第1刷発行　〈検印省略〉

定価はカバーに
表示しています

著　者　木本好信

発行者　杉田啓三

印刷者　江戸宏介

発行所　株式会社　ミネルヴァ書房

607-8494 京都市山科区日ノ岡堤谷町1

電話（075）581-5191（代表）

振替口座 01020-0-8076番

共同印刷工業・新生製本

ISBN978-4-623-06092-4

Printed in Japan

刊行のことば

歴史を動かすものは人間であり、興趣に富んだ人間の動きを通じて、世の移り変わりを考えるのは、歴史に接する醍醐味である。

しかし過去の歴史学を顧みるとき、人間不在という批判さえ見られたように、歴史における人間のすがたが、必ずしも十分に描かれてきたとはいえない。二十一世紀を迎えた今、歴史の中の人物像を蘇生させようとの要請はいよいよ強く、またそのための条件もしだいに熟してきている。

この「ミネルヴァ日本評伝選」は、正確な史実に基づいて書かれるのはいうまでもないが、単に経歴の羅列にとどまらず、歴史を動かしてきたすぐれた個性をいきいきとよみがえらせたいと考える。そのためには、対象とした人物とじっくりと対話し、ときにはきびしく対決していくことも必要になるだろう。

今日の歴史学が直面している困難の一つに、研究の過度の細分化、瑣末化が挙げられる。それは緻密さを求めるが故に陥った弊害といえるが、その結果として、歴史の大きな見通しが失われ、歴史学を通しての社会への働きかけの途が閉ざされ、人々の歴史への関心を弱める危険性がある。今こそ歴史が何のためにあるのかという、基本的な課題に応える必要があろう。評伝という興味ある方法を通じて、解決の手がかりを見出せないだろうかというのも、この企画の一つのねらいである。

狭義の歴史学の研究者だけでなく、多くの分野ですぐれた業績をあげている著者たちを迎えて、従来見られなかった規模の大きな人物史の叢書として、「ミネルヴァ日本評伝選」の刊行を開始したい。

平成十五年（二〇〇三）九月

ミネルヴァ書房

ミネルヴァ日本評伝選

上代

卑弥呼　古田武彦
日本武尊　西宮秀紀
仁徳天皇　若井敏明
雄略天皇　吉村武彦
*蘇我氏四代　遠山美都男
推古天皇　義江明子
聖徳太子　仁藤敦史
斉明天皇　武田佐知子
小野妹子・毛人　大橋信弥
*額田王　梶川信行
弘文天皇　遠山美都男
天武天皇　新川登亀男
持統天皇　丸山裕美子
阿倍比羅夫　熊田亮介
柿本人麻呂　古橋信孝
*元明天皇・元正天皇　渡部育子
聖武天皇　本郷真紹
光明皇后　寺崎保広
孝謙天皇　勝浦令子
藤原不比等　荒木敏夫
吉備真備　今津勝紀
*藤原仲麻呂　木本好信
道　鏡　吉川真司
大伴家持　和田　萃
行　基　吉田靖雄

平安

*桓武天皇　井上満郎
嵯峨天皇　西別府元日
宇多天皇　古藤真平
醍醐天皇　石上英一
村上天皇　京樂真帆子
花山天皇　上島　享
*三条天皇　倉本一宏
藤原薬子　中野渡俊治
小野小町　錦　仁
藤原良房・基経　滝浪貞子
菅原道真　竹居明男
*紀貫之　神田龍身
源高明　所　功
慶滋保胤　平林盛得
*安倍晴明　斎藤英喜
藤原実資　橋本義則
*藤原道長　朧谷　寿
藤原伊周・隆家　倉本一宏
藤原定子　山本淳子
清少納言　後藤祥子
紫式部　竹西寛子
和泉式部　ツベタナ・クリステワ
大江匡房　小峯和明
阿弖流為　樋口知志
坂上田村麻呂　熊谷公男
*源満仲・頼光　元木泰雄
平将門　西山良平
藤原純友　寺内　浩
空　海　頼富本宏
最　澄　吉田一彦
*空　也　石井義長
奝　然　上川通夫
*源　信　小原　仁
後白河天皇　美川　圭
式子内親王　奥野陽子
建礼門院　生形貴重
藤原秀衡　入間田宣夫
平時子・時忠　元木泰雄
平維盛　根井　浄
守覚法親王　阿部泰郎
藤原隆信・信実　山本陽子

鎌倉

源頼朝　川合　康
*源義経　近藤好和
源実朝　神田龍身
後鳥羽天皇　五味文彦
九条兼実　村井康彦
九条道家　上横手雅敬
北条時政　野口　実
熊谷直実　佐伯真一
*北条政子　関　幸彦
北条義時　岡田清一
曾我十郎・五郎　杉橋隆夫
北条時宗　近藤成一
安達泰盛　山陰加春夫
平頼綱　細川重男
竹崎季長　堀本一繁

西行　光田和伸
藤原定家　赤瀬信吾
*京極為兼　今谷　明
*兼好　島内裕子
重源　横内裕人
*運慶　根立研介
快慶　井上一稔
法然　今堀太逸
慈円　大隅和雄
明恵　西山　厚
親鸞　末木文美士
恵信尼・覚信尼　西口順子
覚如　今井雅晴
道元　船岡　誠
叡尊　細川涼一
*忍性　松尾剛次
*日蓮　佐藤弘夫
一遍　蒲池勢至
夢窓疎石　田中博美
*宗峰妙超　竹貫元勝

南北朝・室町

後醍醐天皇　上横手雅敬
護良親王　新井孝重
赤松氏五代　渡邊大門
*北畠親房　岡野友彦
楠正成　兵藤裕己
*新田義貞　山本隆志
光厳天皇　深津睦夫
足利尊氏　市沢　哲
佐々木道誉　下坂　守
円観・文観　田中貴子
足利義詮　早島大祐
足利義満　川嶋將生
足利義持　吉田賢司
足利義教　横井　清
大内義弘　平瀬直樹
伏見宮貞成親王　松薗　斉
山名宗全　山本隆志
日野富子　脇田晴子
世阿弥　西野春雄
雪舟等楊　河合正朝
宗祇　鶴崎裕雄
*満済　森　茂暁
一休宗純　原田正俊
蓮如　岡村喜史

戦国・織豊

北条早雲　家永遵嗣
毛利元就　岸田裕之
*今川義元　小和田哲男
*武田信玄　笹本正治
*武田勝頼　笹本正治
*真田氏三代　笹本正治
三好長慶　仁木　宏
*宇喜多直家・秀家　渡邊大門
*上杉謙信　矢田俊文
島津義久・義弘　福島金治
吉田兼倶　西山　克
山科言継　松薗　斉
*雪村周継　赤澤英二
織田信長　三鬼清一郎
豊臣秀吉　藤井讓治
*北政所おね　田端泰子
*淀殿　福田千鶴
前田利家　東四柳史明
黒田如水　小和田哲男
蒲生氏郷　藤田達生
*細川ガラシャ　田端泰子
伊達政宗　伊藤喜良
*支倉常長　田中英道
ルイス・フロイス　エンゲルベルト・ヨリッセン
*長谷川等伯　宮島新一
顕如　神田千里

江戸

徳川家康　笠谷和比古
徳川家光　野村　玄
徳川吉宗　横田冬彦
*後水尾天皇　久保貴子
光格天皇　藤田　覚
崇伝　杣田善雄
春日局　福田千鶴
池田光政　倉地克直
シャクシャイン　岩崎奈緒子
*田沼意次　藤田　覚
*二宮尊徳　小林惟司
末次平蔵　岡美穂子
高田屋嘉兵衛　生田美智子
林羅山　鈴木健一
吉野太夫　渡辺憲司
中江藤樹　辻本雅史
山崎闇斎　澤井啓一
山鹿素行　前田　勉
*北村季吟　島内景二
貝原益軒　辻本雅史
松尾芭蕉　楠元六男
*ケンペル　B・M・ボダルト＝ベイリー
荻生徂徠　柴田　純
*雨森芳洲　上田正昭
前野良沢　松田　清
平賀源内　石上　敏
本居宣長　田尻祐一郎
杉田玄白　吉田　忠
上田秋成　佐藤深雪
木村蒹葭堂　有坂道子
*大田南畝　沓掛良彦
菅江真澄　赤坂憲雄
*鶴屋南北　諏訪春雄
良寛　阿部龍一
*山東京伝　佐藤至子
*滝沢馬琴　高田　衛
シーボルト　宮坂正英
本阿弥光悦　岡　佳子
小堀遠州　中村利則
狩野探幽・山雪　山下善也
尾形光琳・乾山　河野元昭
*二代目市川團十郎　田口章子
与謝蕪村　佐々木丞平
伊藤若冲　狩野博幸
鈴木春信　小林　忠
円山応挙　佐々木正子

＊佐竹曙山　成瀬不二雄
葛飾北斎　岸　文和
酒井抱一　玉蟲敏子
孝明天皇　青山忠正
＊和　宮　辻ミチ子
徳川慶喜　大庭邦彦
島津斉彬　原口　泉
＊古賀謹一郎　小野寺龍太
＊栗本鋤雲　小野寺龍太
＊月　性　海原　徹
＊吉田松陰　海原　徹
＊高杉晋作　海原　徹
ペリー　遠藤泰生
オールコック　佐野真由子
アーネスト・サトウ　奈良岡聰智
緒方洪庵　米田該典
冷泉為恭　中部義隆

近代

＊明治天皇　伊藤之雄
＊大正天皇　F・R・ディキンソン
＊昭憲皇太后・貞明皇后　小田部雄次

大久保利通　三谷太一郎
山県有朋　鳥海　靖
木戸孝允　落合弘樹
井上　馨　伊藤之雄
＊松方正義　室山義正
北垣国道　小林丈広
板垣退助　小川原正道
大隈重信　五百旗頭薫
伊藤博文　坂本一登
井上　毅　大石　眞
井上　勝　老川慶喜
＊桂　太郎　小林道彦
渡辺洪基　瀧井一博
＊乃木希典　佐々木英昭
林　董　君塚直隆
児玉源太郎　小林道彦
＊高宗・閔妃　木村　幹
山本権兵衛　室山義正
高橋是清　鈴木俊夫
小村寿太郎　簑原俊洋
＊犬養　毅　小林惟司
加藤高明　櫻井良樹
加藤友三郎・寛治　麻田貞雄
牧野伸顕　小宮一夫
田中義一　黒沢文貴

平沼騏一郎　堀田慎一郎
宇垣一成　北岡伸一
宮崎滔天　榎本泰子
＊浜口雄幸　川田　稔
幣原喜重郎　西田敏宏
関　一　玉井金五
水野広徳　片山慶隆
広田弘毅　井上寿一
安重根　上垣外憲一
＊グルー　廣部　泉
＊永田鉄山　森　靖夫
東條英機　牛村　圭
今村　均　前田雅之
蔣介石　劉　岸偉
石原莞爾　山室信一
木戸幸一　波多野澄雄
＊岩崎弥太郎　武田晴人
伊藤忠兵衛　末永國紀
五代友厚　田付茉莉子
大倉喜八郎　村上勝彦
＊安田善次郎　由井常彦
渋沢栄一　武田晴人
山辺丈夫　宮本又郎
武藤山治　阿部武司・桑原哲也
小林一三　橋爪紳也

大倉恒吉　石川健次郎
大原孫三郎　猪木武徳
＊河竹黙阿弥　今尾哲也
イザベラ・バード　加納孝代
＊林　忠正　木々康子
二葉亭四迷　ヨコタ村上孝之
森　鷗外　小堀桂一郎
夏目漱石　佐々木英昭
巌谷小波　千葉信胤
樋口一葉　佐伯順子
島崎藤村　十川信介
泉　鏡花　東郷克美
有島武郎　亀井俊介
永井荷風　川本三郎
北原白秋　平石典子
菊池　寛　山本芳明
宮澤賢治　千葉一幹
正岡子規　夏石番矢
高浜虚子　坪内稔典
与謝野晶子　佐伯順子
＊種田山頭火　村上　護
＊斎藤茂吉　品田悦一
＊高村光太郎　湯原かの子

萩原朔太郎　エリス俊子
原阿佐緒　秋山佐和子
＊狩野芳崖・高橋由一　古田　亮
竹内栖鳳　北澤憲昭
黒田清輝　高階秀爾
中村不折　石川九楊
横山大観　高階秀爾
＊橋本関雪　西原大輔
小出楢重　芳賀　徹
土田麦僊　天野一夫
岸田劉生　北澤憲昭
松旭斎天勝　川添　裕
中山みき　鎌田東二
佐田介石　谷川　穣
ニコライ　中村健之介
出口なお・王仁三郎　川村邦光
島地黙雷　阪本是丸
＊新島　襄　太田雄三
木下広次　冨岡　勝
嘉納治五郎　クリストファー・スピルマン
津田梅子　田中智子
＊澤柳政太郎　新田義之
河口慧海　高山龍三

山室軍平　室田保夫
大谷光瑞　白須淨眞
*久米邦武　髙田誠二
フェノロサ　伊藤　豊
三宅雪嶺　長妻三佐雄
*岡倉天心　木下長宏
志賀重昂　中野目徹
徳富蘇峰　杉原志啓
竹越與三郎　西田　毅
内藤湖南・桑原隲蔵　礪波　護
岩村　透　今橋映子
西田幾多郎　大橋良介
金沢庄三郎　石川遼子
上田　敏　及川　茂
柳田国男　鶴見太郎
厨川白村　張　競
大川周明　山内昌之
西田直二郎　林　淳
市河三喜・晴子　河島弘美
折口信夫　斎藤英喜
九鬼周造　粕谷一希
辰野　隆　金沢公子
シュタイン　瀧井一博
*福澤諭吉　平山　洋
*西　周　清水多吉

福地桜痴　山田俊治
田口卯吉　鈴木栄樹
*陸　羯南　松田宏一郎
黒岩涙香　奥　武則
宮武外骨　山口昌男
*吉野作造　田澤晴子
野間清治　佐藤卓己
山川　均　米原　謙
岩波茂雄　十重田裕一
*北　一輝　岡本幸治
中野正剛　吉田則昭
満川亀太郎　福家崇洋
杉　亨二　速水　融
*北里柴三郎　福田眞人
田辺朔郎　秋元せき
*南方熊楠　飯倉照平
寺田寅彦　金森　修
石原　純　金子　務
J・コンドル　鈴木博之
辰野金吾　河上真理・清水重敦
小川治兵衛　尼崎博正

現代

昭和天皇　御厨　貴
高松宮宣仁親王　後藤致人
*李方子　小田部雄次
吉田　茂　中西　寛
マッカーサー　柴山　太
石橋湛山　増田　弘
重光　葵　武田知己
池田勇人　藤井信幸
高野　実　篠田　徹
和田博雄　庄司俊作
朴正熙　木村　幹
竹下　登　真渕　勝
*松永安左エ門　橘川武郎
鮎川義介　井口治夫
出光佐三　橘川武郎
松下幸之助　米倉誠一郎
渋沢敬三　井上　潤
*本田宗一郎　伊丹敬之
井深　大　武田　徹
佐治敬三　小玉　武
幸田家の人々　金井景子
*正宗白鳥　大嶋　仁
大佛次郎　福島行一

*川端康成　大久保喬樹
*薩摩治郎八　小林　茂
松本清張　杉原志啓
安部公房　成田龍一
*三島由紀夫　島内景二
R・H・ブライス　菅原克也
金素雲　林　容澤
柳　宗悦　熊倉功夫
バーナード・リーチ　鈴木禎宏
イサム・ノグチ　酒井忠康
川端龍子　岡部昌幸
藤田嗣治　林　洋子
*井上有一　海上雅臣
*手塚治虫　竹内オサム
山田耕筰　後藤暢子
古賀政男　藍川由美
*吉田　正　金子　勇
武満　徹　船山　隆
*力道山　岡村正史
美空ひばり　朝倉喬司
*西田天香　宮田昌明
安倍能成　中根隆行
サンソム夫妻　平川祐弘・牧野陽子

和辻哲郎　小坂国継
矢代幸雄　稲賀繁美
石田幹之助　岡本さえ
*平泉　澄　若井敏明
安岡正篤　片山杜秀
島田謹二　小林信行
前嶋信次　杉田英明
保田與重郎　谷崎昭男
福田恆存　川久保剛
井筒俊彦　安藤礼二
佐々木惣一　松尾尊兊
*瀧川幸辰　伊藤孝夫
矢内原忠雄　等松春夫
福本和夫　伊藤　晃
*フランク・ロイド・ライト　大久保美春
大宅壮一　有馬　学
今西錦司　山極寿一

*は既刊
二〇一一年七月現在